# 刑事法判例読解の視点

河村有教
佐藤　建
杉本正則
明照博章
吉中信人　編著

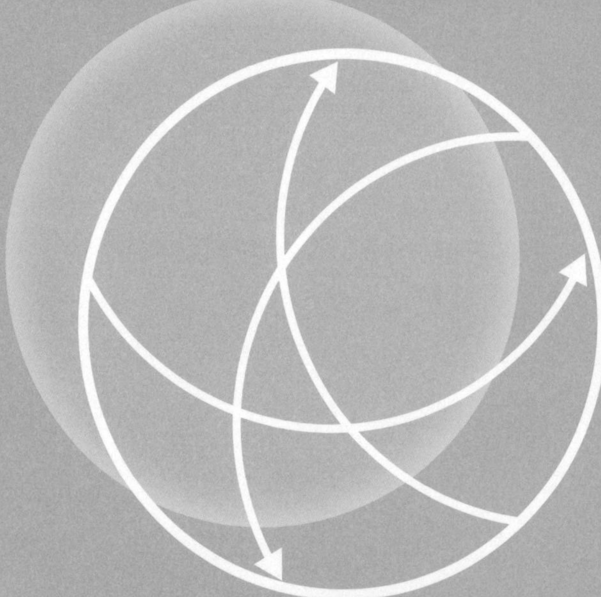

晃洋書房

# はしがき

本書は、中四国刑事法判例研究会の会員による刑事法に関する裁判例の研究の成果をまとめたものである。

中四国刑事法判例研究会は、中国・四国地区の大学に勤務する刑事法研究者と同地区の裁判所に勤務する裁判官のそれぞれの有志によって構成される私的な研究会である。2013年（平成25年）に10人程度が参加して第1回の研究会が開かれ、その後、次第に参加者を増やしながら、おおむね年3回程度、これまでに22回の研究会を開催し、近時は、異動等により地区外に転出した者も含め、多いときには、研究者15人程度、裁判官（退官者も含む）8人程度が参加している。そこでは、毎回、研究者と裁判官各1人の報告者が、近時の刑事法裁判例の中から、各自が関心のあるものについての研究結果を報告し、参加者が自由に討議するという形式で、研究を行ってきた。

研究会に参加している研究者は、いずれも所属の大学で学生の指導にあたっており、そのため、この研究会の成果を、学生にも還元したいとの思いが強まり、研究成果の一部を本書にとりまとめることとした。

研究会では、研究上あるいは実務上重要な論点に関する裁判例を対象としているが、本書では、その中から、学生の刑事法学習の一助となりうるものという観点から裁判例を選択し、その趣旨を解きあかすことに努めている。また、研究者の論考に対しては主として裁判官からの、裁判官の論考に対しては主として研究者からの、コメントを付することにより、いっそう多角的な視点から裁判例の意義を読み解くことができるように工夫している。

本書は、このような経緯で生まれたものであり、刑事法の研究と教育に携わっている研究者と刑事事件の裁判実務に携わっている裁判官とによる協働作業の成果という点に特色を有する。

本書は、刑事実体法、刑事手続法、少年法に関する比較的近時の裁判例（最高裁の判例のほか、高裁・地裁の裁判例を含む）の中から、15件を取り上げており、刑事法を学ぶ学生がゼミ等で教材として使用するのに適していると思われる。また、勉学がある程度進んだ学生であれば、自習教材として使用するのにも適している。本書を教材として学習し、各裁判例の意義や刑事法全体におけるその位置づけについて考えをめぐらすことにより、刑事法をより立体的に理解することができると思われる。

本書に掲載した論考は、学部段階の学生を主たる読者と想定しているため、語り口はなるべく平易にし、裁判例理解の前提となる法理論や制度についての基礎的な事項も解説するなど、初学者でも理解が容易なように工夫しているが、その内容は、研究会当時のレベルを保持するよう努めている。したがって、学部生のみならず、法科大学院生や司法修習生が、近時の刑事法裁判例を再確認し、知識を整理するのにも役立つと思われる。

また、本書には、会員によるいくつかのコラムも掲載した。学習に疲れたときのいわばコーヒーブレイクとしてこれらを読めば、一見無味乾燥にも思える刑事法裁判例学習の背景にある実務や研究の一端をかいま見ることができ、刑事法学習の意欲を高めることができよう。

本書刊行の目的が達成できているかどうかは、読者の評価をまつほかないが、多くの向学心ある諸君が本書に親しまれるよう願う次第である。

2020年（令和２年）10月

中四国刑事法判例研究会

# 目　次


はしがき
凡　例

第1章　正当防衛……1
——最決平成29年4月26日刑集71巻4号275頁
裁判官
1　刑法36条の趣旨　2　侵害の急迫性　3　侵害の急迫性等に関する判例の状況　4　学説の状況　5　本決定の判断枠組み　6　急迫性判断のための考慮要素　7　今後の実務
*Comment* ①（明照 博章）　(9)
*Comment* ②（大杉 一之）　(11)
コラム①　刑事法判例を読む基本——事件の具体的な内容を知る（杉本 正則）　(14)

第2章　故　意……17
——大阪高判平成27年7月30日高検速報（集）（平成27）号195頁
明照 博章
1　「罪を犯す意思」の内容　2　故意の体系論上の地位と故意の機能との関係　3　平成2年決定に基づく薬物事犯における故意の認定方法　4　故意の機能と薬物事犯における「類概念」と「種概念」の関係　5　危険ドラッグが蔓延している状況における故意の認定
*Comment*（杉本 正則）　(26)

第3章　過　失……29
——最決平成29年6月12日刑集71巻5号315頁
岡部 雅人
1　過失犯とは　2　本件について　おわりに
*Comment*（佐藤　建）　(38)
コラム②　刑事法判例を刑事政策の視点から読む（松原 英世）　(40)

第 4 章　量　刑 …… *47*
——最判平成26年 7 月24日刑集68巻 6 号925頁
安西 二郎
1　量刑の考え方と方法　2　本判決について　3　発　展
*Comment*（松原 英世）　(*55*)

第 5 章　強盗罪の暴行・脅迫 …… *57*
——福岡高判平成29年 9 月19日高刑集70巻 3 号 1 頁
吉川 友規
はじめに　1　強盗罪の暴行・脅迫　2　本判決の分析
*Comment*（深尾 正樹）　(*68*)

第 6 章　詐欺罪と窃盗罪 …… *71*
——東京高判平成25年 9 月 4 日判時2218号134頁
田中 優輝
1　本判決の意義　2　詐欺罪と窃盗罪の基本的理解　3　預金債権の成立と詐欺罪・窃盗罪の成否　4　本判決の射程　おわりに
*Comment*（佐藤　建）　(*81*)
コラム③　裁判官にとっての刑事法判例（杉本 正則）　(*83*)

第 7 章　銃砲刀剣類所持等取締法の不法装てん罪 …… *87*
——東京高判平成27年 8 月12日判時2317号136頁
今村 暢好
はじめに　1　特別刑法と刑法の原則　2　不法装てん罪の特殊性　3　認識が要求される時点とその後の失念の影響　4　故意の内容　5　本判決の立場
*Comment*（大杉 一之）　(*96*)

第 8 章　ストーカー行為等の規制等に関する法律 …… *99*
——福岡高判平成30年 9 月20日判タ1459号118頁
佐藤　建
はじめに　1　刑罰法規の解釈　2　ストーカー規制法の概要　3　「見張り」という言葉の意味　4　ストーカー規制法により規制される「見張り」　5　GPS 機器による位置情報の取得と「見張り」　おわりに——司法と立法の役割分担

*Comment*（今村 暢好）（*109*）

コラム④　判例学習の第一歩――刑事確定訴訟記録法にもとづく記録の閲覧（山川 秀道）（*111*）

第９章　ビデオ撮影の適法性……*117*
――さいたま地判平成30年５月10日判時2400号103頁①事件
堀田 尚徳
はじめに　1　本件ビデオ撮影が「強制の処分」に当たるか　2　本件ビデオ撮影が「強制の処分」に当たらず任意捜査に位置付けられる場合　3　本判決の意義
*Comment*（深尾 正樹）（*126*）

第10章　被疑者・被告人の身柄拘束と身柄解放……*129*
――最決平成26年11月18日刑集68巻９号1020頁
森田 初恵・杉本 正則
はじめに　1　身柄拘束　2　身柄解放　3　裁判例　おわりに
*Comment*（河村 有教）（*142*）

第11章　接見等禁止の裁判に対する準抗告……*145*
――最決平成31年３月13日判タ1462号33頁、判時2423号111頁
桂川　瞳
1　接見等禁止の裁判の期限と公判前整理手続　2　接見等禁止の裁判の準抗告審における事後事情の考慮
*Comment*（堀田 尚徳）（*152*）

第12章　違法収集証拠……*155*
――東京高判平成28年８月23日判タ1441号77頁
河村 有教
1　証拠から違法収集証拠を排除すること　2　本件について　3　DNA採取目的の唾液の採取と領置について
*Comment*（杉本 正則）（*167*）

第13章　科学的証拠……………………………………………………………… *169*
　　――東京地判平成28年３月15日刑集74巻１号158頁
吉井　匡
　１　刑事裁判における証拠　２　科学的証拠　３　本事案について　おわりに
*Comment*（杉本 正則）　（*181*）
コラム⑤　不十分な日本の死因究明（松原 英世）　（*183*）

第14章　少年審判手続の違法……………………………………………………… *189*
　　――東京高決平成25年１月25日判タ1394号381頁
吉中 信人
　１　少年司法の基本的な考え方　２　本件について
*Comment*（藤永 祐介）　（*197*）

第15章　少年事件における処分の相当性………………………………………… *199*
　　――大阪高決平成28年11月10日判時2350号132頁
杉本 正則
　１　少年事件における処遇選択　２　本件について　３　処分不当の抗告について　おわりに
*Comment*（藤永 祐介）　（*207*）

あとがき　（*209*）
事項索引　（*211*）

# 凡　　例

## ⑴法令

刑事訴訟法は「刑訴法」、刑事訴訟規則は「刑訴規則」又は「規則」と表記した。

## ⑵判例

判例の引用は、次の例による。

最決平成29年4月26日刑集71巻4号275頁

なお、最高裁判所大法廷判決は「最大判」と表記した。

また、判例の引用においては、読者が読みやすいように、算用数字に改変した。

判例集及び判例データベースの略語は、次のとおりである。

| | |
|---|---|
| 刑集 | 最高裁判所刑事判例集 |
| 民集 | 最高裁判所民事判例集 |
| 集刑 | 最高裁判所裁判集刑事 |
| 高刑集 | 高等裁判所刑事判例集 |
| 高検速報（集） | 高等裁判所刑事裁判速報（集）（各高等検察庁編） |
| 裁判特報 | 高等裁判所刑事裁判特報 |
| 東高時報 | 東京高等裁判所判決時報（刑事） |
| LEX／DB | TKC法律情報データベースLEX／DBインターネット |
| 判例秘書 | LLI／DB判例秘書．JP |

## ⑶文献

文献の引用は、次の例による。

| | |
|---|---|
| 単行本 | 著者名『書名』（出版社、刊行年）　頁 |
| 論文 | 執筆者名「論文名」掲載誌名　巻　号（刊行年）　頁 |

主な文献の略語は、次のとおりである。

**【教科書・基本書】**

| | |
|---|---|
| 井田総論 | 井田良『講義刑法学・総論【第2版】』（有斐閣、2018年） |
| 宇藤ほか | 宇藤崇＝松田岳士＝堀江慎司『リーガルクエスト刑事訴訟法【第2版】』（有斐閣、2018年） |
| 川端総論 | 川端博『刑法総論講義【第3版】』（成文堂、2013年） |
| 団藤総論 | 団藤重光『刑法綱要総論【第3版】』（創文社、1990年） |
| 中森各論 | 中森喜彦『刑法各論【第4版】』（有斐閣、2015年） |
| 西田総論 | 西田典之（橋爪隆補訂）『刑法総論【第3版】』（弘文堂、2019年） |
| 西田各論 | 西田典之（橋爪隆補訂）『刑法各論【第7版】』（弘文堂、2018年） |
| 藤木総論 | 藤木英雄『刑法講義総論』（弘文堂、1975年） |
| 前田総論 | 前田雅英『刑法総論講義【第7版】』（東京大学出版会、2019年） |
| 松宮各論 | 松宮孝明『刑法各論講義【第5版】』（成文堂、2018年） |
| 光藤刑訴 | 光藤景皎『刑事訴訟法(Ⅱ)』（成文堂、2013年） |

山口総論　山口厚『刑法総論【第３版】』（有斐閣、2015年）
山口各論　山口厚『刑法各論【第２版】』（有斐閣、2010年）
山中総論　山中敬一『刑法総論【第３版】』（成文堂、2015年）

**【注釈書】**

大コンメ刑法　大塚仁＝河上和雄＝中山善房＝古田佑紀編『大コンメンタール刑法【第３版】』［全13巻］（青林書院、2013〜2019年）
条解刑法　前田雅英編集代表『条解刑法【第４版】』（弘文堂、2020年）
大コンメ刑訴　河上和雄＝中山善房＝古田佑紀＝原田國男＝河村博＝渡辺咲子編『大コンメンタール刑事訴訟法【第２版】』［全11巻］（青林書院、2010〜2017年）
注釈少年法　田宮裕＝廣瀬健二編『注釈少年法【第４版】』（有斐閣、2017年）
法律学小辞典　高橋和之＝伊藤眞＝小早川光郎＝能見善久＝山口厚編集代表『法律学小辞典【第５版】』（有斐閣、2016年）

**【研究書】**

量刑実務大系　大阪刑事実務研究会編著『量刑実務大系』［第１巻〜第５巻］（判例タイムズ社、2011〜2013年）
令状基本問題　新関雅夫ほか著『増補令状基本問題』（一粒社、1996年。2002年以降は判例時報社）

**【記念論文集】**

西原古稀　西原春夫先生古稀祝賀論文集（成文堂、1998年）
松尾古稀　松尾浩也先生古稀祝賀論文集（有斐閣、1998年）
植村退官　植村立郎判事退官記念論文集（立花書房、2011年）
川端古稀　川端博先生古稀記念論文集（成文堂、2014年）
野村古稀　野村稔先生古稀祝賀論文集（成文堂、2015年）
浅田古稀　浅田和茂先生古稀祝賀論文集（成文堂、2016年）
日髙古稀　日髙義博先生古稀祝賀論文集（成文堂、2018年）
池田・前田退職　池田修先生前田雅英先生退職記念論文集・これからの刑事司法の在り方（弘文堂、2020年）

**【司法研究報告書】**

佐伯ほか難解法律概念　佐伯仁志＝酒巻匡＝村瀬均＝河本雅也＝三村三緒＝駒田秀和『難解な法律概念と裁判員裁判』（法曹会、2009年）
大澤ほか判決書の在り方　大澤裕＝田中康郎＝中川博之＝髙橋康明『裁判員裁判における第一審の判決書及び控訴審の在り方』（法曹会、2009年）
黒﨑ほか科学的証拠　黒﨑久仁彦＝岡田雄一＝遠藤邦彦＝前田巌『科学的証拠とこれを用いた裁判の在り方』（法曹会、2013年）
島田ほか実質的協働　島田一＝足立勉＝丸山哲巳＝渡邉史朗『裁判員裁判と裁判官——裁判員との実質的な協働の実現をめざして——』（法曹会、2019年）

**【判例解説】**

最判解〔民事篇〕　最高裁判所調査官室編・最高裁判所判例民事篇（法曹会、昭和29年度〜）
最判解〔刑事篇〕　最高裁判所調査官室編・最高裁判所判例解説刑事篇（法曹会、昭和29

| | |
|---|---|
| | 年度～） |
| 刑訴百選 | 刑事訴訟法判例百選【第10版】（有斐閣、2017年） |
| 重判 | 重要判例解説（ジュリスト臨時増刊）（有斐閣、1968年～） |

**【雑誌等】**

| | |
|---|---|
| 判時 | 判例時報 |
| 判タ | 判例タイムズ |
| 法教 | 法学教室 |
| 曹時 | 法曹時報 |
| ジュリ | ジュリスト |
| 刑ジャ | 刑事法ジャーナル |
| 論究ジュリ | 論究ジュリスト |
| 刑弁 | 季刊刑事弁護 |
| 法セ | 法学セミナー |
| 法時 | 法律時報 |
| 金法 | 金融法務事情 |
| 捜研 | 捜査研究 |

# 第1章 正当防衛
## ――最決平成29年4月26日刑集71巻4号275頁

侵害を予期した上で対抗行為に及んだ場合における刑法36条の急迫性の判断方法

〔決定要旨〕

行為者が侵害を予期した上で対抗行為に及んだ場合、侵害の急迫性の要件については、対抗行為に先行する事情を含めた行為全般の状況に照らして検討すべきであり、事案に応じ、行為者と相手方との従前の関係、予期された侵害の内容、侵害の予期の程度、侵害回避の容易性、侵害場所に出向く必要性、侵害場所にとどまる相当性、対抗行為の準備の状況（特に、凶器の準備の有無や準備した凶器の性状等）、実際の侵害行為の内容と予期された侵害との異同、行為者が侵害に臨んだ状況及びその際の意思内容等を考慮し、緊急状況の下で公的機関による法的保護を求めることが期待できないときに私人による対抗行為を許容した刑法36条の趣旨に照らし許容されるものとはいえない場合には、侵害の急迫性の要件を充たさないものというべきである。

### 第1　事案の概要

本件は、被告人（当時46歳）が、①A（当時40歳）と何度も電話で口論をしていたところ、Aからマンションの前に来ていると電話で呼び出され、刃体の長さ約13.8cmの包丁を持って自宅マンション前の路上に行き、ハンマーで攻撃してきたAの左側胸部を、殺意をもって包丁で1回突き刺して殺害したという殺人の事案と、②コンビニエンスストアのレジスターのタッチパネルを拳骨でたたき割ったという器物損壊の事案であり、争点は、①事実に関する殺意の有無と正当防衛又は過剰防衛の成否である。

### 第2　審理経過

1　第1審

第1審判決は、正当防衛等について、被告人は、Aが武器を使用するなど、相当な危険のある攻撃をしてくることを十分想定の上で、包丁を持って本件現場に赴いており、被告人が、理解できない理由に基づくAの行動や言動に立腹していたことや、本件現場で威嚇的な行動等を一切取ることなく、短時間で極めてスムーズに強い殺意に基づいてAの左胸部付近を狙って、包丁で力一杯突き刺していることを考えると、被告人は、本件現場に赴いた時点から、Aが武器等で攻撃してきたら、その機会を積極的に利用して、Aを包丁で刺すなどしてやろうという強い加害の意思があったと認められ、被告人は本件攻撃に出ることが正当化される状況にはなかったといえるから、正当防衛も過剰防衛も成立しないとした。

2　控訴審

被告人は控訴し、事実誤認を主張したが、原判決は、被告人のＡに対する積極的な加害意思を認めた第１審判決の認定に不合理な点はないなどとして、控訴を棄却した。

## 第３　上告趣意

弁護人は、被告人には正当防衛が成立するにもかかわらず、これを否定した第１審判決を是認した原判決は、判例（最判昭和46年11月16日刑集25巻８号996頁、最決昭和52年７月21日刑集31巻４号747頁、最判昭和60年９月12日刑集39巻６号275頁）に相反するとともに、事実誤認があると主張した。

## 第４　当審判示

本決定は、弁護人の上告趣意は、判例違反をいう点を含め、実質は事実誤認、単なる法令違反の主張であって、刑訴法405条の上告理由に当たらないとした上で、本件における正当防衛及び過剰防衛の成否について、職権で次のような判断を示した。

「１　第１審判決及び原判決の認定並びに記録によれば、本件の事実関係は、次のとおりである。

（１）　被告人は、知人であるＡ（当時40歳）から、平成26年６月２日午後４時30分頃、不在中の自宅（マンション６階）の玄関扉を消火器で何度もたたかれ、その頃から同月３日午前３時頃までの間、十数回にわたり電話で、「今から行ったるから待っとけ。けじめとったるから。」と怒鳴られたり、仲間と共に攻撃を加えると言われたりするなど、身に覚えのない因縁を付けられ、立腹していた。

（２）　被告人は、自宅にいたところ、同日午前４時２分頃、Ａから、マンションの前に来ているから降りて来るようにと電話で呼び出されて、自宅にあった包丁（刃体の長さ約13.8cm）にタオルを巻き、それをズボンの腰部右後ろに差し挟んで、自宅マンション前の路上に赴いた。

（３）　被告人を見付けたＡがハンマーを持って被告人の方に駆け寄って来たが、被告人は、Ａに包丁を示すなどの威嚇的行動を取ることなく、歩いてＡに近づき、ハンマーで殴りかかって来たＡの攻撃を、腕を出し腰を引くなどして防ぎながら、包丁を取り出すと、殺意をもって、Ａの左側胸部を包丁で１回強く突き刺して殺害した。

２　刑法36条は、急迫不正の侵害という緊急状況の下で公的機関による法的保護を求めることが期待できないときに、侵害を排除するための私人による対抗行為を例外的に許容したものである。したがって、行為者が侵害を予期した上で対抗行為に及んだ場合、侵害の急迫性の要件については、侵害を予期していたことから、直ちにこれが失われると解すべきではなく（最高裁昭和45年（あ）第2563号同46年11月16日第三小法廷判決・刑集25巻８号996頁参照)、対抗行為に先行する事情を含めた行為全般の状況に照らして検討すべきである。具体的には、事案に応じ、行為者と相手方との従前の関係、予期された侵害の内容、侵害の予期の程度、侵害回避の容易性、侵害場所に出向く必要性、侵害場所にとどまる相当性、対抗行為の準備の状況（特に、凶器の準備の有無や準備した凶器の性状等)、実際の侵害行為の内容と予期された侵害との異同、行為者が侵害に臨んだ状況及びその際の意思内容等を考慮し、行為者がその機会を利用し積極的に相手方に対して加害行為をする意思で侵害に臨んだとき（最高裁昭和51年（あ）第671号同52年７月21日第一小法廷決定・刑集31巻４号747頁参照）など、前記のような刑法36条の趣旨に照らし許容されるものとはいえない場合には、侵害の急迫性の要件を充たさないものというべきである。

前記１の事実関係によれば、被告人は、Ａの呼出しに応じて現場に赴けば、Ａから凶器を用いるなどした暴行を加えられることを十分予期していながら、Ａの呼出しに応じる必要がなく、自宅にとどまって警察の援助を受けることが容易であったにもかかわらず、包丁を準備した上、Ａの待つ場所に出向き、Ａがハンマーで攻撃してくるや、包丁を示すなどの威嚇的行動を取ることもしないままＡに近づき、Ａの左側胸部を強く刺突したものと認められる。このような先行事情を含めた本件行為全般の状況に照らすと、被告人の本件行為は、刑法36条の趣旨に照らし許容されるものとは認められず、侵害の急迫性の要件を充たさないものというべきである。したがって、本件につき正当防衛及び過剰防衛の成立を否定した第１審判決を是認した原判断は正当である。」

## ▶ 読解の視点

### 1　刑法36条の趣旨

（１）構成要件該当行為であっても、「急迫不正の侵害に対して、自己又は他人の権利を防衛するため、やむを得ずにした行為」は正当防衛に該当し、処罰されません（刑法36条）。例えば、故意に人を殺害する行為は、殺人罪の構成要件に該当する行為ですから、原則として違法・有責な行為と評価されますが、その行為が正当防衛の要件を充たす場合には、違法性が阻却され、犯罪を構成しないことになります。

（２）本決定は、最高裁として刑法36条の趣旨を初めて明らかにしたものと思われます。その内容は、次のように敷衍することができます。

法治国家においては、紛争の解決は公的機関に委ねられており、自己の正当な権利を守るためであっても、相手を傷つけるなどの実力を行使して自力でこれを守ることは、原則として禁止されています。しかし、不法な攻撃が差し迫っており、公的機関による法的保護を求めることが期待できないような緊急の場合にまで、そのような攻撃をただ受けなければならないというのは不合理です。そこで、刑法は、被告人にとって、不法な侵害行為が差し迫っている緊急状況において、自分の身を守るためにやむを得ずにした侵害排除行為については、例えばそれが人を殺傷する行為であっても、正当防衛として無罪にすることとしているのです。

本決定が明示したこのような趣旨は、従来から学説・裁判例で広く認められてきたものといってよく、正当防衛の成立範囲に変更をもたらす新たな解釈を示すものとはみられません[1]。なお、正当防衛の正当化根拠は、学説上様々ありますが、まずは、個人には自己保全の利益があるという観点から理解するのが分かりやすいと思われます。

## 2　侵害の急迫性

正当防衛で対抗できる侵害は「急迫不正の侵害」でなければなりません。「急迫」とは、「法益の侵害が現に存在しているか、または間近に押し迫っていること」（最判昭和46年11月16日刑集25巻８号996頁、以下「昭和46年判例」といいます。）を意味します。法益侵害の危険が時間的に切迫していることが必要ですから、その危険がいまだ切迫したものとは評価できない場合（将来の侵害）、法益侵害が既に終了してしまった場合（過去の侵害）には正当防衛が認められません。

## 3　侵害の急迫性等に関する判例の状況

（1）２でみたように侵害の急迫性は時間的観点から判断されますが、判例上は、時間的に切迫していれば常に急迫性が認められているわけではありません[2]。これはとりわけ相互闘争の過程で正当防衛状況が現出した場合（いわゆる喧嘩と正当防衛）や被侵害者が不正の侵害を自ら事前に招致した場合（自招侵害）等に問題となります。

この問題について、本件との関連が大きいと思われる判例を概観すると、次のとおりです。

ア　最大判昭和23年７月７日刑集２巻８号793頁（以下「昭和23年判例」といいます。）は、「互に暴行し合ういわゆる喧嘩は、闘争者双方が攻撃及び防禦を繰り返す一団の連続的闘争行為であるから、喧嘩の或る瞬間においては、闘争者の一方がもつぱら防禦に終始し、正当防衛を行う観を呈することがあつても、闘争の全般からみては、刑法36条の正当防衛の観念を容れる余地がない場合がある」としました。

昭和23年判例は、喧嘩闘争状況であっても常に正当防衛の成立が否定されるわけではないことを示した点と、正当防衛の成否については、防衛行為の瞬間だけではなく、「闘争の全般」を評価する必要があることを明示した点で重要な意義を有し、相手方の侵害に対する対抗行為を防衛行為といい得るためには、行為全般の状況から判断して、その対抗行為が緊急状況に対処するためのものとして法秩序に反するものではない、と評価される場合でなければならないとの見解に立脚しているものと解されています。このように、昭和23年判例は、喧嘩闘争類型の正当防衛成否に関する基本的な考え方を示したものであり、現在まで変更されていないことにも留意すべきです。

イ　昭和46年判例は、2でみた判示に続けて「侵害があらかじめ予期されていたものであるとしても、そのことからただちに急迫性を失うものと解すべきではない」としました。

この点、学生のみなさんの中には、相手から攻撃を受けることがあらかじめ分かっていれば、侵害が「急に迫ってきた」とはいえないのではないか、と思う方もいるかもしれません。しかし、ある人から近い将来確実に攻撃されることが予想されますが、重要な用事があって、その場に行かなければならなかったり、危険な場所から立ち去ることができなかったりした場合、どうしたらよいと思うでしょうか。攻撃が予期されたというだけで、侵害を避けなければいけないとなると、その人の社会生活が不当に制限されてしまうこととなります。したがって、それだけで攻撃の予想される場所に赴くことが禁止されるわけではなく、そこに赴いた結果、案の定攻撃を受けても、これに対して防衛行為に出ることが許されることもあるのです。

ウ　最決昭和52年7月21日刑集31巻4号747頁（以下「昭和52年判例」といいます。）は、「刑法36条が正当防衛について侵害の急迫性を要件としているのは、予期された侵害を避けるべき義務を課する趣旨ではないから、当然又はほとんど確実に侵害が予期されたとしても、そのことからただちに侵害の急迫性が失われるわけではない」が、「同条が侵害の急迫性を要件としている趣旨から考えて、単に予期された侵害を避けなかつたというにとどまらず、その機会を利用し積極的に相手に対して加害行為をする意思で侵害に臨んだときは、もはや侵害の急迫性の要件を充たさないものと解するのが相当である」として、いわゆる積極的加害意思論[3)]を示しました。

エ　最決平成20年5月20日刑集62巻6号1786頁（以下「平成20年判例」といいます。）は、故意による自招侵害の事案について、「Aの攻撃は、被告人の暴行に触発された、その直後における近接した場所での一連、一体の事態ということができ、被告人は不正の行為により自ら侵害を招いたものといえるから、Aの攻撃が被告人の前記暴行の程度を大きく超えるものでないなどの本件の事実関係の下においては、被告人の本件傷害行為は、被告人において何らかの反撃行為に出ることが正当とされる状況における行為とはいえないというべきである」として、刑法36条の個別要件に踏み込まずに、正当防衛を否定した原判決の結論を是認しました。

（2）このように、判例上は、本決定以前から、正当防衛状況の判断において、侵害行為に先立つ事情が幅広く考慮されており、昭和23年判例で「闘争の過程を全般的に観察して、正当防衛の観念を容れる余地がない場合か検討すべき」との判断の在り方が示されて以来、これを具体化するものとして、積極的加害意思論

（昭和52年判例）といった判例理論や、故意の自招侵害の一類型に関する判断（平成20年判例）が示されてきていたと理解できるように思われます。

## 4　学説の状況

昭和52年判例が示した積極的加害意思論については、擁護論がある一方、学説上、反対する見解が相当数見られます[4)]。

そして、近時は、正当防衛の成立範囲を的確に画するために、侵害回避義務の観点からの提言がされています。本決定には侵害回避義務論と親和的な側面があることに照らしても、この見解の基本的な考え方を理解しておくことは学習上有益です。代表的な侵害回避義務論は、次のようなものです。

「被侵害者が正当な利益を犠牲にすることなく、予期された侵害を容易に回避できた場合には、回避すべき危険が現実化しているにすぎないとして、侵害の急迫性を否定すべきである。具体的には、侵害を予期しつつ現場に向かう場合には、現場に赴くだけの正当な理由が認められない限り、急迫性が否定される。他方、予期された侵害を待ち受ける場合については、現場にとどまることについて正当な理由がある限り、直ちに侵害の急迫性は否定されないが、警察への救助要請によって確実に侵害が回避しうる状況でありながら、そのような対応をあえて採らずに対抗行為に出た場合については急迫性が否定されることになる。このように侵害回避義務論は、予期された侵害の事前回避が可能であり、かつ、これを行為者に期待できる場合に限って急迫性を否定するものであるから、この立場からは、①侵害回避のために行為者にいかなる作為・不作為を要求できるかを明らかにした上で、②要求される措置によって侵害が確実に回避できたといえる場合に限って、侵害の急迫性が否定される[5)]」ことになります。

## 5　本決定の判断枠組み

第１審判決及び原判決は、昭和52年判例が示した積極的加害意思論により、正当防衛及び過剰防衛の成立を否定したものとみられるのに対し、本決定は、これとは異なる判断枠組みを示して侵害の急迫性を否定しています。

積極的加害意思論について、学説上、反対する見解が相当数見られることは既に述べましたが、実務上も、本件のように侵害の予期がある場合における正当防衛の成否が問題とされる事案においては、積極的加害意思論が判例理論として示されていることから、積極的加害意思論での解決に必ずしも馴染まないと思われる事案でも、積極的加害意思論に引き付けた争点整理が行われたり、「積極的加害意思が認められなければ侵害の急迫性は否定されない」という誤った理解の下で審理が行われたりしているのではないかとの懸念がありました[6]。

本決定は、こうした状況も考慮して、侵害を予期した上で対抗行為に及んだ場合における侵害の急迫性の要件については、対抗行為に先行する事情を含めた行為全般の状況に照らして検討すべきであるとした上で、考慮要素を掲げ、それらの総合考慮によって、刑法36条の趣旨に照らして許容されるものといえるかどうかで決すべき、との判断枠組みを示したものと考えられます。そして、昭和52年判例が示した積極的加害意思論は、そのような判断枠組みにおいて侵害の急迫性が否定される一つの典型例であるとの位置付けを明らかにしており、侵害の予期があるが積極的加害意思が認められない場合においても、行為全般の状況からみて侵害の急迫性が否定されることはあり得ることが示されているものとみられます。

## 6　急迫性判断のための考慮要素

紙幅の関係上、本決定が掲げた急迫性判断のための考慮要素の具体的な検討については、他の論考を参照してもらいたいと思いますが[7]、「事案に応じ」との前置きがあることから明らかなように、本決定は、列挙された考慮要素すべてを常に検討する必要があるとしているものではなく、あくまで具体的な事案に応じて重要な事実を取捨選択しつつ、急迫性の存否を判断することが予定されている点は留意すべきです。

## 7　今後の実務

本決定は、正当防衛概念の本当に意味するところ、すなわち刑法36条の趣旨を明示した上、侵害を予期した上で対抗行為に及んだ場合において、同条の急迫性の存否を判断するために主張・立証が求められる事実を特に意識して顕在化しており、何を判断の対象とすれば分かりやすいのかという視点も踏まえたものと評価できます。

ただし、本決定は、行為者が侵害を予期した上で対抗行為に及んだ場合に限った判断であり、昭和52年判例と平成20年判例を統一的に解釈するものではない点には注意が必要で、自招侵害の事案については、あくまで平成20年判例によって解決されるべきであることを前提にしたものと解されます。

そうすると、今後の実務においては、喧嘩闘争の１コマに関する正当防衛の成否について、本決定の判断枠組みに従って判断される場合（侵害を予期した上で対抗行為に及んだ場合）と、平成20年判例の判断枠組みに従って判断される場合（防衛行為者自らが暴行により不正の侵害を招いた場合）とがあり得、本決定と平成20年判例が想定していないような事案（例えば、相手方を侮辱して侵害を招致したが、侵害の予期につき合理的な疑いが残る場合等）については、両者の判断枠組みを参考にしつつも、刑法36条の趣旨に立ち返り、その事案に最もふさわしい解決を考えていくべきものと思われます。

学生のみなさんも、正当防衛に関する判例学習に当たっては、その事案の事実関係を正確に把握した上で、上記のような類型的整理も参考にしながら、当該事案で設定された判断枠組みが適切なものか、その判断のための重要な事実が的確に取捨選択されて考慮されているか、あてはめにおける総合評価が合理的なものか、といった種々の観点から多角的に検討していくと、理解がより深まるでしょう。

注

1） 刑法36条の趣旨を更に理解する上では、嶋矢貴之「刑法学の出発点としての条文――変容する正当防衛制限論から――」法教451号（2018年）32頁以下が、学説を大まかに整理して、正当防衛の背後にある制度理解に関する重点の置き方等から、その発想を３つほどにモデル化しているのが参考になります。

2） 裁判実務上、侵害の急迫性は、２のような解釈を前提に、規範的・評価的判断を包含する事実的要素として把握されています。

3） 急迫性の消極要件である「積極的加害意思」は、不正の侵害を予期したときからその侵害に臨むに至ったときまで、すなわち現に反撃行為に及ぶ前の段階における本人の意思内容の問題です。これに対し、本稿では取り上げていませんが、防衛の意思の消極要件である「専ら攻撃の意思」は、不正の侵害に対して現に反撃行為に及ぶ時点、すなわち反撃行為の実行時における本人の意思内容の問題です。このように、両者の問題状況が次元を異にするものであることは正確に理解しておく必要があります。

4） 学説の諸相等については、橋爪隆『正当防衛論の基礎』（有斐閣、2007年）232頁以下を参照。

5） 橋爪隆『刑法総論の悩みどころ』（有斐閣、2020年）90頁を参照。

6） その他、裁判員制度の導入等、本決定に至る背景事情や議論状況については、中尾佳久最判解〔刑事篇〕（平成29年度）109頁以下を参照。

7） 中尾・前掲注６）113頁以下、橋爪隆「侵害の急迫性の判断について」（日髙古稀上巻）245頁以下を参照。

（裁判官）

## *Comment* ①

平成29年最高裁決定[1)]は、「刑法36条は、急迫不正の侵害という緊急状況の下で公的機関による法的保護を求めることが期待できないときに、侵害を排除するための私人による対抗行為を例外的に許容したものである」とします。そして、平成29年決定でも言及のある「積極的加害意思」に基づき侵害に臨んだ事実（状況）が「急迫性を否定する要件になる」ことを示した昭和52年最高裁決定[2)]は、刑法36条が「侵害の急迫性を要件としている趣旨から考えて」と言及しているから、平成29年決定は、この趣旨を具体化したものと評価でき[3)]、この説示は、最高裁レベルでは初めてのものという指摘がなされています（本章解説）。

また、この説示は、「従来から学説・裁判例で広く認められてきたものといってよく、正当防衛の成立範囲に変更をもたらす新たな解釈を示（さない）」とされますが（本章解説）、その意義としては、日本は、どの地域も例外なく「法治国家」であり、「法治国家においては、紛争の解決は公的機関に委ねられており、自己の正当な権利を守るためであっても、相手を傷つけるなどの実力を行使して自力でこれを守ることは、原則として禁止されている」点を明示した点にあると思います。

そして、平成29年決定は、昭和46年最高裁判決[4)]を参照して「行為者が侵害を予期した上で対抗行為に及んだ場合、侵害の急迫性の要件については、侵害を予期していたことから、直ちにこれが失われると解すべきではなく…、対抗行為に先行する事情を含めた行為全般の状況に照らして検討すべきである」としますが、これは、「刑法36条は、急迫不正の侵害という緊急状況の下で公的機関による法的保護を求めることが期待できないとき」を条件として、「緊急状態」の判断時期について、「対抗行為に先行する事情を含めた行為全般の状況」を明示しており、従来の運用を確認した点にも意義があります[5)]。

さらに、本件のような侵害の予期がある場合に正当防衛の成否を判断する必要がある事案では、実務上、昭和52年決定に従う意識が強いため、積極的加害意思論での解決に必ずしも馴染まないと思われる事案でも、同理論に引き付けた争点整理が行われたり、「積極的加害意思が認められなければ侵害の急迫性は否定されない」という誤った理解の下で審理が行われたりしているのではないかとの懸念がありました（本章解説[6)]）。そこで、この状況を踏まえて、平成29年決定は、積極的加害意思論（昭和52年決定）を「侵害の急迫性が否定される一つの典型例である」と位置づけ、侵害の予期があるが積極的加害意思が認められない場合でも、行為全般の状況からみて侵害の急迫性が否定され得ることを示したものと考えられます[7)]。つまり、平成29年決定は、侵害を予期した上で対抗行為に及んだ場合の「侵害の急迫性」の存否の判断について、対抗行為に先行する事情を含めた行為全般の状況に照らして検討すべきであるとした上で、さまざまな考慮要素を総合考慮して、刑法36条の趣旨に照らして許容されるものといえるか決する枠組みを示したのです。

このような枠組みは、従来の積極的加害意思論の問題点を解消するために考案されたものですが、同時に、裁判員裁判制度を前提として、裁判員が考慮事項に従った検討を行う指針としての機能を果たすことにも意味があります。しかし、昭和52年決定は、要証事実[8)]を「単に予期された侵害を避けなかつたというにとどまらず、その機会を利用し積極的に相手に対して加害行為をする意思で侵害に臨んだ」事実（状況）とし、この事実（状況）があれば「侵害の急迫性を欠く」という関係を肯定しましたが、平成29年決定では、上記の事実（状況）以外にも「侵害の急迫性を欠く」関係を肯定できる事実（状況）が存在することになりますので、「要証事実が何か」及び「要証事実を推認する間接事実は何か」が問題になります。それゆえ、改めて、刑法36条の趣旨及び考慮事項との関係を考慮しつつ、要証事実とこれを推認する間接事実を設定する必要が生じます。そして、この関係を論理的に説明することが学説に要求されていると思います。

注

1） 最決平成29年４月26日刑集71巻４号275頁。

2） 最決昭和52年７月21日刑集31巻４号747頁。

3） 刑法36条の「侵害の急迫性を要件としている趣旨」に関して、下級審レベルでは、様々な意義づけがなされていました（明照博章『積極的加害意思とその射程』（成文堂、2017年）122頁以下参照)。

4） 最判昭和46年11月16日刑集25巻８号996頁。

5） 明照・前掲注３)159-63頁参照。ただし、平成29年決定が「行為全般の状況」を考慮すべきと判示している点を重視して、現実の防衛行為段階の状況それ自体が侵害の急迫性の判断に影響を及ぼす余地を認めたと解すると、同決定は、「従来の運用を確認した」だけではなくなります。

6） このような認識を裁判官が有していた点は重要だと思います。

7） なお、昭和52年決定が下された後も、自招侵害の事例の処理においては、様々な理論構成を用いて事案の処理をしていました（明照・前掲注３)176頁以下参照)。

8） 要証事実（主要事実）とは、「訴訟において証明されるべき窮極の事実」をいい、例えば「刑法の定める特定の犯罪構成要件の要素に該当する諸事実（犯罪事実）や、違法性や責任を基礎づける諸事実がこれに当たる。また、構成要件該当性や違法性・有責性を（直接的に）否定する事実」もこれに当たるとされます（宇藤ほか347-48頁〔堀江慎司〕)。

（明照　博章）

## *Comment* ②

この決定は、侵害を予期したうえで対抗行為に及んだ場合において、侵害の急迫性の要件をどのように判断したらよいかについて、新しい判断の枠組みを提示したものとして評価されています。すなわち、「刑法36条は、急迫不正の侵害という緊急状況の下で公的機関による法的保護を求めることが期待できないときに、侵害を排除するための私人による対抗行為を例外的に許容したものである。」（自力救済の禁止の例外[1]）との一般論を提示したうえで、「対抗行為に先行する事情を含めた行為全般の状況」から、事案に応じて諸要素を考慮して、「刑法36条の趣旨に照らし許容されるものとはいえない場合には、侵害の急迫性の要件を充たさない」としました。具体的な判断要素については決定要旨を参照してください[2]。この決定によると、行為者の意思は侵害の急迫性を否定する要素の一つに位置づけられ、積極的加害意思が認められない場合でも侵害の急迫性が認められない場合がありうることを示しています（本決定は積極的加害意思について言及していません）。また、判断要素を総合的に考慮して侵害の急迫性を判断するべきとしていますが、判断要素の相互関係までは明らかにされておらず[3]、刑法36条の趣旨に照らして総合的に判断するという基準だけでは、曖昧で恣意的な判断の危険性を払拭できないと思われます。また、急迫性要件を対抗行為に防衛行為としての性質を与える規範的概念と再構成する見解も提示されていますが、要件論を具体化する方向とは逆行した試みではないかと思います。

これまで判例は、侵害の予期に基づく積極的加害意思が認められる場合には規範的観点から侵害の急迫性を否定してきており（積極的加害意思説）、学説でこれに賛成するものも少なくありません。判例によれば、正当防衛（刑法36条1項）における急迫性とは、法益の侵害が現に存在しているか、または間近に押し迫っている状態をいい、侵害があらかじめ予期された場合でも、直ちに急迫性が否定されるわけではないとします[4]。しかし、侵害を予期したうえで、「単に予期された侵害を避けなかったということにとどまらず、その機会を利用し積極的に相手に対して加害行為をする意思で侵害に臨んだときは、もはや侵害の急迫性の要件を充たさない」とします[5]。しかし、積極的加害意思が認められる場合には、法益侵害が緊迫している状況であるにもかかわらず急迫性が否定され正当防衛が認められないことになり、積極的加害「意思」のゆえに法益侵害を甘受しなければならない理由は必ずしも明らかであるとは思われません。

これに対して、侵害の急迫性の要件は客観的に判断されるべきであり、侵害を予期しているかどうか、積極的加害意思があるかどうかなどの防衛者の主観的事情は急迫性に影響を与えないという見解が有力に主張されています[6]（客観説）。判例も、侵害の急迫性の要件は「予期された侵害を避けるべき義務を課する趣旨ではない」としています[7]。現代法治国家においては、他人の利益を侵害しない限り個人は自由を最大限に享受することが認められているのであって、侵害を予期したとしても、原則として侵害を回避する義務はないと考えるのが妥当だと思われます。

予期した侵害を容易に回避できるのに侵害があれば反撃する意図で出向く場合（出

向型）と積極的加害意思をもって予期した侵害を待ち受ける場合（待機型）には正当な利益の享受を認めることはできず、予期した緊急状態を自ら現実化させたものとして侵害の回避義務を認めて急迫性を欠くとし[8]、あるいは「被侵害者が正当な利益を犠牲にすることなく、予期された侵害を容易に回避できた場合には、回避すべき危険が現実化しているにすぎないとして、侵害の急迫性を否定する」見解が提唱されています（侵害回避義務論[9]）。さらに、侵害の予期に基づいて侵害を阻止するための準備をした場合（被侵害者側の対応関係）、被侵害者（防衛行為者）の法益侵害の可能性が減少するために、法益侵害の可能性が実質的に失われる場合には侵害の急迫性を否定できるとの見解も主張されています[10]。

正当防衛の制度趣旨から考えれば、客観説が基本的に妥当すると考えます。現代法理論の基礎となっている社会契約説によれば、自らの利益を保護する権利を国家に信託し、国家が個人の利益を保護することが原則とされています。しかし、国家が個人の利益を保護できない場合、すなわち公的機関による適時の保護を受ける余裕がない緊急状態においてまで、この原則を貫徹したのでは、不法な攻撃を甘受することを個人に強制することになり不合理です。そこで、このような緊急状態では侵害の「急迫性」を認めて、例外的に個人による利益保護行為を正当と評価することになります[11]。したがって、「急迫性」は侵害が切迫していて「公的機関による適時の保護を得られるか」により判断すべきだと考えます（急迫不正の侵害に先行する、侵害を予期した「時点」であれば、公的機関による保護を求める余裕を認めることができるでしょう[12]）。不正侵害に対して正当な利益を保護する合理性が認められるかがポイントとなるでしょう。まず、被侵害者が侵害を単に予期しただけだったり、内心において積極的加害意思を有していたりするにすぎない場合には、急迫性を否定すべきではないでしょう（内心の自由の保障）。次に、侵害を予期した時点で被侵害者が侵害の予期に基づいて何らかの行動に出たとき、予期された侵害を避けないことに合理的な理由が認められない場合には急迫性が否定されることになると思います。たとえば、予期された侵害を大きく超える対抗手段を準備し、あるいは最初から攻撃的防御に出た場合には急迫性が否定され易いでしょう。また、侵害が確実に予期される状況へ積極的加害意思をもって赴いた場合には、公的機関の適時の救済を拒否し、侵害者と協働して違法状態を作出したと評価できるので、侵害の急迫性が否定されるものと思われます。

注

1）自力救済禁止の原則とその例外については、大塚裕史「侵害の『急迫性』要件の意義と射程」判時2357・2358合併号15頁が判り易いです。

2）判断要素を本件の事実関係に当てはめる際に、「包丁を示すなどの威嚇的行動を取ることもしないままＡに近づき、Ａの左側胸部を強く刺突した」としています。そこで、侵害を予期して対抗行為に及んだ場合には、防衛行為の相当性の判断として「防御的防衛」を求めているのかも検討すべき課題となるのではないでしょうか。

3）そこで、判例理論によるならば、裁判例の蓄積の中で急迫性が否定される場合、その際の判断要素の相互関係を類型化していく作業が必要でしょう。

4）　最判昭和46年11月16日刑集25巻8号996頁。

5）　最決昭和52年7月21日刑集31巻4号747頁。最決昭和52年までの裁判例については、香城敏麿・最判解〔刑事篇〕（昭和52年度）239頁以下を参照。判例の動向を詳しく分析・検討したものとして、橋爪隆『正当防衛論の基礎』（有斐閣、2007年）120頁以下。

6）　山中総論485頁など。

7）　前掲注5）最決昭和52年7月21日刑集31巻4号747頁。

8）　佐藤文哉「正当防衛における退避可能性について」西原古稀第1巻242-244頁。

9）　橋爪・前掲注5）305頁以下。

10）　川端博『違法性の理論』（成文堂、1990年）90-94頁。急迫性の問題ではなく、侵害性が否定されるのではないでしょうか。

11）　この意味で、この決定が正当防衛の制度趣旨に基づいて急迫性の判断基準を提示している点は評価できます。

12）　大塚・前掲注1）15頁参照。

（大杉　一之）

コラム ①

## 刑事法判例を読む基本

——事件の具体的な内容を知る——

国語辞典で「判例」を引くと「裁判の先例。裁判所での類似の事件または論点に関して同趣旨の判決が繰り返される例になっているもの。また、将来繰り返されるべき予測をもたれる個々の裁判をいうこともある。判決例。」とあります（広辞苑第7版）。この説明から、判例とは実際の事件で示された個々の裁判または裁判の集積を指すことが分かります。

世の中で起きる事件は個別の事情がありますから、ある論点についての学説を一律に当てはめると、ある事件では妥当だけれども別の事件では不合理な結論になることがあります。裁判は事件の適正妥当な処理をめざす作用ですから、特定の事件での判断を論点について抽象化してしまうことによって、判例とされる考え方の結論が不合理だったり一貫性が欠けたりするように見えることがあります。判例の正しい理解のためには当該事件の具体的な内容の把握が欠かせません。例えば、正当防衛（本書第1章）において、「侵害を予期して対抗行為に出た場合、行為全般の状況を検討し、刑法36条の趣旨に照らして許容されない場合は急迫性を欠く。」と判決の要旨を覚えただけでは、試験の回答がおかしかったり裁判所の判断を予測できなかったりすることになりかねません。

事件の具体的な内容を知るには、事件記録の閲覧がベストですが、プライバシーの塊というべき刑事事件の記録閲覧には高いハードルがあります（本書コラム④参照）。また、事件記録は必ずしも読みやすくまとまっていませんし、はぐらかすように答えた証言態度とか証拠物の重量感など、そもそも事件を担当した裁判所や当事者しか知り得ない情報もあります。以下では、基本書等に現れる裁判例について、事件の具体的な内容を知る方法を紹介します。

『判例百選』や『重要判例解説』（いずれも有斐閣）、『最新重要判例250』（弘文堂）などの学習用教材としての判例集は、裁判例の結論に影響したと思われる事情が要約されています。『法学教室』（有斐閣）の「判例セレクト」や『判例時報』の「判例評論」のように法学雑誌に判例集的な小冊子が掲載されることもあります。これらはどこの大学にでもあるでしょうし、学生も読者として想定されているので読みやすいです（法学教室は特に読みやすいと思います。）。他方、紙面の制約による情報量の少なさや執筆者の関心に左右されがちという面もあります。

各種法律雑誌にも裁判例の紹介記事が掲載されています。必ずしも網羅的ではありませんが、普段から事件に接している実務法曹による執筆も多く(『判例タイムズ』や『判例時報』の匿名解説は、実際の担当裁判官が執筆している場合もあります。)、特に『刑事法ジャーナル』(成文堂)や『季刊刑事弁護』(現代人文社)は「刑事のプロ向け雑誌」といってよいでしょう。これらは入手しやすいだけでなく内容も充実していますが、その反面、実務に関する知識のない初学者が読むのは容易でないともいえます。

以上に対し、「公式」の判例集として、『最高裁判所刑事判例集』(「刑集」と略称されます。)、『高等裁判所刑事判例集』(「高刑集」と略称されます。)があります。これらは、最高裁、高裁に置かれている判例委員会[1)]の審議を経て刊行されるもので、刑集はどの大学にも備え付けられていると思います。刑集には、何について判示したのかを示す「判示事項」、判例委員会が判例としての価値があるとした部分である「判決要旨」が冒頭に記載され、続いて、最高裁の判決全文、上告趣意、第1審の判決全文、控訴審の判決全文の順で掲載されます。第1審判決と控訴審判決の全文が掲載されていますから、事件内容がかなり明らかになります。一方、高刑集に第1審判決の全文は掲載されません。

刑集と似て非なるものとして『最高裁判所裁判集刑事』があります(「裁判集刑事」とか「集刑」と略称されます。)。刑集と違い、先例としての価値があるものを広く掲載していますが、第1審・控訴審の判決文は掲載されていません。一般向けに刊行されていないため、裁判所の資料室を利用するしか閲覧方法はありません。

刑集登載判例に関しては、担当した最高裁の調査官[2)]が執筆する『最高裁判所判例解説』があります(「判例解説」「判解」と略称されたり、「調査官解説」と呼ばれたりします。)。民事編・刑事編に分かれて年度ごとに刊行されますが、最高裁の判断が示されてから刊行まで2、3年かかります。刊行前に『法曹時報』(法曹会)に掲載され、それより前に『ジュリスト』(有斐閣)の「時の判例」に判例解説の骨子が掲載されますが、それでも最高裁の判決・決定から1年くらいかかるのが通常です。たいていの大学には備え付けられていて、非常に有益なものですが、担当調査官の私見にすぎないことには注意が必要です。最高裁の調査官は、担当事件の記録を全て検討し、関連する裁判例や学説などを調べた上で報告書を裁判官に提出しますから、判例解説は情報量が多く、当該判例の事案内容の把握に有益です。しかし、最高裁の裁判官は、報告書を参考としつつも、それぞれ意見を述べ、多数意見が法廷意見になりますから、最高裁の判断と判例解説の内容が一致しているわけではありません(例えば、判例解説の内容が少数意見に近いという場合もあり得ます。)。

これまでは入手のしやすさ（特に、大学で閲覧できること）に重点を置いてきましたが、より幅広く裁判例を探したい場合には、データベースの利用が一番です。裁判所ウェブサイトの裁判例情報のページでも検索できますが、LEX／DB（TKC ローライブラリー）、LLI／DB 判例秘書 jp などのデータベースでは、裁判例の本文のほか、関連する裁判例や判例評釈論文の存在なども容易に調べられるので、大学等で利用可能なら活用したいところです。

より深く理解したい場合には、論点ごとに裁判例を解説した書籍があります。最近のものでは、西田典之＝山口厚＝佐伯仁志＝橋爪隆『判例刑法（総論・各論）【第７版】』（有斐閣、2018年）や植村立郎編『刑事事実認定重要判決50選（上・下）【第３版】』（立花書房、2020年）が挙げられます。

事件の具体的な内容（さらには時代背景など）を知ることで、事件がリアルに感じられ、何より、「被告人と被害者が普段から抗争していた中で正当防衛が認められたポイントはどこだろう。」とか「こういう事情の下では未必の故意が認定されるのも仕方ないかな。」と考えることが判例や論点に対する確実な理解につながります。

ぜひ事件の具体的な内容に関心を持ってもらいたいと思います。

注

1） 最高裁及び高裁には、それぞれ所属の裁判官で構成される判例委員会が置かれており（最高裁は７人以内、高裁は10人以内）、それぞれの裁判所の裁判を判例集に登載するか否かを審議します。

2） 最高裁判所調査官は、事件の審理及び裁判に関して必要な調査をする裁判所の職員です（裁判所法57条）。多くは、裁判官になってから15年から20年程度の判事が充てられています。

（杉本 正則）

# 第2章 故　意
## ——大阪高判平成27年7月30日高検速報（集）（平成27）号195頁

脱法ドラッグと称する規制薬物を購入して所持した事案について、法規制のされていない合法的な物質だと思っていた旨弁解する被告人に対し、規制薬物の故意を認定できないとして無罪を言い渡した原判決を、故意の認定につき経験則に照らして不合理な前提に立脚した結果、間接事実の評価を誤ったとして破棄した事例

第1　事実関係

本件公訴事実

被告人は、みだりに、平成25年10月10日、U市ω1町ω2××番地の×所在の府営ω3団地××棟×××号被告人方において、麻薬である1-フェニル-2-（ピロリジン-1-イル）ペンタン-1-オン（通称α-PVP。以下「α-PVP」という）の粉末約1.443gを所持したものである。

前提事実（大阪高裁の認定）

被告人は、平成25年8月ないし同年9月頃（以下、特に明記しない限り月日は同年のものを示す。）、知人で覚せい剤事犯により刑務所で服役した前科のあるZ4（以下「Z4」という。）から、「パウダー」を買わないかなどと持ちかけられ、同月上旬頃、私鉄M駅前のロータリー付近において、Z4から「パウダー」及び注射器を5000円で購入して、上記のパウダーを水に溶かし、自己の身体に注射して使用した。

被告人は、10月2日か翌3日頃にも、上記と同じ場所で、Z4から、再びパウダーと称するチャック付きポリ袋入り白色粉末2袋（以下「本件薬物」という。）を5000円で購入した。

被告人は、本件薬物が同居する妻や義父に見つからないよう留意していたところ、10月10日午前9時40分頃、警察官Z6（以下「Z6警察官」という。）らは、令状に基づきU市内の被告人方の捜索差押えを実施するため、被告人方に赴いた。Z6警察官らは、チャイムを鳴らし、玄関を開けた被告人に対し、「警察や、ガサや、令状を確認してくれ」などと言った。被告人は、驚いた様子で「ちょっと待ってくれ」などと言い、ドアを閉めようとしたが、Z6警察官からドアの隙間に足を入れられ、あらためて「ガサ状を提示するから確認してくれ」などと言われると、素直に同警察官らを室内に入れた。捜索開始後まもなく、居間のテーブル上にあったチャック付きポリ袋2袋入りの本件薬物やその一部を水に溶かした液体入りの注射器1本等が発見され、警察官がこれらの物につき確認したところ、被告人は、「私のものです。今から打とうと思っていました」などと述べた。その後、被告人から任意提出された本件薬物を鑑定した結果、α-PVPが検出された。

## 第2　訴訟の経緯

京都地裁は、「最高裁平成２年２月９日決定を参照すれば、対象薬物が規制薬物（覚せい剤、大麻、麻薬、向精神薬等）であること、すなわち法による規制の対象物であることの概括的な認識（俗にいえば「これはやばい薬だ」との認識）がある場合には、薬物事犯の故意が認められるものと解する（もちろん未必的な認識の場合は、「これはやばい薬かも知れない」という程度で足りる）」が、「脱法ドラッグは従来から法規制の対象とされている覚せい剤等の規制薬物とは異なり、新種の薬物が次々に現れ、これに対する法規制が後追いになるという特徴があることから、法規制がされていない合法的な物質と思っていたとの弁解に対して、上記のような概括的故意を認定することには、より慎重な検討が求められる」とした上で、本件では、被告人に規制薬物所持の故意があったことに合理的な疑いが残るとした(被告人は無罪)。

大阪高裁は、原判決が「被告人に規制薬物所持の故意があったことに合理的な疑いが残ると判断したことについては是認することができない」とし、原判決を破棄・自判して、被告人を懲役１年２月に処した。

## 第3　争　点

最決平成２年２月９日判時1341号157頁（以下では、平成２年決定という）は「覚せい剤を含む身体に有害で違法な薬物類であるとの認識があった」場合覚せい剤輸入罪・所持罪の故意を肯定する[1]。これは、危険ドラッグ事犯[2]の場合「危険ドラッグを含む身体に有害で違法な薬物類であるとの認識」だが[3]、「脱法ドラッグ（危険ドラッグ）に対する法規制が後追いになるという特徴がある」から「法規制がされていない合法的な物質と思っていた」、より具体的にいえば「当該薬物は、早晩規制される可能性があるが、購入時には規制薬物でないと認識していた」と被告人が弁解した場合、「故意（概括的かつ未必的であっても）を認定することには、より慎重な検討が求められる」のか[4]。

## 第4　判　決

原判決は、本件のように、所持する薬物がいわゆる脱法ドラッグであって合法的な物質だと思っていたなどとして規制薬物所持の故意が争われる事案につき、前記４（１）のとおり説示し[5]、当審弁護人もこれと同趣旨の主張をする。上記の説示は、脱法ドラッグの売り手は、検挙を免れるため販売する薬物に対する法規制の有無をそれなりに慎重に確認し、買い手は、売り手が上記のような確認をしてくれているという期待のもとに当該薬物を購入するであろう、という判断を念頭になされたものと推察される。しかしながら、検察官も指摘するように、次々に現れる新種の脱法ドラッグに対して後追いで法規制がなされるというのであれば、たとえある薬物が、従前は法による規制の対象となっていなかったとしても、購入時、あるいはその後の所持の時点では規制薬物に指定されている可能性があることにほかならないのであるから、買い手が前記のような期待をして脱法ドラッグを購入しているとしても、そのことと、ひょっとしたら当該薬物が購入時、あるいは購入後に所持を継続する中で規制薬物となっているかも知れないという不安、すなわち当該薬物が規制薬物であることの未必的認識とは矛盾するものでなく、むしろ程度の差こそあれ、上記の期待と不安は併存するのが通常であると認められる。そうすると、脱法ドラッグと称する薬物を購入して所持した者が、法規制のされていない合法的な物質だと思っていた旨の弁解をする事案につき、他の薬物事犯よりも慎重に故意を認定すべきであるということはできず、むしろそのような経緯で薬物を入手したことは、未必的にせよ、当該薬物が規制薬物であると認識して所持していたことを強く窺わせる事情というべきであって、これに反する前記4（1）の原判決の説示は、経験則に照らして合理性を欠くものといわなければならない。

## ▶ 読解の視点

### 1　「罪を犯す意思」の内容

「罪を犯す意思」（刑法38条1項本文：犯罪成立要件）は、判例上「犯意」[6]と表現され、学説上「故意」[7]と表現されます。故意は、「犯罪事実の表象および認容を有すること」と定義され[8]、「犯罪事実」は、「構成要件に該当する客観的な事実」であり、「実行行為の客観面、構成要件的結果、その間の因果関係のほか、行為の主体、客体、状況などを含む」とされます[9]。

ある見解によれば、「構成要件要素としての故意」は「外形的動作から客観的に認知できる範囲の意思方向としての部分―犯罪事実の認識、認容にかかる部分」であり、「責任」要素としての故意は「内心の意思形成過程の批判可能性に関する部分、とくに違法性の意識、期待可能性の部分」とします[10]。別の論者は、まず「故意を考慮しなければ構成要件は特定し得ない」とし、「刑事訴訟法上の罪となるべき事実は構成要件に対応するものと解すべきである」とした上で「実務上は、故意は構成要件要素である」とします[11]。次に「故意の内実」を考えるにあたっては、「責任主義から『非難可能なだけの事実の認識』が要求される。国民の規範意識から見て、故意犯として科される重い刑罰効果に見合うだけの非難を向け得る主観的事情が必要である。」とした上で、「故意」のもつ「国語的意味」に加え、日本の「刑事司法実務の現状」を基礎に判断すると、「一般人ならばその罪の違法性の意識を持ち得る犯罪事実の認識」が、「故意非難を基礎づける主観的事情だ」とし、実務上しばしばみられる「その罪の規範に直面するだけの認識」も同旨とします[12][13]。

### 2　故意の体系論上の地位と故意の機能との関係

故意の体系論上の地位に関して、大別すると、構成要件要素とする見解と責任要素とする見解があります[14]。故意を構成要件要素とする見解を前提とした場合、故意には行為の類別化機能があるため[15]、故意概念と類別化機能を結びつけた解釈になりやすく、故意を責任要素とする見解を前提とした場合、故意には提訴機能（違法性の意識を惹起する機能）があるため、故意概念と提訴機能を結びつけた解釈になりやすくなります[16]。

## 3　平成2年決定に基づく薬物事犯における故意の認定方法

平成2年決定は、原判決（東京高裁判決）が言及した「概括的故意」を明言しませんが、「概括的故意」の成立可能な状況を前提とし、これを肯定できる「被告人の認識」つまり「被告人は、本件物件を密輸入して所持した際、覚せい剤を含む身体に有害で違法な薬物類であるとの認識があった」ことを示し、「被告人の認識」が「覚せい剤かもしれないし、その他の身体に有害で違法な薬物かもしれないとの認識はあったこと」を経由して、「故意の成立を肯定する」ことになります[17]。そして、最高裁は、東京高裁判決の「確定すべき対象物に対して、具体的な違法有害な薬物を概括的に認識予見する際に、認識予見の対象から覚せい剤が除外されていない」というレベルを要求します[18]。

### （1）　要証事実

要証事実（主要事実）は、「訴訟において証明されるべき窮極の事実」であり[19]、刑事裁判では「構成要件に該当し、違法・有責な事実」ですが[20]、この事実は、犯罪成立要件に関連するものです。故意は犯罪成立要件の一つですから、故意を肯定できる事実が要証事実になります。そうすると、「当該構成要件に該当する事実（覚せい剤であること）をそれとして認識している」（当該構成要件にあたる種概念としての事実そのものを認識している）［という事実］が「要証事実」です[21]。

### （2）　要証事実の推認構造

ある論者（元判事）は「どのような場合に覚せい剤の認識があったといいうるかを検討すると、判例は、当該構成要件に該当する事実（覚せい剤であること）をそれとして認識していることを要し、その一部である違法性の意識を喚起しうる範囲の事実を認識していること（例えば、『シャブ』という隠語や違法な薬物であるという認識）は故意特に未必的故意の存在を認めるうえでの証拠にとどまると解しています。つまり、故意の成立を認めるには、当該構成要件にあたる種概念としての事実そのものを認識していることを要し、これを含む類概念を認識していることは種概念を認識していることの証拠にとどまると解している」とします[22]。

まず、同論者は「これ（覚せい剤）を含む類概念を認識していることは種概念を認識していることの証拠にとどまる」としますが、これは、「類概念」の認識

［という事実］が「種概念」の認識［という事実：要証事実］を推認させる関係を示すものといえます。

次に、同論者は「『シャブ』という隠語や違法な薬物であるという認識」は「故意特に未必的故意の存在を認めるうえでの証拠にとどまる」としますが、これは、覚せい剤を含む「類概念」の認識を介して「種概念」の認識を推認させることを前提に、「類概念」の認識を推認させる事実の例示として「『シャブ』という隠語や違法な薬物であるという認識」をあげたものです[23]。

以上から、本見解に従うと、最高裁の推認過程は、「『シャブ』という隠語や違法な薬物であるという認識」から覚せい剤を含む「類概念」の「認識」を推認し、さらに「類概念」の認識から「種概念」の認識を推認する構造になります。

### （3）　推認を破る場面の存在

平成2年決定は、故意を肯定するため「覚せい剤かもしれないし、その他の身体に有害で違法な薬物かもしれないとの認識はあったこと」を要求しますが、これは「確定すべき対象物に対して、具体的な違法有害な薬物を概括的に認識予見する際に、認識予見の対象から覚せい剤が除外されていない」（東京高裁判決）レベルまで要求しますので、認識予見の対象から「覚せい剤」が「除外されている」場合、類概念の認識から種概念の認識の推認を破ります[24]。

## 4　故意の機能と薬物事犯における「類概念」と「種概念」の関係

### （1）　故意に行為の意味づけ機能を肯定する見解

平成2年決定の推認過程は、被告人の「これはやばい薬である」という認識から覚せい剤を含む「類概念」の「認識」を推認し、さらに「類概念」の認識から「種概念」の認識を推認する構造ですが、ここでは、「類概念の認識が認定できれば、（「種概念の認識」の推認を経て）故意を肯定できると『法的に評価し得る心理状態』があるか」が重要になります[25]。そして、故意の類別化機能を肯定する見解（①）からすると、「これは覚せい剤を含む身体に有害で違法な薬物類である」という認識（類概念の認識）は、「覚せい剤を所持している」（という行為（構成要件該当行為）を行っている）ことを意味づけていると評価できるために必要な認識になっているか（「種概念の認識」を含むか）が重要になります。つまり、被告人の「これはやばい薬である」という認識は、「当該薬物が『覚せい剤を含んでいない』という認識である」と評価できない限り、被告人が「覚せい剤を所持している」（構成要件該当行為）という「行為を行っていることを意味づけうる範囲の事実を認識している」と評価「できる」ことになります。これに対して、「含んでいない」と認識している場合、被告人が「覚せい剤を所持している」という「行為を行っていることを意味づけうる範囲の事実を認識している」と評価「できない」ことになります。

### （2） 故意に提訴機能（違法性の意識を惹起する機能）を肯定する見解

被告人の「これはやばい薬である」という認識が上記の過程を経由して「これは覚せい剤を含む身体に有害で違法な薬物類である」）という認識（類概念の認識）が存在する場合、故意の提訴機能を肯定する見解（②）からすると、「覚せい剤を所持している」（構成要件該当行為）という「違法性の意識を喚起しうる範囲の事実を認識している」と評価できるために必要な認識になっているか（「種概念の認識」を含むか）が重要となります。つまり、被告人の「これはやばい薬である」という認識は、「当該薬物が『覚せい剤を含んでいない』という認識である」と評価できない限り、被告人が「覚せい剤を所持している」という「違法性の意識を喚起しうる範囲の事実を認識している」と評価「できる」ことになります。これに対して、「含んでいない」と認識している場合、被告人が「覚せい剤を所持している」という「違法性の意識を喚起しうる範囲の事実を認識している」と評価「できない」ことになります。

## 5　危険ドラッグが蔓延している状況における故意の認定

### （1） 平成2年決定の枠組みの分析

平成2年決定を分析すると次のようになります。

A　ある事実から、被告人の「これは身体に有害な薬物類である」という認識を推認できる。

B　ある事実から、被告人の「これは違法な薬物類である」という認識を推認できる。

C　A・Bを合わせて、被告人の「これは身体に有害で違法な薬物類である」という認識を推認できる。

D　Cを前提とすると、原則的に、被告人の「これは覚せい剤である」という認識を推認でき、故意の成立を肯定できる。

E　ただし、被告人の認識予見の対象から「覚せい剤」が「除外されている」場合（「特別の事情」の存在）、Cを前提としたDの推認が破られ、故意の成立を肯定できない。

### （2） 上記の推論が許容できる事情

覚せい剤所持事犯において、被告人が「自分が所持している薬物はシャブである」と認識している場合、A・Bを分けて検討するまでもなく、被告人は、「これは身体に有害で違法な薬物類である」という認識を有していることが推認できるでしょう[26]。違法薬物（規制薬物）が厳格に管理されている社会（日本）において、被告人が「自分が所持している薬物はシャブである」と認識している場合、「経験則[27]」上、当該「被告人の認識」は「被告人の行為（覚せい剤所持事犯の構成要件該当行為）を意味づける」ことが可能であり、被告人が「違法性の意識を喚起しうる」ことが可能だからです。

### （3） 危険ドラッグが蔓延し、法規制が後追いになっている状況の特殊性

危険ドラッグが蔓延した時期は「法規制が後追いになるという特徴がある」（京都地裁第1審判決）、つまり「次々に現れる」新種の危険ドラッグに対して「後追いで法規制がなされる」（大阪高裁控訴審判決）という指摘が妥当しましたが、そうすると、そのような状況では、「違法薬物（規制薬物）が厳格に管理されている社会（日本）」という前提を欠くため、被告人が危険ドラッグを入手し使用する意思は、薬理効果は理解しているけれども、違法な薬物であると認識していないこと（「早晩規制される可能性がある」との認識に基づき「違法な薬物である」との認識を否定すること）を肯定し得ることになります。つまり、被告人が当該薬物の薬理効果（身体に有害な薬物であること）を理解していることが「同時に」違法な薬物であるとの認識を推認できるためには、「違法薬物（規制薬物）が厳格に管理されている社会（日本）」が前提となります。しかし、危険ドラッグが蔓延し法規制が後追いになっている場合、この前提が欠けます。そうすると、上記の状況において、被告人が薬理効果を理解していても、「違法な薬物」であることを推認できない可能性が生じる。したがって、「これはやばい薬である」の認識から「これは危険ドラッグを含む身体に有害で違法な薬物類である」の認識を推認し危険ドラッグ事犯の故意を肯定する、という方法（平成2年決定）では、故意を肯定できない可能性が生じます[28]。

平成2年決定の基準を利用するには、上記のA及びBの関係をそれぞれ個別的に肯定する立証活動（証拠による証明）を要しますが、本件の経緯を前提とすると、危険ドラッグに対する「法規制が後追いになるという特徴があることから、法規制がされていない合法的な物質と思っていたとの被告人の弁解に対して、故意（概括的かつ未必的であっても）を認定することには、より慎重な検討が求められる」か（京都地裁第1審判決）、それとも、「次々に現れる新種の脱法ドラッグに対して後追いで法規制がなされるというのであれば、たとえある薬物が、従前は法による規制の対象となっていなかったとしても、購入時、あるいはその後の所持の時点では規制薬物に指定されている可能性があることにほかならないのである」から、買い手が「前記のような期待[29]」をして危険ドラッグを購入しているとしても、

そのことと、「ひょっとしたら当該薬物が購入時、あるいは購入後に所持を継続する中で規制薬物となっているかも知れないという不安、すなわち当該薬物が規制薬物であることの未必的認識とは矛盾するものでなく、むしろ程度の差こそあれ、上記の期待と不安は併存するのが通常である」と認められます。そうすると、危険ドラッグと称する「薬物を購入して所持した者が、法規制のされていない合法的な物質だと思っていた旨の弁解をする事案につき、他の薬物事犯よりも慎重に故意を認定すべきであるということはできず、むしろそのような経緯で薬物を入手したことは、未必的にせよ、当該薬物が規制薬物であると認識して所持していたことを強く窺わせる事情というべき」であるか（大阪高裁控訴審判決）が問題となります（争点）。

注

1） 平成2年決定は「覚せい剤であることの認識」がどの程度必要になるかについて問題となった事例において、「被告人は、本件物件を密輸入して所持した際、覚せい剤を含む身体に有害で違法な薬物類であるとの認識があったというのであるから、覚せい剤かもしれないし、その他の身体に有害で違法な薬物かもしれないとの認識はあったことに帰することになる。そうすると、覚せい剤輸入罪、同所持罪の故意に欠けるところはない」とします。

2） 法令上の定義ではありませんが、危険ドラッグは、規制薬物（覚せい剤、大麻、麻薬・向精神薬、あへん及びけしがらをいう。）又は指定薬物（医薬医療機器等法2条15項に規定する指定薬物をいう。）に化学構造を似せて作られ、これらと同様の薬理作用を有する物品をいい、規制薬物及び指定薬物を含有しない物品であることを標ぼうしながら規制薬物又は指定薬物を含有する物品を含む、とされます（法務省法務総合研究所編『令和元年版犯罪白書』（2019年）282頁）。

3） 原判決である京都地判平成26年10月23日 LEX／DB25541083は、本件α-PVPが「平成25年1月30日付政令により新しく麻薬と指定され、同年3月1日より規制薬物となったが……、同日以前はいわゆる脱法ドラッグ（現在の危険ドラッグ。以下「脱法ドラッグ」という）にとどまり、合法的に所持できていた」とします。

4） 本件では、「危険ドラッグが蔓延している状況においては当該薬物の規制状況が刻々と変化している」状況において、Z4が「本件薬物が規制前である」と説明した場合、その言葉を信用して、被告人が「当該薬物が規制薬物ではない」と認識していたことには「不自然ではない」のか、それとも、上記の状況を踏まえて、被告人がZ4に対して「すぐに関係当局から違法とされるなどと懸念して規制の有無を確認したというのであれば、それ自体、購入する薬物が規制薬物である可能性、あるいは早晩規制される可能性があると認識していたことを示す事情である」等から、「本件薬物が規制薬物である懸念が完全に払拭された旨の被告人の供述を容易く信用することはできない」のかが問題となりますが、紙幅の関係上、問題点の指摘にとどめます。

5） 4（1）には「脱法ドラッグ（危険ドラッグの本件犯行当時の呼称。）には、新種の薬物が次々に現れ、これに対する法規制が後追いになるという特徴があることから、法規制がされていない合法的な物質と思っていたとの弁解に対して、法による規制対象物であることの概括的認識を認定するには、より慎重な検討が求められる」とあります。

6）　大コンメ刑法〔第3巻〕115頁〔佐久間修〕。

7）　刑法38条の「条文見出し」には「(故意)」とあります。

8）　川端総論112頁。

9）　大コンメ刑法〔第3巻〕91頁〔大塚仁〕。さらに、条解刑法143頁も参照。

10）　藤木総論138-39頁。

11）　前田総論160頁。

12）　前田総論161頁。

13）　前田教授によれば、故意の成否は故意論・錯誤論を問わず同様の基準に基づき判断されます（前田総論169頁）。

14）　学説の分類は、川端総論175-78頁参照。

15）　類別化機能は、「違法行為としての法的意味づけ機能」と「有責行為としての法的意味づけ機能」がありますが、ここでは前者を前提とします。

16）　故意の内容とその機能は、藤木・前掲注10)138頁参照。

17）　特殊詐欺の「受け子」に故意を肯定する際に平成2年決定を前提とする判例として、最判平成30年12月11日刑集72巻6号672頁、最判平成30年12月14日刑集72巻6号737頁及び最判令和元年9月27日刑集73巻4号47頁参照。

18）　平成2年最高裁決定の枠組みの詳細は、明照博章「故意の認定（2）」松山大学論集32巻3号（2020年）149頁以下参照。

19）　宇藤ほか347頁〔堀江慎司〕。

20）　法律学小辞典1305頁。

21）　細田啓介「間接事実による推認過程」池田・前田退職254頁参照。

22）　香城敏麿『刑法と行政刑法』（信山社、2005年）319-20頁。

23）　原田教授は、「概括的な認識」を「俗にいえば、やばい薬だとの認識」とします（原田國男「判批」『最高裁　時の判例Ⅳ』（2004年）40頁）。

24）　東京地判平成3年12月19日判タ795号269頁参照。

25）　佐伯ほか難解法律概念14頁。

26）　合田悦三「覚せい剤営利目的輸入罪における故意（知情性）の認定について」警察学論集70巻12号（2017年）55頁参照。

27）　経験則は、「経験から帰納された事実に関する知識や法則」（法律学小辞典296頁）と定義され、「間接事実（群）から要証事実を認定できるか」が問題となる事案において「ある間接事実がどうして要証事実を推認させるのか」（間接事実の「意味合い」）及び「その程度はどのくらいなのか」（間接事実の「重み」）の両面で重要な役割を果たします（細田・前掲注21)254頁）。

28）　平成2年決定の枠組みを「超える」裁判例として、福岡高判平成28年6月24日判時2340号125頁、判タ1439号136頁参照。

29）　この「期待」は、大阪高裁によれば「売り手は、検挙を免れるため販売する薬物に対する法規制の有無をそれなりに慎重に確認」することへの「期待」です。

（明照　博章）

## *Comment*

1　犯罪事実の成立要件である故意を考える場合、証拠上認められる様々な事実から、「故意があったと『評価する』」のではなくて、「故意（があったという事実）を『認定する』」という考え方に立っています。違う表現をすれば、「故意は、観念的な擬制ではなく、主観的・内心的事情として存在し得る事実」と理解しているわけです。ただ、主観的・内心的事情を直接認識することは被告人（犯人）の自白がない限り不可能ですから、客観的・外形的事実から「故意の存在を『推認する』」ということになります。

これを具体例で考えると、例えば、殺意の有無が争点とされる事案（殺人か傷害致死かが争われる事案）でも、行為態様から当然に殺意が認定できる場合（例えば、被告人が至近距離から被害者の頭部や胸部に拳銃の弾丸を命中させた場合。狙わない限り、人体の特定の部位に命中しませんし、拳銃の弾丸が頭部や胸部に命中することは当然に生命侵害の結果を招くものです。）もあれば、行為態様に加えて周囲の状況認識があって殺意が認定できる場合（例えば、高所から人を突き落とす場合。被害者が成人ならビルの２階から突き落としても生命侵害まで至らないかもしれませんが、乳幼児ならその可能性は極めて高くなります。同じ高さでも、地面に木々や植込みが密集している場所とコンクリート面では違うでしょう。）もあります。このことから、事実の認識だけでなく意味の認識を要するということが分かると思います。

では、これを違法薬物の所持事犯に当てはめるとどうなるでしょう。「その物を所持していること」は、客観的・外形的事実ですから、意味の認識があるといえるためには、「違法薬物を所持していること」言い換えれば「所持している物が違法薬物であること」の認識が必要であるということです。そして、この認識は概括的、未必的なものでも構わないことは、本章解説で指摘されている平成２年決定及びその原判決（東京高判平成元年７月31日判タ716号248頁）が説示しているとおりです。

2　本章の裁判例は、覚せい剤の密輸について「覚せい剤かもしれないし、その他の身体に有害で違法な薬物かもしれない（違法な薬物という認識はある）」という平成２年決定の事案とは異なり、麻薬の所持について「麻薬として規制されているかもしれない（「規制されていない＝適法かもしれない」という認識がある）」という事案です。ですから、平成２年決定の考え方の枠組みをそのまま当てはめることは適切ではないといえます。未必的認識（未必の故意）が問題となる場面では、様々な客観的・外形的な事実関係（そこには、「ある事実が存在していること」もあれば「あってしかるべき事実が存在していないこと」もあります。）からの総合判断が求められることになります。

前述した突き落としの方法による殺人の場合、事実関係次第で死の結果発生の可能性が変わってくる関係にありますから、いわば「量的」な判断になりますが、薬物の認識の場合は「質的」な判断が問題となる場面といえますから、個々の事実関係が当該犯罪との関係でどのような意味を持つのかをよく考えることが重要で、本裁判例は、その重要性を示す一例といえるでしょう。

なお、本裁判例の原判決が説示し、本章解説でも指摘されている、取締状況などの社会実態が故意の認定にどう影響するかについて興味深い判例があります（最判平成30年12月11日刑集72巻6号672頁）。これは、マンションの空室に宅配便で現金を送付させてだまし取る手口の特殊詐欺において、マンションの空室に赴き、配達される荷物を受け取って回収役に渡すなどした被告人について、詐欺の故意と共謀が認定された事案です。最高裁は、詐欺の成立を認めた第1審判決を破棄して無罪とした控訴審判決について、「被告人は、指示を受けてマンションの空室に赴き、そこに配達される荷物を名宛人になりすまして受け取り、回収役に渡すなどしている。加えて、被告人は、異なる場所で異なる名宛人になりすまして同様の受領行為を多数回繰り返し、1回につき約1万円の報酬等を受け取っており、被告人自身、犯罪行為に加担していると認識していたことを自認している。以上の事実は、荷物が詐欺を含む犯罪に基づき送付されたことを十分に想起させるものであり、本件の手口が報道等により広く社会に周知されている状況の有無にかかわらず、それ自体から、被告人は自己の行為が詐欺に当たる可能性を認識していたことを強く推認させるものというべきである。この点に関し、原判決は、上記と同様の形態の受領行為を繰り返していただけでは、受け取った荷物の中身が詐取金である可能性を認識していたと推認する根拠にはならず、この推認を成り立たせる前提として、空室利用送付型詐欺の横行が広く周知されていることが必要であるなどというが、その指摘が当を得ないことは上記のとおりである。」と判示しました。

このように故意、特に意味の認識が問題となる事案においては、問題となっている犯罪の性質や内容を踏まえて、被告人が認識し得べき事実関係を丁寧に押さえることが大切といえます。

（杉本 正則）

# 第3章 過　失
## ——最決平成29年6月12日刑集71巻5号315頁

曲線での速度超過により列車が脱線転覆し多数の乗客が死傷した鉄道事故について、鉄道会社の歴代社長らに業務上過失致死傷罪が成立しないとされた事例

事案の概要

被告人Aは平成4年6月から平成9年3月までの間、被告人Bは平成9年4月から平成15年4月までの間、被告人Cは平成15年4月から平成18年2月までの間、それぞれ西日本旅客鉄道株式会社（JR西日本）の代表取締役社長として会社の業務執行を統括し、運転事故の防止についても経営会議等を通じて必要な指示を与えるとともに、社内に設置された総合安全対策委員会委員長として、運転事故対策についての基本方針や特に重大な事故の対策に関する審議を主導して鉄道の運行に関する安全体制を確立し、重大事故を防止するための対策を講ずるよう指揮すべき業務に従事していた。

JR西日本では、東西線開業に向けて、福知山線から東西線への乗り入れを円滑にする等の目的で、福知山線と東海道線を立体交差とするなどの尼崎駅構内の配線変更を行い、これに付帯して、福知山線上り線路の右方に湾曲する曲線（以下「本件曲線」という。）の半径を600mから304mにし、その制限時速が前の95kmから70kmに変更される線形変更工事（以下「本件工事」という。）を施工した（平成8年12月完成、平成9年3月運行開始）。本件工事により、通勤時間帯の快速列車の本件曲線における転覆限界速度は時速105kmから110km程度に低減し、本件曲線手前の直線部分の制限時速120kmを下回るに至った。加えて、前記運行開始に伴うダイヤ改正により、1日当たりの快速列車の本数が大幅に増加し、運転士が定刻運転のため本件曲線の手前まで制限時速120km又はこれに近い速度で走行する可能性が高まっていたので、運転士が何らかの原因で適切な制動措置をとらないままこのような速度で列車を本件曲線に進入させた場合には、脱線転覆する危険性が差し迫っていた。

したがって、被告人Aは本件工事及び前記ダイヤ改正の実施に当たり、被告人Bは平成9年4月の社長就任後速やかに、被告人Cは自ら福知山線に自動列車停止装置（ATS）を整備する工事計画を決定した平成15年9月29日の経営会議又は遅くとも同年12月以降に行われたダイヤ改正の際、それぞれ、JR西日本においてATS整備の主管部門を統括する鉄道本部長に対し、ATSを本件曲線に整備するよう（被告人CはATSを本件曲線に優先的に整備するよう）指示すべきであったのに、被告人らは、本件曲線にATSを整備しないまま、列車の運行の用に供した。

その結果、平成17年4月25日午前9時18分頃、福知山線の快速列車を運転していた運転士が適切な制動措置をとらないまま、転覆限界速度を超える時速約115kmで同列車を本件曲

線に進入させた際、ATSによりあらかじめ自動的に同列車を減速させることができず、同列車を脱線転覆させるなどして、同列車の乗客106名を死亡させ、493名を負傷させた（以下、同事故を「本件事故」という。）。

本件事故につき、被告人らは、神戸地方検察庁で不起訴とされた後、神戸第一検察審査会による2度の「起訴相当」判決を受けて、業務上過失致死傷罪（刑法（平成18年法律第36号による改正前のもの）211条1項前段）で強制起訴された。

第1審（神戸地判平成25年9月27日刑集71巻5号381頁参照）では、被告人らにおいて、本件曲線で速度超過による列車脱線転覆事故が発生する危険性についての具体的予見可能性があったかどうかが主に争われたが、第1審判決はこれらを否定して無罪を言い渡した。

これに対して、検察官の職務を行う指定弁護士が控訴を申し立てたが、控訴審（大阪高判平成27年3月27日刑集71巻5号428頁参照）は、第1審判決の判断を是認した。

これに対して、指定弁護士が上告した。

## 決定要旨

上告棄却。

「本件事故以前の法令上、ATSに速度照査機能を備えることも、曲線にATSを整備することも義務付けられておらず、大半の鉄道事業者は曲線にATSを整備していなかった上、後に新省令等で示された転覆危険率を用いて脱線転覆の危険性を判別し、ATSの整備箇所を選別する方法は、本件事故以前において、JR西日本はもとより、国内の他の鉄道事業者でも採用されていなかった。また、JR西日本の職掌上、曲線へのATS整備は、線路の安全対策に関する事項を所管する鉄道本部長の判断に委ねられており、被告人ら代表取締役においてかかる判断の前提となる個別の曲線の危険性に関する情報に接する機会は乏しかった。JR西日本の組織内において、本件曲線における脱線転覆事故発生の危険性が他の曲線におけるそれよりも高いと認識されていた事情もうかがわれない。したがって、被告人らが、管内に2000か所以上も存在する同種曲線の中から、特に本件曲線を脱線転覆事故発生の危険性が高い曲線として認識できたとは認められない。」「なお、指定弁護士は、本件曲線において列車の脱線転覆事故が発生する危険性の認識に関し、『運転士がひとたび大幅な速度超過をすれば脱線転覆事故が発生する』という程度の認識があれば足りる旨主張するが、前記のとおり、本件事故以前の法令上、ATSに速度照査機能を備えることも、曲線にATSを整備することも義務付けられておらず、大半の鉄道事業者は曲線にATSを整備していなかったこと等の本件事実関係の下では、上記の程度の認識をもって、本件公訴事実に係る注意義務の発生根拠とすることはできない。」「以上によれば、JR西日本の歴代社長である被告人らにおいて、鉄道本部長に対しATSを本件曲線に整備するよう指示すべき業務上の注意義務があったということはできない。」

本決定には、以下の通り、小貫芳信裁判官の補足意見が付されている。

「……注意義務ないし結果回避義務があるというためには、被告人らにその義務を課すに足りる程度の認識ないし予見可能性がなければならない。この点、本件公訴事実は、『被告人らは、運転士が適切な制動措置をとらないまま本件曲線に進入することにより、本件曲線において列車の脱線転覆事故が発生する危険性を予見できた。』としているところ、これは、

JR西日本管内に数多くある曲線のうち、本件曲線に特化された脱線転覆事故発生の危険性の認識と考えるのが相当である……。」「しかし、被告人らが……、本件曲線より半径が短い曲線が2000か所以上も存在する中で、それらの曲線に比べて、特に本件曲線に対する危険性ないしATS設置の必要性を認識できた……とはいえないように思われる。」「一般に、運転士の曲線における制動の懈怠はあり得ることであり、したがって、転覆事故もあり得る事態であるという程度の認識をもって、曲線にATSを整備するよう指示すべき義務が生じるとすれば、JR西日本管内の数多くの曲線が同時にATSを整備すべき曲線に該当することとなる。しかし、そのように数多くの曲線に同時にATSを整備するよう刑罰をもって強制することは、本件事故以前の法令上、曲線にATSを整備することは義務付けられていなかったこと、大半の鉄道事業者は曲線にATSを整備していなかったこと等の本件事実関係の下では、過大な義務を課すものであって相当でない。どの程度の予見可能性があれば過失が認められるかは、個々の具体的な事実関係に応じ、問われている注意義務ないし結果回避義務との関係で相対的に判断されるべきものであろう。これを所論が援用する判例との関係でみると、火災発生の危険があることを前提として法令上義務付けられた防災体制や防火設備の不備を認識しながら対策を怠っていた等、一定の義務発生の基礎となる事情が存在する大規模火災事例における予見可能性の問題と、そのような事情が存在したとは認められない本件のそれを同視することは相当ではないと思われる。」

## ▶ 読解の視点

### 1　過失犯とは

#### （1）　故意犯処罰の原則

刑法38条1項本文は、「罪を犯す意思がない行為は、罰しない。」と規定しています。それゆえ、「人を殺した者は、死刑又は無期若しくは5年以上の懲役に処する。」という、刑法199条の殺人罪の規定は、「人を殺す意思で、人を殺した者」にしか適用されません。このように、「罪を犯す意思」、すなわち、「故意」のある行為のみを処罰することを原則とする考え方を、「故意犯処罰の原則」といいます。

#### （2）　例外としての過失犯処罰

もっとも、刑法38条1項ただし書は、「ただし、法律に特別の規定がある場合は、この限りでない。」と規定しています。すなわち、法律に「特別の規定」さえあれば、「罪を犯す意思がない行為」であっても、これを処罰する余地が認められているのです。

では、その「特別の規定」とは何かというと、たとえば、「過失により人を死亡させた者は、50万円以下の罰金に処する。」という、刑法210条の過失致死罪の規定などがこれにあたります。この規定は、「過失」すなわち「不注意」によって人を死亡させた場合に、「故意」に人を死亡させた場合よりも軽い刑で、これを処罰するものです。

刑法199条の殺人罪が適用される行為と、刑法210条の過失致死罪が適用される行為とは、いったい何が違うのでしょうか。たとえば、「XがAの頭をバットで強く叩いて死亡させた」というケースを考えてみましょう。もし、Xが「Aを殴り殺してやる」と思ってこの行為をしたのであれば、Xには刑法199条の殺人罪が適用されます。なぜなら、Xは殺人という「罪を犯す意思」でこの行為を行っているからです。他方、Xが素振りをしている時に、たまたまそのそばを通ったAの頭に不注意でバットをぶつけてしまったのであれば、Xには殺人という「罪を犯す意思」がないので、同じようにAの頭をバットで強く叩いてはいますが、Xに刑法199条の殺人罪は適用されません。しかし、Xが十分な注意を払っていれば、Aの頭にバットをぶつけることが避けられたのであれば、そのようなXの不注意な態度を「過失」と評価することができ、Xに刑法210条の過失致死罪（または刑法211条後段の重過失致死罪）が適用されるのです。

### （3） 過失とは何か

このように、「過失」とは不注意な態度のことをいいますが、刑法ではこれを「注意義務違反」といっています。すなわち、望ましくない結果が発生しないように充分な注意を払うべきだったのに、その注意を怠ったことが「過失」だとされているのです。

では、「注意義務」とは何かというと、これは、「結果予見義務」と「結果回避義務」からなるとされています。「結果予見義務」とは、「このような状況の下ではどのようなことが起こりうるか、まずは結果を予測しなさい」ということです。「結果回避義務」とは、「そのような結果が起こりうることを予測できたならば、そうならないための努力をしなさい」ということです。つまり、注意義務違反とは、「予測すべきことを予測せず、回避すべきことを回避しなかったこと」だといえます。このような行為が「過失」なのです。

もっとも、法は人に不可能を強いてはなりませんから、そのような結果を「予測すべき」だというならば、前提として、それが「予測できる」ものでなければなりません。これを「予見可能性」といいます。また、そのような結果を「回避すべき」だというならば、前提として、それが「避けることのできる」ものでなければなりません。これを「結果回避可能性」といいます。

つまり、そのような結果が予見可能だったのに予見義務を尽くさず、かつ、そのような結果が回避可能だったのに回避義務を尽くさなかったために、そのような結果を発生させてしまった場合に、「過失犯」は成立するのです。

### （4） 責任主義

このように、刑法38条によって、原則としては「故意」のある行為だけが処罰の対象となりますが、刑法210条のような、「過失により～」という「特別の規定」がある場合に限って、その行為を例外的に処罰することが認められています。そのような「特別の規定」がない場合には、過失による行為を処罰することはできません。たとえば、刑法235条の窃盗罪には、「過失により他人の財物を窃取した者は、過失窃盗の罪とし、～に処する。」という「特別の規定」はありませんので、うっかり間違って他人の物を持って帰ってしまったような場合に、これを「過失窃盗罪」として処罰することはできないのです。

また、「特別の規定」は、「過失により」その行為がなされた場合に、これを処罰することができる、としていますので、過失さえもない場合には、どんなに重大な結果が発生していても、その行為を処罰することはできません。

このように、「故意」または少なくとも「過失」がある場合に限って、その行為を処罰することができる、という考え方のことを、「責任主義」といい、標語的に、「責任なければ刑罰なし」ともいわれています。これは、「法律なければ犯罪なし、法律なければ刑罰なし」とする、「罪刑法定主義」とならぶ、刑法の基本原理とされています。

このことを踏まえた上で、本件について検討していきましょう。

## 2 本件について

### （1） 問題の所在

本件は、JR福知山線の快速列車が転覆限界速度を超えて曲線に進入し、脱線転覆して乗客106名が死亡し、493名が傷害を負ったJR福知山線脱線事故につき、JR西日本の歴代社長であった被告人3名が、検察審査会の強制起訴議決により指定弁護士から強制起訴されたという業務上過失致死傷の事案です。

本件は、多数の死傷者が出ていることから、重大な結果が生じた事件であることは間違いありません。しかし、このことについて被告人らを処罰するためには、先ほど確認した「責任主義」に基づいて、被告人らにそのような結果を生じさせたことについての「過失」が認められることが必要となります。

### （2） 被告人らの「過失」

では、本件の被告人らの「過失」の有無について、裁判所による判断をみていきましょう。

被告人らは、その立場上、ATS 整備の主管部門を統括する鉄道本部長に対して、ATS を本件曲線に整備するよう指示すべきであったのに、これを怠ったことにつき、管理・監督上の過失があったのではないか、ということが、本件では問題となりました。とりわけ、被告人らは、運転士が適切な制動措置をとらないまま本件曲線に進入することによって、本件曲線において列車の脱線転覆事故が発生する危険性を予見できたはずだ、として、被告人らの予見可能性の有無が本件の主な争点となりました。

たしかに、被告人らが事故の発生する危険性を予見できたのであれば、その事故の発生を回避するために、曲線に ATS を整備するよう指示すべきであり、そのことを怠っていたのであれば、過失責任を問われて然るべきでしょう。それゆえ、被告人らに「予見可能性」を認めることができるか否かが、本件を判断する際の重要なポイントとなります。

まず、本決定は、「本件事故以前の法令上、ATS に速度照査機能を備えることも、曲線に ATS を整備することも義務付けられておらず、大半の鉄道事業者は曲線に ATS を整備していなかった上、後に新省令等で示された転覆危険率を用いて脱線転覆の危険性を判別し、ATS の整備箇所を選別する方法は、本件事故以前において、JR 西日本はもとより、国内の他の鉄道事業者でも採用されていなかった。」として、ATS を整備することが、本件事故当時は、鉄道事業者として当然なすべきこととして広く浸透していたとはいえず、ATS の整備がなされていなかったことから、直ちに過失、すなわち、結果回避義務違反を認めることはできない、と判断しています。

とりわけ、本件事故の現場となった本件曲線に優先的に ATS を整備する義務を生じさせるだけの契機が認められるか否かという点について、本決定は、「JR 西日本の職掌上、曲線への ATS 整備は、線路の安全対策に関する事項を所管する鉄道本部長の判断に委ねられており、被告人ら代表取締役においてかかる判断の前提となる個別の曲線の危険性に関する情報に接する機会は乏しかった。」、また、「JR 西日本の組織内において、本件曲線における脱線転覆事故発生の危険性が他の曲線におけるそれよりも高いと認識されていた事情もうかがわれない。」として、これを否定し、「被告人らが、管内に2000か所以上も存在する同種曲線の中から、特に本件曲線を脱線転覆事故発生の危険性が高い曲線として認識できたとは認められない。」と判断しています。

すなわち、被告人らは本件曲線における脱線転覆事故の発生の危険性が特に高いと認識できる状況になかったし、そのことを認識する契機となる事情も特に認められなかったのだから、本件事故の発生を具体的に予見できたとはいえない、と判断して、本決定は、過失犯が成立するための大前提として必要となる、「予見可能性」の存在を否定したのです。

### （3）　予見可能性の程度について

本件において、指定弁護士は、本件曲線において列車の脱線転覆事故が発生する危険性の認識としては、「運転士がひとたび大幅な速度超過をすれば脱線転覆事故が発生する」という程度のものがあれば足りる、と主張していました。これは、本件と同じように経営者の管理・監督上の過失が問題となった、川治プリンスホテル事件最高裁決定（最決平成2年11月16日刑集44巻8号744頁）や、ホテルニュージャパン事件最高裁決定（最決平成5年11月25日刑集47巻9号242頁）などで示された、「いったん火災が起これば、発見の遅れや従業員らによる初期消火の失敗等により本格的な火災に発展し、従業員らにおいて適切な通報や避難誘導を行うことができないまま、建物の構造、避難経路等に不案内の宿泊客らに死傷の危険の及ぶおそれがあることを容易に予見できた」とする、いわゆる「いったん公式」と呼ばれる考え方に基づくものだといえます。

この考え方を本件にあてはめると、正に本件曲線において本件事故が発生することを具体的に予見できたことは必要ではなく、「運転士がひとたび大幅な速度超過をすれば脱線転覆事故が発生する」という、一般的な転覆事故の発生の「おそれ」さえ予見できたならば、被告人らに本件曲線に（も）ATSを整備する義務があったということができ、その義務を尽くしていなかった以上、被告人らの過失を肯定することができる、ということになります。すなわち、指定弁護士は、結果発生の予見可能性がより抽象的なものだったとしても、被告人らの結果回避義務が認められるはずだし、その義務を怠っていたのだから、被告人らには過失があるはずだ、と主張したわけです。

しかし、本決定は、「本件事故以前の法令上、ATSに速度照査機能を備えることも、曲線にATSを整備することも義務付けられておらず、大半の鉄道事業者は曲線にATSを整備していなかったこと等の本件事実関係の下では、上記の程度の認識をもって、本件公訴事実に係る注意義務の発生根拠とすることはできない。」として、その程度の抽象的な予見可能性しかないのでは、被告人らに、本件曲線にATSを整備すべきだった、という結果回避義務を課すことまではできない、と判断しました。

そして、本決定のこの説明を補強しているのが、小貫裁判官の補足意見です。すなわち、「一般に、運転士の曲線における制動の懈怠はあり得ることであり、したがって、転覆事故もあり得る事態であるという程度の認識をもって、曲線にATSを整備するよう指示すべき義務が生じるとすれば、JR西日本管内の数多くの曲線が同時にATSを整備すべき曲線に該当することとなる。しかし、そのように数多くの曲線に同時にATSを整備するよう刑罰をもって強制することは、本件事故以前の法令上、曲線にATSを整備することは義務付けられていなかったこと、大半の鉄道事業者は曲線にATSを整備していなかったこと等の本件事実関係の下では、過大な義務を課すものであって相当でない。」として、指定弁護士のいう程度の抽象的な予見可能性しかないのでは、本件における諸般の事情を考慮すると、被告人らが本件曲線にATSを整備していなかったことを、結果回避義務違反として非難することはできない、としたのです。

もっとも、小貫裁判官は、「どの程度の予見可能性があれば過失が認められるかは、個々の具体的な事実関係に応じ、問われている注意義務ないし結果回避義務との関係で相対的に判断されるべきものであろう。」とも述べていますので、指定弁護士の援用した最高裁決定の考え方それ自体を否定しているわけではないとみるべきでしょう。あくまでも本件についていえば、被告人らの予見可能性の程度に鑑みて、本件曲線にATSを整備すべきという結果回避義務を被告人らに課すのは過大な負担である、というのが、今回の判断のポイントだったといえます。

### （4） 小　括

このようにして、本決定は、「JR西日本の歴代社長である被告人らにおいて、鉄道本部長に対しATSを本件曲線に整備するよう指示すべき業務上の注意義務があったということはできない。」として、被告人らの過失を否定し、無罪としたのです。

## おわりに

本件の被告人らが無罪とされたことに対しては、その被害の規模の大きさから、「誰も刑事責任を負わないというのは納得がいかない」という世の中の声があることも事実です。しかし、「不幸」と「不法」とは明確に区別されなければなりません。法に携わる者は、「熱い心（warm heart）」を持ちつつも、常に「冷静な頭（cool head）」で事件の本質を見極め、被害者はもちろん、被告人にとっても、真に納得のできる判断を模索していかなければならないのです。そうでなければ、被告人の真摯な反省を引き出すことができず、真の問題解決や、今後の同様の事件の再発防止にもつなぐことができないからです。刑罰というのは、ある種の復讐心のようなものをただ満たそうとするものであってはならず、いわば「正義の修復」を目指すものでなければなりません。

その意味で、本件は、関わった裁判官たちにとっても、非常に悩ましい事件であったことは間違いないでしょう。裁判官も、法律家であると同時に、法服を脱げば、みなさんと同じ「普通の人」でもあるからです。「責任なければ刑罰なし」とされる「刑法の基本原理」という「冷静」と、「たくさんの死傷者が出ている」という事実に対する「人の感情」という「情熱」のあいだで、みなさんは本件について、どのような判断を下すでしょうか？

**参考文献**

久禮博一「判解」ジュリ1530号（2019年）102頁。
久禮博一「判解」最判解〔刑事篇〕（平成29年度）119頁。
齊藤彰子「判批」刑ジャ54号（2017年）156頁。
岡部雅人「判批」愛媛大学法文学部論集（社会科学編）44号（2018年）１頁。
北川佳世子「判批」平成29年度重判（2018年）152頁。
松宮孝明「判批」新・判例解説 Watch22号（2018年）181頁。
古川伸彦「判批」名古屋大学法政論集278号（2018年）279頁。
谷井悟司「判批」法学新報125巻３・４号（2018年）149頁。

（岡部　雅人）

*Comment*

### 1　法益保護の観点からみた過失犯

刑法は、人の生命身体や財産など法律により保護すべき利益（法益）を守るため、これらの利益（法益）に害を加え脅かす行為（法益侵害行為）を犯罪とした上で、これに対する刑罰を定めています。つまり、刑法は、「犯罪（法益侵害行為）を行うと刑罰を科すぞ」、と脅すことで、犯罪（法益侵害行為）を思い止まらせ、法益侵害を防止しようとしているのです。

過失犯による処罰も、刑罰の威嚇により必要な注意を尽くさせることで、法益侵害を防止しようとするものですが、いかなる場面でも刑罰によって注意を強制しさえすれば法益侵害を防止できる、というわけではありません。例えば、駅のホームで人が通過列車に突然飛び込んだ場合には、通過列車の運転手がどれだけ注意を尽くしても衝突を避けることはできません。注意を尽くすよう強制したところで法益侵害を防止することができなければ、刑罰により注意を強制する意味はありませんから、法益侵害の結果を回避できない、つまり結果回避の可能性がなければ、刑罰によって注意を強制する意味がなく、過失犯として処罰すべきではない、ということになります。

また、例えば、ガス管の不具合で可燃性ガスが室内に充満していたのを知らずに室内の照明を点灯してガス爆発が起きた場合のように、およそ予想（予見）できないような事態（法益侵害）までをも念頭に置いて注意を尽くすよう強制すれば、何もできなくなってしまいます。行動の自由も重要な法益ですから、その保護と他の法益の保護とのバランスを取るためにも、その発生が予見できた法益侵害を前提に、これを回避するために必要な限度で注意を尽くすことを強制するべきです。このため、刑罰をもって注意を尽くすよう強制する、すなわち過失犯が成立するためには、注意を尽くさないことにより生じた法益侵害の結果が予見できたこと、つまりは結果の予見可能性が必要だといえます。

過失犯は、事故や火災など既に発生した法益侵害の結果に対する刑事責任の有無として問題となることが多いため、発生した結果の重大性に目を奪われたり「このような注意をしていれば防げたのではないか」という後付けの観点に引きずられたりして成立範囲が広がる傾向があります。刑罰も一つの法益侵害ですから、法益保護という観点からも、過失犯として刑罰を科すべきかどうかは慎重に検討すべきだといえます。

### 2　本件事故について

公道の設計基準を定める道路構造令の15条は、時速100 km での走行が予定される曲線（カーブ）の半径を710 m（地形等でやむを得ない場所でも570 m）以上とするよう定めていますので、半径304 m という本件曲線はそれなりの急カーブだといえます。しかも、本件曲線の手前の制限速度は時速120 km であるのに対し、列車が転覆することなく本件曲線を通過できる速度の上限（転覆限界速度）は時速105 km 程度というのですから、制限速度で走行してきた列車が十分減速をせずに本件曲線に進入すれば、曲がりきれずに脱線転覆するであろうことは容易に予見することができます。

このような事情を知りつつ何ら手立てを講じなかった、というのであれば別ですが、本件曲線の制限速度は転覆限界速度を30km余り下回る時速70kmとされていたのですから、この速度制限が守られていれば、速度超過による脱線転覆は起きないといえますので、速度超過による脱線転覆を防止する一定の手立ては講じられているといえます。

本件で検察官役の指定弁護士が主張していたように、列車の速度を計測し制限速度の範囲内か否かを照合する速度照査機能を備えたATS（Automatic Train Stop＝自動列車停止装置）を本件曲線に設置すべきであった、というためには、鉄道会社の経営者であった被告人らに、上記のとおり定めた制限速度を35km以上も超過する速度で列車が本件曲線に進入する事態までも予見できた（そこまで予見できれば、脱線転覆により乗客等の死傷の結果が生ずることも予見できた、といえます。）、といえなければなりませんが、2000か所以上もあるという曲線の中で、とりわけ本件曲線について制限速度を超過した進入の危険が高いといえるような事情があったわけではないようですし、一定の資格や技能を有する運転士がそのような無謀な運転をするとも思わないでしょうから、上記のような事態を予見できたとまではいえないのではないでしょうか。

本件事故が痛ましい出来事であり、その再発を防止するために様々な手立てを講じるべきであることは間違いありませんが、その発生前にも手立てを講じておくよう刑罰により強制すべきであったか、という問題は分けて考える必要があります。事故は重大な法益侵害ですが、過失犯による処罰もそれ自体が法益侵害ですから、過失犯の成否を考えるに当たっては、これら全ての法益を適切に保護できるような処罰（成立）範囲を確定する、という視点も必要ではないでしょうか。

（佐藤　建）

コラム ②

# 刑事法判例を刑事政策の視点から読む

## 1　刑事政策とは？

まず、刑事政策（学）をどのようなものとして構想するかから話を始めたいと思います。なぜなら、それによって、本コラムの内容が決まってくるだろうからです。とはいえ、これはなかなかに困難な作業です。刑法や刑事訴訟法といった実定法科目とは違って、その対象が明確には決まっていないからです。それゆえ、研究者ごとに構想する内容が異なってくる可能性があります。というわけで、ここではさしあたり、刑事政策学とは「刑事制度（刑事司法システム）の作動やあるべき刑事制度（刑事司法システム）について考察する学問だ」という最大公約数的な定義にとどめておきましょう[1]。そして、その際には、なるべく「経験的なデータに基づいて議論する」という姿勢を重視する、ということを付け加えておきたいと思います。

## 2　判例はどこからくるのか

刑事裁判では、犯罪が成立するか否か（問題とされる行為が犯罪か否か）が判断され、犯罪が成立する場合に、しかるべき刑罰が言い渡されます。先に、刑事制度という言葉を使いました。刑事制度は、警察から始まって、検察、裁判所、刑務所、保護観察所というように、複数の機関で構成されています。では、判例はどこで作られるのでしょうか。いうまでもなく、裁判所です。

ところで、ダイバージョンという言葉をご存知でしょうか。ダイバージョンとは、通常の刑事手続のルートから逸らすことをいいます。犯罪とされる行為をしたとして検挙されても、一直線に刑務所に向かうわけではありません。さらにいえば、裁判所にすらたどり着かないこともあります。例えば、警察段階で微罪処分、検察段階で起訴猶予というように、刑事制度にはその途中にたくさんの出口があります（刑事制度の全体像とそこにおける出口については、**図１**（刑事司法手続（成人）の流れ）で確認して下さい）。こうした出口を利用して、検挙された者を刑事制度の途中で下ろすことをダイバージョンというわけです。

これを量的に確認してみましょう。数値はいずれも2018年（平成30年）のものです（令和元年版犯罪白書）。

警　　察：刑法犯·危険運転致死傷·過失運転致死傷等検挙人員　63万1037人
検　　察：新規受理人員　98万4819人
（うち刑法犯·危険運転致死傷·過失運転致死傷等検挙人員　62万9396人）
→起訴人員　30万8721人
（うち公判請求人員　8万3768人）
裁 判 所：有罪人員　27万5469人
（うち罰金・科料を除く実刑人員　1万8864人）
刑 務 所：入所受刑者数　1万8272人
保護観察所：仮釈放　1万2299人

図1　刑事司法手続（成人）の流れ

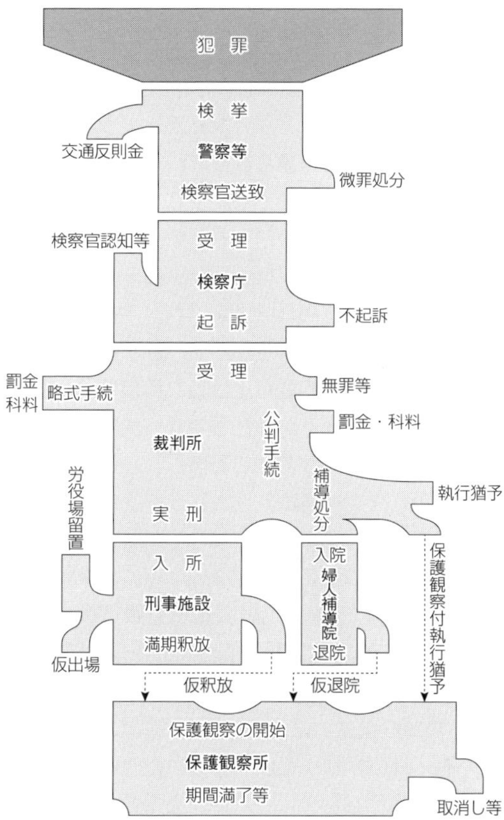


出所：平成26年版犯罪白書 2-1-1図。

犯罪とされる行為をしたとして警察に検挙された者（63万1037人）は、原則として（すなわち、微罪処分対象者を除いて）検察に送致されます。これに警察以外から送検された者（すなわち、警察の検挙人員には危険運転致死傷・過失運転致死傷等以外の特別法犯は含まれていません）を合わせたものが、検察における新規受理人員（98万4819人）です。捜査機関にとっての犯罪総数といってもいいでしょう。

このうち起訴されたのは、30万8721人で、さらに、それが公判請求であったのは、８万3768人です。判例がやってくるのはこの部分からで、新規受理人員の8.5%に過ぎません。

送検された者のうち、起訴されたのは31.3%ですから、検察段階で約７割が刑事手続から外されたことになります。犯罪でないことが分かれば起訴されなくて当然ですが、もちろん、そんなことはありません（約７割が誤って検挙されているのであれば大変ですね）。その大半は、犯罪であるにもかかわらず（すなわち、裁判で有罪とするだけの証拠が十分に揃っているにもかかわらず）、検察によって積極的に不起訴とされているのです。なぜそのようなことになっているのかはともかくとして[2)]（興味のある学生は刑事政策の講義を授講して下さい）、日本では、ダイバージョンが積極的に活用されていることが分かるでしょう。

ここでいいたいことは、判例の対象となっている事件は、刑事手続によって処理される事件のごく一部だということです。すなわち、量的にマイナーな事件がその対象となっているわけです。

### 3　判例で取り上げる事例の意義

マイナーであるのは量だけはありません。それは、質的にもマイナーなものです。すなわち、もっぱら判例として取り上げられる事件は、通常事例・典型事例ではなく、例外事例・限界事例だということです。繰り返しになりますが、刑事裁判では、問題となっている行為が犯罪であるか否かが検討されます。そのためには、各犯罪類型の内容（その処罰範囲）があらかじめ明確にされている必要があるでしょう。しかしながら、そのようになっていない場合が時々あります。ここで、犯罪類型を円でイメージしてみましょう。円の外枠が処罰範囲（犯罪となるか否かの境界線）です。もちろん、円の内側が犯罪です。円の中心近くでは条文が予定する犯罪の像（どういう行為が犯罪となるか）はかなり明確です。しかしながら、外枠に近づくにしたがって、その像はぼやけてきます。ところどころ線が消えているところもあります。さらには、社会の変化にしたがって、外枠が（気づかないうちに）内／外に移動してしまっているということもあります。問題となっている行為がそのような部分に当てはまる場合、そのような像を明確にしたり、線を引いたり、線の移動を確認したり（新しく線を引き直すといってもいいでしょう）という作業が必要となります。そして、そうした作業を行っている裁判がもっぱら判例となっているのです。したがって、これらの事例は、法規範を明らかにするという意味ではきわめて重要です。

しかしながら、そのようにマイナー（ある意味で特殊）な事例から、「犯罪現象」一般について語ることには謙抑的であるべきでしょう。社会科学的思考になじんだ刑事政策学は、どちらかといえば、大量に繰り返される現象の中に、何らかの法則性（それは犯罪発生に関わるものであったり、処遇効果に関わるものであったり、あるいは、制度運用上の慣行であったりします）を見出そうとします。そのような刑事政策学からすれば、実定法学は、少数の例外（外れ値）を取り上げて、しかも、裁判という特殊な場（裁判所の論理）に限定して犯罪を検討しているにすぎないということができます。

判例は氷山の一角です。水面下では注目されることのない事件が、裁判を経ることなく（検討の遡上に載せられることなく）、大量に処理されています。ひょっとすると、そこに大きな問題、制度的・構造的な問題が潜んでいるかもしれません[3)]。判例だけを勉強していると、そうしたことが見えなくなってしまうのではないでしょうか。

### 4　法執行という視点

また、ある一時点での行為を適法／違法と切り分ける裁判所の判断やそれを対象とする判例研究には、当然のことながら（やむをえないことかもしれませんが）、エンフォースメントという視点が欠けます。エンフォースメントという視点からは、刑法をどのように使っているか、どのように使うべきかが問われます。そして、そのような問いの対象は裁判所に限定されません。

先ほど、刑事制度の作動について、起訴に至るまでを量的に確認しました。ここでは、その続きをみていきましょう。

起訴されれば、裁判が行われます。2018年（平成30年）の有罪確定人員は27万5469人でした。裁判で自由刑の実刑を言い渡された者は、刑務所に送られることになります。2018年（平成30年）の入所受刑者は1万8272人でした。入所受刑者の中には、刑期満了前に釈放される者もいます。2018年（平成30年）の仮釈放者は1万2299人でした。

刑務所に送られた受刑者はどうなるのでしょうか。自由刑の執行は受刑者にどのような影響を及ぼすのでしょうか。こうしたことは、問題となっている行為が犯罪か否かの判断には必ずしも関係しません（なので判決文には出てきません）。しかしながら、上の問い（刑法をどのように使っているか、どのように使うべきか）には関係するはずです。他方で、なぜ彼／彼女たち（だけ）が刑務所に送られることになったのでしょうか（ダイバージョンを思い出して下さい[4]）。ある行為を犯罪とすることで、あるいは、その行為をした者に刑罰を科すことで、裁判所は何を実現しようとしているのでしょうか。裁判所の判断は、刑事制度全体の作動や目的と整合的であるべきでしょう。

エンフォースメントということで、刑事手続法についても少しだけ触れておきたいと思います。刑事手続法は、簡単にいえば、刑法を適用・執行するための仕方を規律する法律です。したがって、それを扱う裁判では、例えば、捜査の仕方に問題があったか否か（捜査官が刑事訴訟法を遵守していたか否か）が判断されます。刑事政策学からそのような裁判例（とりわけその判例評釈）をみていて思うことは、問題がある場合に「それは違法だ」と高らかに宣言するだけでなく（もちろんそれが重要であることはいうまでもありません）、なぜそうなっているのか（なぜ捜査官はそのようにしてしまうのか）を実証的に明らかにしていく作業も必要ではないかということです。そうした実態や原因を明らかにし、その原因を取り除き、あるいは、防止策を講じることで、望ましくない仕方を防ぐことができるからです（このことは当然に立法論の基礎にもなるでしょう）。実定法学では、「それが悪いことだと宣言すれば（叱りつければ）、以後、人の行動は変わる（そうした行動をしなくなる）」と考えられているのかもしれませんが（と、感じることが多々あります）、現実がそれほど単純ではないことは、誰もが経験的に知っていることではないでしょうか。

というわけで、「読む」というよりは、そこからこぼれ落ちるものを指摘するだけになってしまいました。しかしながら、刑事裁判は、犯罪の発生と同時にいきなり、さらには、自動的に始まるわけではありません。そこに至るまでにはさまざまなプロセスがあります。また、刑事事件は、判決の言い渡しで終わるものでもありません。その続きもあるわけです（当事者にとってはこちらのほうが切実かもしれません）。無理な注文かもしれませんが、刑事法判例を勉強する皆さんには、裁判所の外にも目を向けていただきたいと思っています。

注

1）　私が考える刑事政策学については、前田忠弘＝松原英世＝平山真理＝前野育三『刑事政策がわかる【改訂版】』（法律文化社、2019年）の１章、岡本英生＝松原英世＝岡邊健『犯罪学リテラシー』（法律文化社、2017年）の序章と４章をご覧下さい。

2）　このような制度を起訴便宜主義といいます（刑事訴訟法248条）。なぜこのような制度となっているのか（その機能）については、岡本＝松原＝岡邊・前掲注1）（６章１節）をご覧下さい。

3） 関連する古典として、Skolnick, Jerome H.『警察官の意識と行動——民主社会における法執行の実態——』（齋藤欣子訳）（東京大学出版会、1971年）を紹介しておきましょう。本書の原題は『Justice without Trial』です。

4） 松原英世「刑事司法研究をとおして《法》を見る」法社会学83号（2017年）43-54頁で、一つの試論を示してみました。

（松原 英世）

# 第4章 量 刑
## ——最判平成26年7月24日刑集68巻6号925頁

親による幼児に対する傷害致死の事案において、これまでの量刑の傾向から踏み出し、公益の代表者である検察官の懲役10年の求刑を大幅に超える懲役15年という量刑をすることにつき、具体的、説得的な根拠を示しているとはいい難い第1審判決及びその量刑を是認した原判決は、量刑不当により破棄を免れないとした事例

### 第1　事案の概要等

#### 1　犯罪事実の骨子

被告人両名は、かねて両名の間に生まれた三女にそれぞれ継続的に暴行を加え、かつ、これを相互に認識しつつも制止することなく容認することなどにより共謀を遂げた上、自宅において、被告人Aが、三女（当時1歳8か月）に対し、その顔面を含む頭部分を平手で1回強打して頭部分を床に打ち付けさせるなどの暴行を加えて急性硬膜下血腫などの傷害を負わせ、39日後に死亡させた。

#### 2　第1審判決

（1）　主文の骨子

各懲役15年（求刑：各懲役10年）

（2）　量刑理由の要旨

量刑事情については、（1）犯罪行為自体に係る情状（犯情）に関し、①親による児童虐待の傷害致死の行為責任は重大、②態様は甚だ危険で悪質、③結果は重大、④経緯には身勝手な動機による不保護を伴う常習的な児童虐待が存在、⑤被告人両名の責任に差異なしと評価され、（2）一般情状に関し、①堕落的な生活態度、②罪に向き合わない態度、③犯行以前の暴行に関し責任の一端を被害者の姉である次女（当時3歳）になすり付ける態度が指摘される。

各懲役15年の量刑とした理由としては、（1）検察官の求刑は、①犯行の背後事情として長期間にわたる不保護が存在することなどの本件児童虐待の悪質性、②責任を次女になすり付けるような被告人両名の態度の問題性を十分に評価したものとは考えられず、（2）同種事犯の量刑傾向といっても、裁判所の量刑検索システムは、登録数が限られている上、量刑を決めるに当たって考慮した要素を全て把握することも困難であるから、各判断の妥当性を検証できないばかりでなく、本件事案との比較を正確に行うことも難しいと考えられ、そうであるなら、児童虐待を防止するための近時の法改正からもうかがえる児童の生命等尊重の要求の高まりを含む社会情勢に鑑み、本件のような行為責任が重大な児童虐待事犯に対し

ては、今まで以上に厳しい罰を科すことがそうした法改正や社会情勢に適合すると考えられることから、被告人両名に対しては傷害致死罪に定められた法定刑の上限に近い主文の刑が相当であると判断した。

3　控訴審判決

（1）　主文の骨子

被告人両名の控訴を棄却

（2）　被告人両名の量刑不当の主張を排斥した理由の要旨

第1審判決の犯情及び一般情状に関する評価が誤っているとまではいえず、第1審判決が各懲役15年の量刑をするに際し、（1）検察官の各懲役10年の求刑は、①本件児童虐待の悪質性及び②責任の一端を被害者の姉になすり付けるような被告人両名の態度の問題性を十分に評価したものとは考えられない旨説示した点が誤っているというべき根拠は見当たらず、（2）同種事犯の量刑傾向について説示した点は、量刑検索システムによる検索結果は、これまでの裁判結果を集積したもので、あくまで量刑判断をするに当たって参考となるものにすぎず、法律上も事実上も何らそれを拘束するものではないから、第1審の量刑判断が控訴趣意で主張された検索条件により表示された同種事犯の刑の分布よりも突出して重い（※）ものになっていることなどによって直ちに不当であるということはできない。第1審判決の各懲役15年の量刑も、懲役3年以上20年以下という傷害致死罪の法定刑の広い幅の中に本件を位置付けるに当たって、なお選択の余地のある範囲内に収まっているというべきものであって、重過ぎて不当であるとはいえない。

※弁護人の上告趣意によると、裁判員量刑検索システムにおいて本件と同様の条件で検索すると、2012年（平成24年）10月時点においても、本件控訴審判決が最も重く、次に重い判決は懲役10年以下であり、傷害致死事案全体についてみても、2008年（平成20年）4月から2012年（平成24年）3月までの間、懲役13年を超える刑は、裁判官裁判309件中3件、裁判員裁判332件中12件のみである。

第2　本判決の要旨

1　第1審判決の犯情及び一般情状に関する評価について、これらが誤っているとまではいえないとした原判断は正当である。しかしながら、これを前提としても、被告人両名を各懲役15年とした第1審判決の量刑及びこれを維持した原判断は、是認できない。その理由は、以下のとおりである。

2　我が国の刑法は、一つの構成要件の中に種々の犯罪類型が含まれることを前提に幅広い法定刑を定めている。その上で、裁判においては、行為責任の原則を基礎としつつ、当該犯罪行為にふさわしいと考えられる刑が言い渡されることとなるが、裁判例が集積されることによって、犯罪類型ごとに一定の量刑傾向が示されることとなる。そうした先例の集積それ自体は直ちに法規範性を帯びるものではないが、量刑を決定するに当たって、その目安とされるという意義をもっている。量刑が裁判の判断として是認されるためには、量刑要素が客観的に適切に評価され、結果が公平性を損なわないものであることが求められるが、これまでの量刑傾向を視野に入れて判断がされることは、当該量刑判断のプロセスが適切なものであったことを担保する重要な要素になると考えられるからである。
　この点は、裁判員裁判においても等しく妥当するところである。裁判員制度は、刑事裁判に国民の視点を入れるために導入された。したがって、量刑に関しても、裁判員裁判導入前の先例の集積結果に相応の変容を与えることがあり得ることは当然に想定されていたということができる。その意味では、裁判員裁判において、それが導入される前の量刑傾向を厳密に調査・分析することは求められていないし、ましてや、これに従うことまで求められているわけではない。しかし、裁判員裁判といえども、他の裁判の結果との公平性が保持された適正なものでなければならないことはいうまでもなく、評議に当たっては、これまでのおおまかな量刑の傾向を裁判体の共通認識とした上で、これを出発点として当該事案にふさわしい評議を深めていくことが求められているというべきである。
　3　こうした観点に立って、本件第1審判決をみると、（中略）これまでの傾向に必ずしも同調せず、そこから踏み出した重い量刑が相当であると考えていることは明らかである。もとより、前記のとおり、これまでの傾向を変容させる意図を持って量刑を行うことも、裁判員裁判の役割として直ちに否定されるものではない。しかし、そうした量刑判断が公平性の観点からも是認できるものであるためには、従来の量刑の傾向を前提とすべきではない事情の存在について、裁判体の判断が具体的、説得的に判示されるべきである。
　4　これを本件についてみると、指摘された社会情勢等の事情を本件の量刑に強く反映させ、これまでの量刑の傾向から踏み出し、公益の代表者である検察官の懲役10年という求刑を大幅に超える懲役15年という量刑をすることについて、具体的、説得的な根拠が示されているとはいい難い。その結果、本件第1審は、甚だしく不当な量刑判断に至ったものというほかない。同時に、法定刑の中において選択の余地のある範囲内に収まっているというのみで合理的な理由なく第1審判決の量刑を是認した原判決は、甚だしく不当であって、これを破棄しなければ著しく正義に反すると認められる。
（中略）被告人Aについては、原判決が是認する第1審判決の量刑事情の評価に基づき検討を行って懲役10年に処し、さらに、被告人Bについては、実行行為に及んでいないことを踏まえ、犯罪行為にふさわしい刑を科すという観点から懲役8年に処することとする。

## ▶ 読解の視点

### 1　量刑の考え方と方法

　現在、刑罰の本質は犯罪行為に対する報いであると考えられています。そうすると、犯罪行為にふさわしい報いとは何かが量刑の基準となります。すなわち、刑は犯人への非難の程度（有責性）に応じたものであるべきであり、この非難（責任）とは違法行為を行ったことに対するものですから、犯罪行為そのものの違法性・有責性の程度が一次的な考慮要素となり、犯人の性格、反省など犯罪行為そのものとは別の事情は二次的な考慮要素となります。前者を犯情、後者を一般情状といいます。

しかし、抽象的にはこう言えても、「犯罪行為にふさわしい報い」とは何でしょうか。犯罪行為そのものの違法性・有責性の程度を判断したとしても（これ自体難しいのですが。）、どれくらいの刑が「ふさわしい」のかはどのように決めるのでしょうか。

法律が基準になると考えるかもしれません。しかし、日本の刑法は法定刑の幅がとても広く、例えば、牛丼１杯の無銭飲食も銀行から10億円の融資金をだまし取るのも同じ詐欺罪となり、法定刑は１月以上10年以下の懲役です。法律が具体的な基準として働く場面は限られます。次に、例えば殺人は傷害致死より重いはずだというように、同系列の他の犯罪の刑と比べる方法もあります。しかし、当該他の犯罪の刑はどう決まるのでしょうか。さらに、被告人は前科と同じ罪を繰り返したのだから前科の刑より重くすべきだ、あるいは、共犯事件では各人の役割に応じて共犯者の刑より重く（軽く）すべきだ、という方法もあります。しかし、前科や共犯者の刑の妥当性はどう確認するのでしょうか。

結局、犯罪行為にふさわしい具体的な刑を導き出す物差しとしては、それまでの裁判実務の積み重ねによって形成されている量刑の傾向[1)]が最も重要・有用です。その量刑傾向が「ふさわしい」といえるのは、社会も概ねそれを支持してきたと考えられるからに他なりません。

そこで、具体的な量刑は、犯罪の社会的類型（例えば窃盗であれば万引き、ひったくり等々）ごとに形成された量刑傾向の下で当該事件の具体的な犯情を検討して大枠を決め、一般情状によって調整するという手順で決定されます[2)]。

以上の考え方は、刑の公平性、つまり同じような犯罪行為には同じような刑を科すべきだという理念と密接な関係にあります。犯罪行為が同じであればそれにふさわしい報いも同じであるべきですから、刑の公平性は当然の要請といえます。裁判は国の機関として行うものである以上は担当者によって違いが生じてはいけない、また、刑に大きなばらつきがあるのでは裁判に対する社会の信頼が損なわれる、ということも根拠になります。さらに、現場の裁判官としては、被告人には不公平感を持たず納得して刑に服してもらいたいという点も重要な視点です。

## 2　本判決について

### （1）　要　点

本判決は、まず、第１審判決の犯情及び一般情状に関する評価が誤っているとまではいえないとした控訴審判決は正当であるとしました。その上で、第１審判決は量刑傾向から踏み出し求刑を大幅に超える量刑をすることについて具体的、説得的な根拠を示しておらず、その量刑は甚だしく不当であり、同時に、法定刑の中で選択の余地のある範囲内に収まっているというのみで合理的理由なく第1審判決の量刑を是認した控訴審判決は甚だしく不当であるとしました。そこでは、量刑傾向を視野に入れて判断することが公平性の観点から重要であること、このことは裁判員裁判においても同様であることが指摘されています。

### （2）　背景事情

本判決は、裁判員裁判による第1審判決及びこれを是認した控訴審判決を、量刑不当を理由に破棄した初の最高裁判決なのですが、いま本判決を読んでも、特別なことを書いているとは思わないかもしれません。本判決の意味を理解するには当時の状況を知ることが必要です。

本件の第1審判決は2012年（平成24年）3月に、控訴審判決は2013年（平成25年）4月に言い渡されました。裁判員制度は2009年（平成21年）5月に施行されたばかりで、量刑に関する事柄に限っても、量刑評議の方法、結論としての量刑、判決での量刑理由の記載、控訴審の量刑審査の在り方等の様々な面で試行錯誤がなされていました（それは現在も続いています。）。裁判員制度の導入に際し、量刑傾向を把握しこれを裁判員に示すため、裁判官・検察官・弁護人が共通して利用できるデータベースとして、検索条件を入力するとそれに適合する事例の量刑分布グラフ（必要があれば事例一覧表も。）が出力される裁判員量刑検索システムが整備され、本件の第1審でもこれが示されたようです。

裁判員制度施行前の裁判官らによる論考では、控訴審の在り方につき、「国民の視点、感覚、健全な社会常識などを反映させようという裁判員制度の趣旨からすれば、よほど不合理であることが明らかな場合（例えば、極めて重要な量刑事情を見落としていることが明らかな場合、量刑事実のうち重要な事実に対する評価を大きく誤っている場合、犯情を全く重視せず、一般情状を過度に強調し、悪性格を理由に重い刑を科しているような場合など）を除き、第一審の判断を尊重するという方向性」、「量刑の幅は、（中略）重い方向にも軽い方向にも広がることが予想される。控訴審としては、（中略）国民の目線からすればそのような判断もあり得るのではないかという謙虚な姿勢」などと提唱されていました。[3)]

裁判員裁判が始まると、求刑どおり・求刑超えの判決が大幅に増加し、その中でも本件の第1審判決は割合でも年数でも最も大きく求刑を超えたものでした。[4)]本判決の背景に、第1審の裁判官は、裁判官による誘導という批判を恐れ、必要な量刑資料を裁判員に提示せず、評議でも過剰な自己規制をしていないか、控訴審も過剰に控えめな姿勢をとっていないか、という最高裁の懸念があったと思われる旨の指摘がなされています。[5)]

### （3） 実務への影響

本判決の評釈には、本判決の表現等に第1審及び控訴審が量刑傾向に過度に依存するようになることを避ける配慮を指摘するものがある一方で[6)]、そのような量刑判断が進む危険性を指摘するものもあります[7)]。実際のところは、本判決後、求刑を超える刑を言い渡す下級審判決は激減しているようです。量刑傾向にはそれなりの理由があり、量刑傾向自体が全くの誤りであるとか、量刑傾向を形成する裁判例では考慮されてこなかった新しい量刑事情が当該事件では存在するといったことは考えにくく、本判決のいう「具体的、説得的」な判示はかなり困難でしょう。量刑傾向が変動するとすれば、それは少しずつ進むことになります[8)]。

## 3 発　　展

### （1） 死刑の可否が問題になる事案

本判決の翌年2月3日、最高裁第2小法廷は、被告人を死刑に処した裁判員裁判による第1審判決を量刑不当として破棄し無期懲役に処した控訴審判決を維持する、2件の決定をしました[9)]。その一般論の部分は同文で、「死刑が究極の刑罰であり、その適用は慎重に行われなければならないという観点及び公平性の確保の観点からすると、同様の観点で慎重な検討を行った結果である裁判例の集積から死刑の選択上考慮されるべき要素及び各要素に与えられた重みの程度・根拠を検討しておくこと、また、評議に際しては、その検討結果を裁判体の共通認識とし、それを出発点として議論することが不可欠である。」、「死刑の科刑が是認されるためには、死刑の選択をやむを得ないと認めた裁判体の判断の具体的、説得的な根拠が示される必要があり、控訴審は、第1審のこのような判断が合理的なものといえるか否かを審査すべきである。」としています。本判決と似た表現もありますが、① 裁判体の共通認識とすべき事柄が、裁判例の集積から死刑の選択上考慮されるべき要素及び各要素に与えられた重みの程度・根拠の検討結果とされていること、② 判決で具体的、説得的に示すべき事柄が、死刑の選択をやむを得ないと認めた判断の根拠とされていることが、本判決と異なります。

死刑は、被告人から奪う利益の重大性及び回復不可能性において、次に重い無期懲役刑との間に著しい隔たりがあります。①したがって、「本件のような類型の犯罪では概ね無期懲役又は死刑という量刑傾向です。」などと示したとしても（あるいは、もう少し具体的に、例えば「死刑が30％弱、無期懲役が70％弱、残りが懲役30年です。」などと示したとしても）、死刑を選択するかどうかの議論の出発点としては不十分ということでしょう[10)]。②また、死刑の判断は、量刑傾向から逸脱しないだけでなく、それ自体としても具体的、説得的な根拠が必要ということでしょう。

### （2）　量刑検索システムのない犯罪

現在、裁判員裁判対象外の犯罪については、対象犯罪に隣接する一部の犯罪につき裁判員量刑検索システムに登載されている以外には、裁判所内部のものも含め、量刑データベースがありません。それでは、裁判官はどうやって量刑傾向を把握しているのでしょうか。

① 同僚・先輩裁判官との意見交換はしばしば行われています。② 所属の裁判所に保管されている判決を調査したり、量刑検索用でない通常の判例検索システムで同種事案を調査したりしますが、調査時間や件数の面で限界もあります。③ 一部の犯罪類型については、実務家等が、所属の裁判所の判決や公刊されている判決を調査（分析）・公表しています[11)]。なお、覚醒剤自己使用・単純所持事件等、犯罪行為そのものの違法性・有責性の幅が比較的狭く件数も多い犯罪については、量刑傾向が相当程度狭く固いものとして形成され、実務家には広く知られています[12)]。④ 弁護人等が同種事案を指摘することもありますが、その数が少ないと、それだけでは量刑傾向は明らかでないと判断されることがあります。⑤ 第1審判決が量刑傾向から逸脱して不当であるとして控訴した場合には、控訴申立人が同種事案の量刑一覧表を作成し、控訴理由書に添付したり、書証として請求したりすることがあります[13)]。以上のような方法で量刑判断の経験を積むにつれ、量刑傾向の知識・感覚が身についていくのです。

### （3）　労役場留置の換算額

量刑の公平性の要請が及ぶのは主刑に限りません。ここでは労役場留置を取り上げます。

罰金を完納できない者は労役場に留置されます（刑法18条1項）。留置の期間（同条4項）は、主文で「その罰金を完納することができないときは、金〇円を1日に換算した期間、被告人を労役場に留置する。」などと換算額を定めて言い渡すのが通例です。

東京高判平成25年1月29日東高時報64巻1～12号44頁は、執行猶予付き懲役刑及び罰金120万円、その換算額5000円とした原判決を、「本件被告人の経済、生活状況等の個別的事情や、当審で取り調べた関係証拠にみられる近時の同種事案における量刑傾向（罰金額が100万円以上の場合は、いずれも換算率は1日金1万円となっている。）等に鑑みても、その不完納の場合における労役場留置期間は合理的な裁量の範囲を逸脱して長きにすぎる」として破棄し、換算額を1万円とする自判をしました。

もっとも、筆者が判例検索システムを用いて1992年（平成4年）から2018年（平成30年）までの裁判例970件を調査したところ、罰金100万円において、換算額を5000円とする裁判例と1万円とする裁判例が拮抗しており、100万円未満では多くは5000円、100万円超では多くは1万円とされているものの、罰金100万円超で換算額5000円とする裁判例も少なくないことが分かりました[14]。判例研究には、このような手法もあるのです。

注

1） 以前は類似の概念として「量刑相場」と呼ばれていましたが、裁判員制度が始まる頃から、より幅広い緩やかな目安と考えられるようになり、語感の問題もあって、「量刑傾向」と呼ばれるようになりました。判例検索システムを使う機会があれば、それぞれを検索語としてみると、各語句の使用の有無や時期が分かって面白いでしょう。

2） 前科や被害弁償の位置付けや量刑に影響を及ぼす理由には議論があります（島田ほか実質的協働142頁以下参照）。いずれにせよ、とりわけ犯罪行為そのものの違法性・有責性が相対的に小さい裁判員裁判対象外の犯罪においては、量刑に大きく影響する要素であり、① 犯情、② 前科や被害弁償、③ その他の一般情状の３段階に分けるのが実態に沿う場合があります。この点については、遠藤邦彦「量刑判断過程の総論的検討」量刑実務大系（１）量刑総論69頁も参照。

3） 大澤ほか判決書の在り方113頁。

4） 楡井英夫・最判解〔刑事篇〕（平成26年度）275頁。

5） 三好幹夫「判批」刑訴百選213頁。

6） 楡井・前掲注４）291頁。

7） 三好・前掲注５）214頁。

8） 小池信太郎「判批」論究ジュリ18号（2016年）226頁。

9） 平成25年（あ）第1127号・刑集69巻１号１頁、同第1729号・刑集69巻１号99頁。

10） 小池信太郎「判批」平成27年度重判（2016年）181頁。

11） 弁護士会による事例集積として、第一東京弁護士会刑事弁護委員会編『量刑調査報告集』シリーズ。

筆者によるものとして、安西二郎「段階的量刑の実際――無銭飲食等詐欺を題材に――（上・下）」刑弁97号（2019年）114頁98号92頁。

12） 福岡高判平成28年10月６日判例秘書 L07120608 は、「一般に、相応の期間内に覚せい剤自己使用の罪を重ねた者に対しては、初回は１年６月前後の懲役刑とした上で執行猶予を付し、２回目には概ね懲役１年４月から１年６月程度の実刑を、３回目には概ね懲役１年10月から２年程度の実刑をそれぞれ量定する事例が多く、そこから外れた量刑がなされるのはかなり例外的な事情がある場合に限られるようである。無論、この傾向が規範的な拘束力まで有するものではないが、その枠外の刑期を選択する場合には、合理的かつ説得力ある理由が具体的に示される必要があるというべきである。」とします。なお、後半部分が本判決を意識していることは明らかです。この点については、難波宏「前科、前歴等と量刑」量刑実務大系（３）一般情状等に関する諸問題36頁以下も参照。

13） 控訴審判決に「当審における事実取調べの結果認められるこの種事犯に対する一般的な量刑傾向」等の記載がある場合、その可能性が高いといえます。

14） 詳細は安西二郎「労役場留置の換算率に関する実証的研究――東京高判平25・１・29を契機として――」刑弁104号（2020年）191頁。

（安西　二郎）

## *Comment*

法学や法実務で問題とされる「正義」は、私たちが日常使っている「人がふみ行うべき正しい道」のことではありません。多くの人にとってはあまり馴染みがないことかもしれませんが、法の世界では、「人々を公平に扱うこと――すなわち、複数の人間のあいだの公平な関係性、さらには、それを可能とする調和ある秩序を尊重すること」を「正義」といっています[1)]。

これは、「等しさ」にかかわる形式的原理のことで、「等しきものは等しく扱え」とか「各人のものを各人に」という表現に定式化することができます。この「等しさ」には２種類あります。一つは、幾何学的な等しさ（つまり、対照される２つのものの比率が等しいこと）です。これは、協働作業の成果を参加者のあいだで分配するような場合にかかわります。例えば、２人でいっしょに働いて何らかの成果を得た場合、その成果は２人の仕事量に比例するかたちで分配されることが望ましいでしょう。このような「等しさ」が成り立っているとき、そこには「分配的正義」が存在しているということができます。もう一つは、算術的な等しさです。刑罰を科す場合、その重さは、行われた犯罪の重さと等しくなければなりません。アリストテレスはこれを、「匡正的正義」と呼びました。同じことは商品等を交換する場合にも当てはまります。すなわち、互いに交換されるものの価値は等しくなければならないということです。それゆえ、「交換的正義」と呼ばれることもあります[2)]。

中山竜一（法哲学研究者）は、経済構造の激変や環境的な危機によって、これまでどおりの生活形式を維持し続けることができないような事態となっても、複数の人間がなんらかのかたちでお互いに関わり合って生きていく限り、この原理だけは最小限の社会構成原理として必ず存在し続けるだろう、といいます。さらには、人間はホッブス的な自然状態（万人の万人に対する闘争）下では生き続けることができないとすれば、この原理はいわば人類学的な要請でさえある、といいます[3)]。

長々と引用してきましたが、刑罰が行われた犯罪と釣り合っていること、さらにいえば、そういう仕方で同じような犯罪をすれば同じような刑罰が科されること（「公平性を損なわないものであること」）が、（法学では）いかに大切なことであるかということが理解できたのではないでしょうか。では、個々の具体的な刑罰（量）は何によって決まるのでしょうか。

「裁判においては、行為責任の原則を基礎としつつ、当該犯罪行為にふさわしいと考えられる刑が言い渡されること」になります。では、責任のあるなしとその量（重さ）についてはどのように判断されるのでしょうか。責任があるというためには、犯罪を行った時点で他の行為（適法行為）も選択できた（はずだ）といえなければなりません（そうでない（すなわち、犯罪行為しか選択肢がなかった）場合にまで責任を問うのは酷ですよね）。それしかできなかったのではなく、自ら、そして、「あえて」犯罪を選んだのだから、その選択の結果については責任を取ってくださいね、というように考えるわけです。だとすれば、自ら犯罪を選択した度合いが大きければ大きいほど、言い換えれば、適法行為の選択の余地が広ければ広いほど責任も重くなるということになるでしょう（行われた犯罪の種類やそれによる被害については脇に置いておきます）。反対に、適法行為の選択の余地が狭ければ狭いほど、行為者の責任は軽くなります。したがって、犯罪行為者が個体的にも環境的にも不利な条件（すなわち、犯罪を行うことが必然ともいえるような不利な条件）を備えていればいるほど、その責任は軽くなりそうです（それゆえ、刑罰も軽くなるでしょう）。なぜなら、この場合、「自ら」選んだというよりも、それらの不利な条件が彼／彼女を犯罪へと促したと考えることができるからです。ちなみに、この場合、行為者は、経験的な法則性に支配されているという意味で、犯罪学（刑事政策学）的には典型的な犯罪者ということになります。逆に、そうではなくて、規範意識以外に問題はなかった（したがって偶発的な犯罪だ）ということになれば、その行為者は、刑法学的には理想的な犯罪者だということができるでしょう。

もっとも、実際の刑事裁判は、上で述べたような刑法学的な責任の考え方に忠実ではないようにみえます。同じような犯罪であれば、犯罪を行いやすい者（不利な条件を備えた者＝法則性に支配された者＝再犯可能性の高い者）によって行われた犯罪のほうが重く罰せられることになるからです。例えば、前科の関係で実刑と執行猶予の境界に属する事案などでは、安定した仕事につき、安定した住居で家族とともに生活する者が少額の万引きをしても、実刑になることはないでしょう。けれども、ホームレス生活者だったらどうでしょうか。たとえ少額であっても、実刑となることがありえます。犯罪予防という観点からはなんとなく肯定できそうな結論ですが、正義や公平の観点からは、これでいいのだろうかとの疑問は拭えません（よね？[4]）。

最後に、本判例や本コメントに関係する文献を挙げておきます。紙幅の関係でどう関係するのかを説明することはできませんが、関心がありましたらご参照下さい。松原英世・松澤伸「「民意」は刑事立法の根拠となりうるか――刑罰政策における公衆の意識構造――」刑ジャ59号（2019年）64-75頁、松澤伸＝高橋則夫＝橋爪隆＝稗田雅洋＝松原英世『裁判員裁判と刑法』（成文堂、2018年）99-121頁、松原英世「自由刑の内容について」浅田古稀・下597-612頁。

注

1） 中山竜一『法学』（岩波書店、2009年）4－5頁。
2） 中山・前掲注1）16-17頁。
3） 中山・前掲注1）105頁。
4） 前田忠弘＝松原英世＝平山真理＝前野育三『刑事政策がわかる【改訂版】』（法律文化社、2019年）17頁。

（松原 英世）

# 第5章 強盗罪の暴行・脅迫
## ——福岡高判平成29年９月19日高刑集70巻３号１頁

被害者が解放後に借金全額を肩代わりして支払うことに向けられた暴行、脅迫の影響が強盗罪にいう反抗を抑圧するに足りる程度のものとは認められないとされた事例

### 第１　事案の概要

被告人Ｘは、共犯者であるＡらと、被害者Ｖの間で起こった、Ｃの借金120万円に関するトラブルに憤慨して、Ａ、Ｂ、Ｃ、Ｄらと共謀の上、午後10時頃、Ｕ港に呼び出したＶに対して、顔面を手拳で多数回殴打する、その頭部や両腕等を木刀などで多数回殴打する、折れた木刀の先端を右大腿部に突き刺すなどの暴行を加え、加療約６週間を要し、左手の握力低下及び左手首の可動域制限の後遺障害を伴う左尺骨茎状突起剥離骨折等の傷害を負わせた。

さらに、前記の暴行を終えた後も、Ｘらは Ｖに対して、「お前も金もらっとるやないか。お前が返さんか。金は全部お前が払え。」「お前が全部ケツ拭け。お前がケツ拭かな、この話は終わらんぞ。」などと怒鳴り、借金の肩代わりを要求し、もしこの要求に応じなければ同様の危害を加えかねない勢いを示し、Ｖに借金の肩代わりを承諾させて、後日、Ｖから債権者Ｅに対し96万円を支払わせることで、Ｃの債務を免れさせようとした。しかし、解放されたＶは、翌日には被害を警察に申告したため、Ｘらは当初の目的を遂げることができなかった。

以上の事実関係のもと、検察官は強盗致傷罪で起訴した。

### 第２　原判決の判示

有罪（傷害罪、恐喝未遂罪）、懲役３年

「強盗罪の本質は、暴行脅迫により被害者の反抗を抑圧して財産を奪う点にある。したがって、被害者の『反抗を抑圧するに足りる程度』の暴行脅迫かどうかは、行為時の事情を基に一般人を基準に見て判断するが、財産を奪うこととの関係で考える必要がある。これを本件についてみると、Ｘらは、その場でＶから所持金等を奪おうとしていたわけではない。Ｖを解放して、後日Ｖに金を用意させ、Ｅに払わせることで、債務を免れさせようとしたのである。このような犯行を強盗と評価するためには、Ｘらの暴行脅迫は、後日Ｖが金を払うところまで反抗を抑圧されたままになってしまうといえるほどの強いものでなければならない。そうでないと、反抗を抑圧して財産を奪おうとしたとはいえないからである。Ｘらの暴行脅迫は、判示のとおりかなり激しいものである。しかし、その現場からＶを解放し、自由の身にしてしまえば、Ｖには、このままＸらの言いなりになって金を払うか、言いなりにならずに警察や知人に助けを求めるかという選択の余地が生まれる。そして、Ｘらの暴行

脅迫の態様や程度、X側の人数、犯行時間、場所等を前提に、普通の人がVの立場で考えると、多くの人は警察に助けを求めるといえる。Xらの暴行脅迫は、そのような選択の余地がないほど激しいものだったとは認められない。実際、犯行直後の現場で、被害者が『指輪がない。』などと言い出して、Xらを含むその場にいた者たちが一緒になって指輪を探し出していることや、Vが被害翌日に警察に被害を届け出ていることも、上記の判断を裏付けている。」

## 第3　控訴趣意

原審の判断に対して、検察官は、Xらによる暴行、脅迫は、解放された後のVにも著しい心理的影響を及ぼし、後日Vが金員を支払うところまで反抗を抑圧されたままになってしまうほどの強いものであったことは明らかであるから、Xらによる暴行、脅迫がその程度までには至っていなかったと認定した原判決には、判決に影響を及ぼすことが明らかな事実誤認があるとして控訴した。

## 第4　本判決の要旨

「強盗罪にいう暴行、脅迫は、財物を強取するか、財産上不法の利益を得ることに向けられたものとして、被害者の反抗を抑圧するに足りる程度のものであることを要するが、そのような程度のものであるかどうかは、社会通念上一般に被害者の反抗を抑圧するに足りる程度のものであるかどうかという客観的基準によって決せられるべきである（昭和23年（れ）第948号昭和24年2月8日最高裁判所第2小法廷判決刑集3巻2号75頁参照）。そして、客観的基準によって被害者の反抗を抑圧するに足りる程度の暴行、脅迫が加えられたと認められる以上、実際に被害者の反抗が抑圧されていなかったとしても、強盗罪にいう暴行、脅迫に当たるということができる。

しかし、本件において、Vは、暴行、脅迫を受けたU漁港の現場広場で財物の交付を求められたのではなく、現場広場を離れた後、自身でEに対して所要の金員を支払うことにより、CがEに負担する借金全額を免れさせて、Cに財産上不法の利益を得させることが求められている。すなわち、Vには、解放された後、主体的にCの借金全額を肩代わりして支払うという能動的行動が求められている。したがって、そのようなVが解放後に主体的に行う能動的行動に向けられたものとしての暴行、脅迫が、被害者の反抗を抑圧するに足りる程度のものであるというためには、犯行現場で直ちに財物の交付を求める場合より、強度な暴行、脅迫でなければならないということができる。

この点、原判決は、本件においてXらの行為が強盗罪にいう暴行、脅迫に該当するためには、Xらの暴行、脅迫は後日Vが金員を支払うところまで反抗を抑圧されたままになってしまうといえるほど強いものでなければならないとしている。しかし、Vが、いったん客観的基準から反抗を抑圧されるに足りる程度の暴行、脅迫を受けたと認められる以上、その後解放されて反抗を抑圧されているとはいえない状態になったとしても、強盗未遂罪が成立するというべきである。

そして、Vの反抗を抑圧するに足りる程度であるかどうかは、前記のとおり客観的基準によって決せられるべきであるにしても、その判断に当たっては、暴行、脅迫の態様にとどまらず、犯行の時刻及び場所、暴行、脅迫が加えられるに至った経緯、加害者と被害者の関係等、当該事案の具体的な状況が考慮されるべきである。

そこで、本件の事実関係に即して、XらがVに加えた暴行、脅迫が、解放された後のVが主体的にCの借金全額を肩代わりして支払うという能動的行動に向けられたものとして、客観的基準に照らし、反抗を抑圧するに足りる程度のものであるかどうかを検討する。」

具体的な事情を見ると、Cが法外な利息でEから金員を借りていることや、VがCの交際相手の女性の自動車を担保に受けとっていること、Cとの連絡が取れなくなるとCの実家に取立てに赴き、警察官が臨場する事態となっていること、Aに対して具体的な暴力団の名前をあげていることなどの事情から、VがCやAに対して、「相当に優位な立場にあった」といえる。

また、「Xらの暴行、脅迫が激しいものになったのは、〔VがCに対して、Cに金銭を貸すEを紹介したことに対する（※著者注）〕紹介料30万円の取得を否定するVの態度に腹を立て、それを認めさせようとし、さらには、AがVから不穏当な方法でCの債務を肩代わりさせるのに対抗しようとしたことにあるということができる。……Xらが当初からVにCの借金全額の肩代わりをさせることを主眼として、被害者に激しい暴行、脅迫を加えていたとはいえないことは、A、X及びBが、暴行がいったん収束した後、VにCの借金全額の肩代わりを求めた合理的な疑いがあることとも符合する。」

さらに、XらがVに激しい暴行・脅迫を加えた後も、「Xらは、Vが、Cの借金全額を肩代わりして支払うのは納得できないと述べるのに対し、それでは容赦しないなどと述べてはいるが、積極的に暴行は加えておらず、VにCの借金全額の肩代わりを了承させた後ではあるが、Vが指輪を探すのに助力している。また、Vは、U漁港の現場広場を離れてからも、引き続き、Bらから脅迫されているが、Cの借金全額を肩代わりして支払うのは納得がいかないと述べている。さらには、Vは、Eに支払うため、自分が取得した紹介料30万円以上の60万円の現金を用意しているが、Eには、そのうち30万円を支払ったにとどまり、結局Cの借金全額を支払ってはいない。」

以上の事情からすると、「XらがVに暴行、脅迫を加えたのは、C及びAに対して相当に優位な立場にあるVが、Cに対する借金の取立とそれに関わる紛議のため出向いてきたのに対抗するとともに、Vに紹介料の取得を認めさせようとしたからであり、Aについては、さらに、VからCの債務の肩代わりを求められるのにも対抗するためでもあったということができる。そして、Xらが本格的にVに対してCの借金全額を肩代わりして支払うように求めたのは、激しい暴行、脅迫が収束した後である可能性があり、それからは、Vがそれに納得できないと発言しても、それまでと同様の苛烈な暴行、脅迫が再現されてはいない。Xらは、Vに対し、暴行、脅迫の再現を匂わせながら、話し合いの状態を続けていたにすぎず、Vも、Cの借金全額を肩代わりして支払おうとはしていない。以上の事実関係の下では、暴行、脅迫が収束してVが本格的にCの借金全額の肩代わりを求められた時点において、それまでに受けた暴行、脅迫の影響が、その後のCの借金全額をEに支払うという行動に向けられたものとして、反抗を抑圧するに足りる程度までに至っていたかどうかを判断することになるというべきである。そして、前記認定のXらとVとの関係、XらがVに暴行、脅迫を加えるに至った動機及び経緯、VがCの借金全額の肩代わりを求められた経過、その後の状況に徴すると、Vが本格的にCの借金全額を肩代わりして支払うように求められた時点においては、Xらがそれまでに V に加えた暴行、脅迫の影響は、Vが主体的にCの借金全額を肩代わりしてEに支払うという能動的行動に向けられたものとして、その反抗を困難にする程度にとどまり、反抗を抑圧するに足りる程度のものとは認められないという余地がある。原判決の認定は、説示にやや簡潔に過ぎるところはあるものの、論理則、経験則に反するまでのものではなく、裁判員を交えて直接審理に臨んで証拠を検討した上での判断として十分に尊重されるべきものであり、判決に影響を及ぼすことが明らかな事実の誤認があるとはいえない」として、控訴を棄却した。

## ▶ 読解の視点

### はじめに

強盗罪（刑法236条）は、暴行または脅迫を手段として、被害者から財物（同条1項）または財産上の利益（同条2項）を移転させる犯罪です。強盗罪は、財産犯の中でも議論が多い犯罪類型ですが、その強盗罪の論点の中でもよく議論される重要なポイントのひとつが強盗の手段である暴行・脅迫には、どの程度の強度が要求されるのかという問題です。というのも、同じように暴行・脅迫を用いて、被害者から財物あるいは財産上の利益を移転させることで成立する可能性のある犯罪類型として、強盗罪よりも法定刑の軽い恐喝罪（刑法250条）が存在しているため、当該の行為が強盗罪に該当するのか、それとも恐喝罪に該当するのかを区別する必要があるからです。本判決において問題となったのも、Xらの行った行為が、被害者に借金の肩代わりをさせ、債務を免れるという内容の財産上の利益を得る2項強盗罪の手段と評価することができるかという点でした。

もっとも、本判決の事案は単に強盗罪あるいは恐喝罪の成否が問題となる典型的な事案とは少し異なります。通常、強盗罪の成否が問題となるような事案では、被害者に対する暴行・脅迫が行われた後、その場ですぐに財物・財産上の利益が奪われることが想定されますが、本事例では、時間的にも場所的にもある程度間隔を開けて、VがXらから解放された後に、V自身の手によって、能動的に財産上の利益を移転させることが予定されていたという事情が存在していました。このような事情は、強盗罪の成否について検討するとき、どのように影響してくるのでしょうか。

本章では、この強盗罪の成立範囲・限界という問題について考えるために、まず、強盗罪の成立のために必要となる手段としての暴行・脅迫の程度には、どのくらいの強度が要求されているのかという点について確認します。次に、今回の事案のように財物・財産上の利益の移転の際に、被害者が解放されており、被害者自身のある程度自由な意思にもとづく能動的行為が必要となる場合に強盗罪が成立するかという問題について扱った裁判例や学説について取りあげます。その上で、今回の事案における事情から強盗致傷罪の成立を否定した本判決の内容について詳しく確認してみましょう。

## 1　強盗罪の暴行・脅迫

### (1) 強盗罪に必要となる暴行・脅迫の程度

冒頭でも述べたように、暴行・脅迫を手段として、財物・財産上の利益を得る犯罪類型には、強盗罪と恐喝罪の2つの類型が存在します。これらの成立範囲を区別するために、強盗罪の成立には被害者の「反抗を抑圧する」に足りる程度の暴行・脅迫が手段として用いられる必要があります。

このとき、どの程度の暴行・脅迫がなされれば、反抗を抑圧するに足りる程度の暴行・脅迫の存在を認めることができるかについては、客観的な観点から社会通念にしたがって判断するというのが一般的な理解です[1]。注意しなければならないのは、この判断は、客観的判断といっても一定の基準が存在するのではなく、その時々の具体的な状況に立たされた一般人なら、その暴行・脅迫を加えられれば、反抗が抑圧されるようなものであったといえるかが基準となるということです。そのため、判断の際には、たとえば被害者の人数・年齢・性別・性格などの「被害者側の事情」や、犯行の時刻・場所などの「行為の状況」、暴行・脅迫自体の「行為態様」、行為者の人相などの「行為者側の事情」といった、事例毎の具体的な諸事情も考慮に含みます[2]。その上でこれらの事情を総合的に考慮して、その暴行・脅迫が被害者の反抗を不能あるいは著しく困難な状態にする強度のものであったと評価できるのであれば、強盗罪の手段である暴行・脅迫として認め、反対に、その程度に達していないのであれば、強盗罪の手段とはいえず、恐喝罪が成立するにとどまります。

### (2) 反抗抑圧状態の要否

強盗罪の成立範囲についてさらに議論となるのが、客観的観点からは、強盗の手段である反抗を抑圧するに足りる暴行・脅迫を認めることができるものの、実際には、被害者の反抗が抑圧されておらず、被害者は行為者に対して抵抗しようと思えば抵抗できたのに、財物・財産上の利益を交付したという場合（たとえば、強盗をしている行為者に対する憐憫から財物を交付した場合や、逃げたり抵抗したりするのが面倒であった場合など）にも、強盗既遂罪の成立を肯定しても良いかという点です。

この点について、判例は、客観的に反抗を抑圧するに足りる暴行・脅迫がなされ、それにより行為者が財物・財産上の利益を得ていれば、被害者が実際には、反抗が抑圧された状態（反抗抑圧状態）に陥っていなくても、強盗罪の成立を認めています[3]。他方で、学説では、強盗罪の成立を認めるためには、被害者が実際に反抗抑圧状態に陥っていなければならないとする見解が有力となっています[4]。この見解からは、強盗罪の成立のためには、暴行・脅迫と財物・財産上の利益の取得の間の因果関係だけでは足りず、「暴行・脅迫 → 反抗抑圧状態の発生 → 財物・財産上の利益の取得」という一連の経過に因果性がなければ、手段としての暴行・脅迫が存在しても、強盗未遂罪（刑法243条）にとどまります。

もっとも、強盗致傷罪（刑法240条）の事案では、現実に被害者が反抗抑圧状態であったかということは、直接的には問題となりません。というのも、強盗致傷罪の「強盗」には、強盗既遂だけではなく強盗未遂も含まれ、強盗致死傷罪の既遂・未遂は、被害者の傷害・死亡の結果が発生しているか否かによって区別されるからです。加えて、強盗未遂罪が成立するには、既遂の要件として現実の反抗抑圧状態の存在を要求する見解からも、不要とする見解からも、強盗の実行の着手である手段としての暴行・脅迫の存在が認められれば足りると考えられているからです。

ただし、暴行・脅迫と財物・財産上の利益の取得との間に、時間的あるいは場所的な離隔があり、被害者が自由に意思決定をする余地がある本件のような事例を検討する際、この現実の反抗抑圧状態に関する理解は、その判断に少なからず影響を及ぼします。

### （3）被害者の能動的な行為の介在

冒頭でも述べたように、今回の事案は、暴行・脅迫がなされた後、被害者が行為者から解放され、能動的に行為をする余地が与えられていたことに特徴があります。このような事例については、従来、学説および判例・裁判例では、それほど議論されていませんが、いくつか注目すべき事例や指摘が存在しています。

#### ア　過去の事案

福岡高判昭和63年１月28日判時1269号155頁（裁判例①）は、被害者Ｖに暴行・脅迫を加えて、Ｖが自宅に通帳を取りに帰る間や、現金の払い戻しを受ける間に、Ｖを一時的に解放したという事案でした。原審が強盗罪の成立を否定したのに対して、福岡高裁は、「強盗罪にいう暴行、脅迫は、当該暴行、脅迫がその性質上社会通念により客観的に判断して相手型の反抗を抑圧するに足りると認められることを要し、かつそれで足りるものであり、反抗の抑圧とは被害者側が完全に反抗の能力を失うことあるいは抵抗の意思を完全に喪失することを必要としないと解されるところ、……Ｖに加えられた暴行、脅迫の態様、過程、同人の畏怖状況並びに金員の調達及び交付状況等に照らすと金員調達の過程においても

Ｖが被告人らに反抗して財物奪取を逃れる余地はなく、本件一連の暴行、脅迫が金員調達過程も含めＶの反抗を抑圧するに足りるものであったことは否定できない」と判断しました。

また、東京地判平成８年11月11日判時1605号148頁（裁判例②）は、被告人らがＶを緊縛し、暴行・脅迫を加え、その場で金庫から割引銀行券を取得したうえに、後日、現金を支払う約束をさせていったん解放し、この約束にもとづいて後日（翌日および６日後。この間、被告人らは被害者に新たな暴行・脅迫を重ねることはなかったが、電話をして要求を確認するなどしている。）、合計で５億9900万円の現金を交付させたという事案でした。東京地裁は、被告人らがＶを解放したのは「要求に応ずるか否かの考慮期間を与えたものではな」いこと、後日の現金の交付は暴行・脅迫がなされた際の「約束の履行としてなされたものであること」、電話連絡がなされていることから「残額の支払いを拒否すればＶや家族に再び前同様の暴行・脅迫が加えられるであろうことは容易に予想されたところであって、Ｖらもそのことを恐れ、それ故警察に被害を届け出ることもできず」要求通り金銭を支払ったことなどの事情からすると、「身体の拘束から解放された後も引き続き心理的にその反抗が抑圧され続けた状態において、……約束の履行としてなされたものであり、被告人らの暴行、脅迫による反抗の抑圧と因果の関係に有ることは明らか」であると判断しました。

これらの裁判例はいずれも、暴行・脅迫と財物・財産上の利益の移転との間に一定の時間的・場所的離隔があることを前提としながら、強盗罪の成立を認めています。その根拠となっているのは、それぞれの事案の具体的状況に照らすと、「反抗して財物奪取を逃れる余地」がなかったこと（裁判例①）、「身体の拘束から解放された後も引き続き心理的にその反抗が抑圧され続けた状態」であったこと（裁判例②）など、被害者が行為者らの暴行・脅迫によって将来の財物の移転を拒絶できない状態であった点です。この点でこれらの裁判例は注目すべき部分があるように思われます。ただ、注意するべきであるのは、どちらの事例も、この種の事例を解決する一般論を示しているわけではなく、あくまで個別具体的な事情から、各事例における強盗罪の成立を認めているにすぎないということでしょう[5]。

#### イ　強盗罪の成立を肯定することに批判的な指摘

被害者の能動的行為が介在するような事例に対して、強盗罪を肯定するのに批判的な見解としては、まず、強盗罪と恐喝罪の違いを、財産的処分行為につき被害者の（瑕疵ある）意思の介在があるかという点に求め、被害者の自由な意思が介在する余地のある事例については強盗罪の成立はおよそ問題とならないとするものがあげられます[6]。このような見解の根拠となっているのは、強盗罪は盗取罪であり、恐喝罪は交付罪であるという理解です[7]。このような見解からは「被害者に思案を巡らせる余地を与え、被害者が前後を顧みて利害得失を考え加害者の害を恐れて、任意の交付をするのは恐喝罪であり、被害者に思案を巡らせる余地を与えず、前後を顧みて利害得失を考える余地も与えない場合は強盗罪[8]」であるとされます。

以上の見解は、「反抗抑圧状態」に着目したものですが、反抗を抑圧する程度という基準に批判的な立場から、強盗罪の成立を否定する見解も存在します。この見解は、強盗罪に恐喝罪など他の財産犯に比べて重い法定刑が設定されている理由を、強盗の機会には、被害者を傷つけることがあるという強盗罪特有の人身への危険という観点によって説明します[9]。その上で、強盗罪の成立のためには、人身保護上の危険性のある、行為者と被害者との間の「対立衝突状況」の存在とその継続性が要求されると述べます。そのため、強盗罪における対立衝突状況が、行為者あるいは被害者によって解消された場合には、強盗特有の人身保護上の危険性が存在しないために、強盗罪の成立は認められないとします[10]。

これらの見解からは、裁判例①のように、一時的に被害者を解放するものの、行為者が被害者に随伴し監視するような事例については議論の余地があるでしょうが[11]、裁判例②のように、被害者を完全に解放したうえで、ある程度任意の行為をさせる類型では、強盗罪の成立が否定されることになります。

ただ、これらの指摘は、それぞれ強盗罪と恐喝罪の態様の違いという問題や、反抗抑圧状態という要件の要否など重要な指摘を含んではいるものの、反抗を抑圧するに足りる暴行・脅迫が認められ、財物・財産上の利益が移転していれば強盗罪の成立を肯定するという、判例の立場とは前提を異にしていることには注意が必要です。

## 2　本判決の分析

### （1）強盗罪における暴行・脅迫

本判決は、行われた暴行・脅迫が、強盗罪の手段として必要な強度ではなく、前提となる強盗未遂罪すら認められないことを根拠に、強盗致傷罪の成立も否定しています。原審においても、強盗致傷罪の成立が否定されていますが、注目すべきなのは、原審と本判決では、強盗罪の成立のために必要な暴行・脅迫の程度に関する判示に違いが見られることでしょう。

原審は、暴行・脅迫の程度を「後日被害者が金員を支払うところまで反抗抑圧されたままになってしまうほどの強いものでなければならない」と述べ、被害者が現実に反抗を抑圧された状態となり、さらにそれが継続していたことが重視されるように読める判断を行っています。このような判断は、一見すると、強盗既遂罪の成立のために反抗抑圧状態が継続していることを要求しており、被害者が現実に反抗抑圧状態となっていることを要求する立場（先述１（２））に親和的であり、現実の反抗抑圧状態の存在までは要求していない従来の判例の立場（先述１（２）および（３））と相違するようにも見えます。

本判決は、この点に配慮して、昭和24年判決を引用したうえで、「客観的基準によって被害者の反抗を抑圧するに足りる程度の暴行、脅迫が加えられたと認められる以上、実際に被害者の反抗が抑圧されていなかったとしても、強盗罪にいう暴行、脅迫に当たるということができ」、「いったん客観的基準から反抗を抑圧されるに足りる程度の暴行、脅迫を受けたと認められる以上、その後解放されて反抗を抑圧されているとはいえない状態になったとしても、強盗未遂罪が成立する」と述べたと解することができるでしょう。

### （２）暴行・脅迫に要求される程度

本判決は、強盗罪の暴行・脅迫に関する従来からの立場を確認したうえで、必要となる暴行・脅迫の程度に関し、本件の暴行・脅迫は、被害者が「解放後に主体的に行う能動的行動に向けられたものとしての暴行、脅迫」であり、これが「被害者の反抗を抑圧するに足りる程度のものであるというためには、犯行現場で直ちに財物の交付を求める場合より、強度な暴行、脅迫でなければならない」と述べています。

今回の事案のように暴行・脅迫と財物・財産上の利益の取得との間に、時間的・場所的な離隔がある場合と、通常の強盗罪の事案とでは、同じ暴行・脅迫を加えたとしても、その行為がもつ危険性への評価は異なる可能性があります[12]。なぜなら、たとえ同じ程度の暴行・脅迫を行なったとしても、時間的・場所的な離隔が広がる場合には、暴行・脅迫後、被害者が財物・財産上の利益を行為者に交付することを取り止め、警察に行ったり逃走したりする可能性が高まることが想定できるからです。そのため、本判決が時間的・場所的な離隔が存在する場合に、より強い程度の暴行・脅迫を要求する趣旨は、（裁判例①や②において、被害者が将来の財物の移転を拒絶できない状況に陥ったように）被害者が財物・財産上の利益の交付を取りやめる可能性を排するために、「逃走したり警察に届け出たりすると生命・身体等に重大な危害が加えられると被害者に思い込ませるに足りる[13]」暴行・脅迫が必要であることを示したものと理解することができます。

以上のような基準を提示したうえで、本判決においては、客観的観点からＸらの暴行・脅迫がＶの反抗を抑圧するに足りる程度であったかが検討されました。この際、暴行・脅迫の前までＶが共犯者であるＡやＣに対して有利な立場にあったことや、当初Ｖに加えられていた激しい暴行・脅迫は強盗のためになされたものではないという合理的な疑いが存在すること、激しい暴行・脅迫が加えられた後も被害者は借金の肩代わりを簡単には承諾しておらず、それに対して

Xらは暴行・脅迫の再現をにおわせつつも、積極的には暴行を加えていなかったことなどの具体的事情を検討したうえで、本判決は、Xらの暴行・脅迫は、解放後のVによる借金の肩代わり返済という「能動的行為に向けられたものとして、その反抗を困難にする程度にとどまり、反抗を抑圧するに足りる程度のものとは認められない」と判断しました[14)]。

### (3) 本判決の妥当性とその射程

#### ア　本判決の妥当性

本判決は、以上のように、暴行・脅迫から財物・財産上の利益の取得までの間に被害者の能動的行為が介在する可能性がある事例において、強盗罪の成立のために必要となる暴行・脅迫の程度を、客観的に反抗を抑圧するに足りる程度のものであるとしつつ（先述2(1)）、そこで要求される強度を、通常の事案よりもより強度のものであるとする（先述2(2)）ことによって事案の解決を図ったものです。しかし、このような判断方法については、あまりに暴行・脅迫の程度という強盗罪の手段性の問題に依存し過ぎているのではないかという指摘がなされています[15)]。

確かに、能動的行為が介在するような事例では、行為者の意図した通り、暴行・脅迫を受けた被害者がのちに財物・財産上の利益を交付した場合には、被害者の行動が相当程度抑制されていたために暴行・脅迫も反抗抑圧に足りるものであったと認定しやすく、逆に、交付しなかった場合には、被害者が自由に行動しているために暴行・脅迫が相当強度であっても反抗抑圧に足りるものではなかったと認定されやすいという問題があるように思われます。このような問題を解消するために、被害者が実際に反抗抑圧状態で財物・財産上の利益を交付したことを要求するという方法も考えられなくはないでしょう[16)]。

もっとも、問題を因果性に位置付けて考える場合も、どの程度の強度の暴行・脅迫が強盗未遂罪の成立のために必要となるのかという問題は残るように思われます。今回の事案のような場合に、強盗罪を認めるために、どの程度の暴行・脅迫が要求されるかという問題については、更なる検討と具体的な事例の蓄積が必要となるように思われます。

#### イ　本判決の射程

本判決は、事実からも分かるように、Xら（特にAとC）とVとの間の特殊な人間関係を前提とした事案であったことから、およそ強盗罪の事案としては、一般的なものとは言い難いように思われます。そのため、本判決の先例としての価値も限定的なものにとどまるでしょう。

**注**

1）　最判昭和24年２月28日刑集３巻２号75頁。
2）　仙台高判昭和40年２月19日下刑集７巻２号105頁。
3）　最判昭和24年２月28日刑集３巻２号75頁。
4）　西田各論183頁、松宮各論227頁、山口各論217頁。
5）　南部晋太郎「判批」研修854号（2019年）27-28頁。
6）　大コンメ刑法〔第13巻〕480-481頁〔小倉正三〕。
7）　西田・前掲注４）183-184頁（補訂部分）。
8）　小倉・前掲注５）481頁。
9）　嶋矢貴之「強盗罪と恐喝罪の区別」『山口先生献呈論文集』（成文堂、2014年）349頁以下。
10）　嶋矢・前掲注９）341頁以下。
11）　後者の見解について、嶋矢・前掲注９）344-345頁（特に、注釈249）。
12）　本田稔「判批」法セ772号（2019年）121頁。
13）　匿名解説・判タ1455号（2019年）93頁。
14）　この判断の際に、紹介料の取得をめぐる制裁や報復を目的とした激しい暴行・脅迫が、借金の肩代わりに向けられた暴行・脅迫と区別されるとすれば、理論的には、暴行・脅迫後の領得という論点も問題となります（荒木泰貴「判批」刑ジャ61号（2019年）147頁）。
15）　荒木・前掲注14）146-147頁、安田拓人「判批」法教463号（2019年）138頁。
16）　荒木・前掲注14）147頁、安田・前掲註15）138頁。

**参考文献**

荒木泰貴「判批」刑ジャ61号（2019年）142-147頁。
南部晋太郎「判批」研修854号（2019年）19-34頁。
本田稔「判批」法セ772号（2019年）121頁。
安田拓人「判批」法教463号（2019年）138頁。

（吉川　友規）

*Comment*

1　強盗罪の手段である暴行・脅迫について「被害者の反抗を抑圧するに足りる」程度のものが要求されるのは、強盗罪が盗取罪、即ち被害者の意思に反して財物・財産上の利益を奪取する犯罪であることとの関係でも説明されます。被害者の意思が入り込む余地がないくらい強い（＝被害者の反抗を抑圧するに足りる）程度の暴行・脅迫が用いられてはじめて強盗罪の成否が問題となり、その点が瑕疵があるとはいえ被害者の意思に基づいて移転させる犯罪である交付罪として説明される恐喝罪（同じく手段は暴行・脅迫ですが、被害者の意思が働く余地が残っていなければなりません）とは異なります。「（強盗罪と恐喝罪の）成立範囲を区別するために、強盗罪の成立には被害者の『反抗を抑圧する』に足りる程度の暴行・脅迫が手段として用いられる必要があ」るというのは、このような意味です。

ただ、本章解説でも指摘されているように、前掲の最高裁昭和24年判決は、客観的に反抗が抑圧するに足りる暴行・脅迫が用いられていればよく、被害者が実際に反抗抑圧状態に陥る必要はないとしています。これに従えば、本件の事例ではXらが予定していたVからEへの支払の時点でVが実際に反抗抑圧状態にあったであろうか否かは考慮することはできませんし、考慮する必要もないはずです。そこで本判決では、被害者が解放後に能動的行動が求められている（暴行・脅迫と財物等の奪取との間に「時間的・場所的離隔」がある、と説明する方がわかりやすいでしょう）本件の場合について、その能動的行動に向けられた暴行・脅迫が被害者の反抗を抑圧するに足りる程度のものであるというためには犯行現場で直ちに財物の交付を求める場合よりも強度な暴行・脅迫でなければならないことを前提に、Vが実際には警察に被害申告をしたことをはじめ、様々な事後的な事情を暴行・脅迫の程度の判断に取り込んでいるように思われます。

しかし、学説の多数が主張するように、強盗罪の成立には被害者が実際に反抗を抑圧される（その状態で財物・財産上の利益を奪取する）ことが必要である、言い換えると、**反抗抑圧状態という「中間結果」**を観念し、強盗罪は**「⑴反抗を抑圧するに足りる暴行・脅迫 → ⑵中間結果としての反抗抑圧状態 → ⑶財物・財産上の利益の奪取」という因果経過**を経る必要がある、と考えれば、本件のような時間的・場所的離隔のある場合において、暴行・脅迫の程度の判断へ様々な事情を取り込むといった本判決が行ったような困難な作業をしなくても、⑵の中間結果が存在するかどうかを端的に判断すれば足りるでしょう。この考え方は前掲最高裁判例の立場とは整合しませんが、現在の実務は実際にはこの考え方に従っているともされていますし、被害者の反抗を抑圧して財物を奪取する行為であってはじめて刑法236条1項にいう「**強取**」の文言に該当するとも言えるでしょう（客体が財産上の利益の場合は、文言としては同条2項の問題になりますが、理屈としては同様です）。

もちろん、このように考えても、用いられた暴行・脅迫が被害者の反抗を抑圧するに足りる程度であれば、強盗罪の実行の着手があるといえるので、仮に被害者が実際に反抗抑圧状態に陥らなかったとしても強盗未遂罪が成立することになります。ただ、前掲(2)の中間結果を問題とするのであれば、(2)が存在しない場合には、多くの場合、(2)をもたらすような暴行・脅迫が存在しなかったとして、強盗罪の実行行為性を否定することになるでしょう（ただし、厳密にいえば、「社会通念上一般に」反抗を抑圧するに足りる程度のものを客観的基準でもって要求するのであれば、手段としての暴行・脅迫と中間結果の反抗抑圧状態とは微妙なズレが生じることになります）。

ところで、交付罪である詐欺罪／恐喝罪の場合、その既遂罪の成立のためには「① 詐欺行為（欺罔行為）／恐喝行為 → ② 錯誤／畏怖 → ③ 交付行為（処分行為）→ ④ 財物・財産上の利益の移転」という因果経過を経ることが要求されています。仮に③の要件を満たさないとしても、それだけでは①に着手している以上は実行の着手があることになり未遂罪の成立の余地がありますが、「③をもたらすような①が存在しない」と言えれば、その可能性が排除されることになります。もし、交付罪ではなく盗取罪として位置づけられる強盗罪においても前述の因果経過を要求するのであれば、同様に考えることで、上記の通り強盗罪の実行行為性を否定することが可能でしょう。

2　他方、本判決の事実認定は判然としませんが、判決文からは、XらのVに対する素手や木刀・模造刀による殴打は強盗目的のものではないと考えられ、この暴行によってVの反抗を抑圧した後に、Xらが借金の肩代わりを要求するなどの脅迫に及んだようにも読み取れます。もしそうであれば、強盗以外の目的で被害者の反抗を抑圧するに足りる暴行を加えた後に財物・財産上の利益の奪取意思が生じた場合の取扱が問題となります（「**暴行・脅迫後の領得意思**」の問題として議論される論点です）。すでに生じた反抗抑圧状態を利用して財物を奪取した場合の強盗罪の成否（このように、財物奪取についての1項強盗罪の成否の場面で議論されますが、財産上の利益を客体とする2項強盗罪の場合を除外する理由は理屈のうえではないはずです。なお、本件の訴因変更前の公訴事実は「その反抗を抑圧して、Vに前記借金全額を支払わせようとした」としていましたが、公判前整理手続の際の「本件公訴事実についての疑問点」の中で、この記載では1項強盗未遂ではないかとの疑義が原審裁判所により示されていたことを付言します）について、これを認める**（新たな暴行・脅迫）不要説**と、強盗罪成立には財物等の奪取に向けられた暴行・脅迫が行われることが必要であることを根拠に主張される**（新たな暴行・脅迫）必要説**が対立しており、基本的に必要説が妥当だといえますが、その場合も**すでに生じている反抗抑圧状態を維持・継続させるものであれば足りる**などとされています（大阪高判平成元年3月3日判タ712号248頁参照。なお、東京高判平成20年3月19日高刑集61巻1号1頁は、被害者の緊縛状態が継続している場合には実質的に暴行・脅迫の継続があり、これに乗じて財物を取得すれば強盗罪が成立するとしており、この点については議論の余地がありますが、学説上は（新たな暴行・脅迫）必要説から説明可能であるとするのが一般的です）。本件におけるVの肩代わりによるCの債務の免脱に向けられた脅迫は、直接的には借金の肩代わりの要求の際のものであるのですが、本判決がX

らのVに対する暴行・脅迫の程度を借金の肩代わりの要求の前後で区別せずに検討しているのは、以上のことを踏まえて、ということであれば妥当でしょう。

3　なお、Vが被害を受けたその日のうちに警察に被害を申告した点について、検察官は控訴趣意で「解放後直ちに警察に赴いて被害申告をしたものではなく、……可能な限りに金銭を工面して、Eに対し、本件借金の支払の一部として60万円の支払を申し入れており、この事実は、Vがその時点まで依然としてXらによる強盗目的の暴行、脅迫の影響下にあり、引き続き反抗を抑圧されたままになっていたことを示す明らかな事実である」と主張したのに対して、本判決は「Eに対する上記申入れの事実をもって、直ちにXらの暴行、脅迫による反抗抑圧状態が続いていたと推認するのは、……相当ではない。また、反抗を抑圧するに足りる程度のものといえるかを判断する上で、Vが被害を受けたその日のうちに警察に被害申告したことは、解放された後直ちに被害申告したことと比較して、大きな差異があるともいえない」として、これを退けています。ここでは、VのEに対する申し入れの存在のほか、Vの警察への被害申告の存在およびその時期の問題が反抗抑圧の判断に影響を及ぼしています。ただ、これらの事実の評価は実際には困難です。例えば、単純に「被害者が警察に被害を届け出たという事実」の存在についてのみ考えるとしても、一般的には「**警察に届け出たから被害者は反抗が抑圧されていなかった**」と評価されそうですが、逆に「**警察に届け出たのは被害者が反抗が抑圧されていたからだ**」とも評価しうるようにも思われます。VがCおよびAに対して相当に優位な立場にあった点や、Xらを含むその場にいた者たちが一緒になってVの指輪を探し出している点など、本件では他にも評価の難しい事実があり、注意が必要です。

また、原判決はその説示で、Vが解放された後に**言いなりになって金員を支払う**という選択肢と、**言いなりにならずに警察や知人に助けを求める**という選択肢とを二者択一に対置させています。これは、Xらの暴行・脅迫がVの反抗を抑圧するに足りる程度のものと言えるか否かという法的概念について、裁判員に理解しやすい**中間命題**を示したものであると言えます。しかし、検察官は控訴趣意でこれを裁判員の判断を不当に歪める恐れがあるものと主張し、本判決もVが解放されて自由になった状態を想定して事実関係を抽象化することで、具体的な事案を離れて被害者の行動様式を一般化したり、必要以上に強度な反抗を抑圧する状態を求めたりすることにつながりかねない、と指摘しています（ただし本件では、このような表現が裁判員の判断を不当に歪める恐れがあるとまではいえない、と判示しています）。裁判員裁判においては、裁判員に対する説示でこのような中間命題を用いることが考えられますが、その表現如何では裁判員に対するミスリーディングの恐れがあります。本判決ではその解決の1つとして、公判前整理手続の段階で検察官や弁護人との間で認識を共通化するため議論しておくことが望ましい、としていますが、それでも中間命題の問題の解決は難しく、今後も常について回るものと理解する必要があるでしょう。

（深尾　正樹）

# 第6章 詐欺罪と窃盗罪
## ——東京高判平成25年9月4日判時2218号134頁

被告人が代表者である株式会社名義の預金口座が詐欺等の犯罪行為に利用されていることを知りながら、被告人が現金を払い戻す行為については詐欺罪が、現金自動預払機から現金を引き出す行為については窃盗罪が成立するとされた事例

### 第1　事実の概要

被告人は、氏名不詳者らと共謀の上、被告人が代表者となっている甲社名義の普通預金口座に詐欺等の犯罪行為により現金が振り込まれているのに乗じて、① 平成24年3月13日、乙銀行a支店の行員から現金200万円の払戻しを受け（詐欺）、② 同日、丙銀行b支店に設置された現金自動預払機（ATM）から現金99万9000円を引き出し（窃盗）、③ 翌14日、丙銀行b支店の行員から現金700万円の払戻しを受けた（詐欺）。

これらの犯罪事実に先立ち、同年2月28日、被告人は、丁銀行c支店にて甲社名義の預金口座から預金を払い戻そうとした際、応対した銀行担当者から、警察からの要請で甲社名義の預金口座を凍結したので出金できないことや警察署の連絡先を告げられ、「分かりました。弁護士と相談します。」などと返答して退店していた。

原判決（長野地松本支判平成25年2月21日公刊物未登載）は、被告人が氏名不詳者らから本件仕事を持ちかけられた経緯、その仕事の内容と不相応な報酬、被告人の断りなしに被告人が甲社の代表者として登記されたことなどをも併せ考慮すると、被告人は、遅くとも、2月28日に口座凍結の説明を受けた時には、甲社名義の預金口座が何らかの犯罪行為に利用されている可能性が非常に高いことを認識したはずであり、以後、銀行がそうした事情を知った場合には口座が凍結されることを知りながら預金を引き出したことになるから、詐欺・窃盗の故意、および、氏名不詳者らとの共謀があったと認定できるとし、被告人を懲役3年に処した。

弁護人が事実誤認と量刑不当を理由に控訴。

### 第2　判　旨

控訴棄却（確定）

（1）　本判決は、まず、次のように判示して、本件口座が何らかの犯罪行為に利用されている可能性が高いことを被告人が認識していたとはいえない旨の事実誤認の主張を排斥した。

「捜査機関である警察の要請を受けて預金口座を凍結した旨の説明を受ければ、預金口座が何らかの犯罪行為に利用されている可能性があるとの説明まで受けなくても、警察から銀行に対してそのような要請があったのは、当該預金口座が詐欺等の何らかの犯罪行為に利用

されていることを警察において把握したためであることは容易に理解することができるから、原判決の上記説示に誤りはない（なお、本件口座凍結の説明を受けた時の被告人の前記反応は、預金を引き下ろせないという異常な事態が被告人にとって予想外のものではなかったことを示している。)。」

（2） その上で、本判決は、詐欺罪・窃盗罪の成否について、以下のとおり職権で判断を加え、原判決の判断を支持した。

「甲社の預金口座への振込金が詐欺等の被害者によって振り込まれたものであっても、甲社は、銀行に対し、普通預金契約に基づき振込金額相当の普通預金債権を取得することになると解され（最高裁判所平成8年4月26日第2小法廷判決・民集50巻5号1267頁参照)、被告人は甲社の代表者であることに鑑み、原判決が、被告人がした本件の各預金引出し行為は、正当な権限に基づかないものであって欺もう行為に当たり、被告人が現金自動預払機から預金を引き出した行為は窃盗罪に該当するとしている点について、検察官及び弁護人の意見書を踏まえて、職権で判断を加えることにする。

証拠によれば、本件各銀行は、預金債権を有する口座名義人から、その預金債権の行使として自己名義の通帳やキャッシュカードを用いて預金の払戻し請求がされた場合、いかなるときでも直ちに支払に応じているわけではなく、それぞれの普通預金規定において、預金が法令や公序良俗に反する行為に利用され、又はそのおそれがあると認められる場合には、銀行側において、その預金取引を停止し、又はその預金口座を解約することができるものと定めており（……)、今回のように預金口座が詐欺等の犯罪行為に利用されていると認めたときは、この規定に基づき、当該預金口座の取引停止又は解約の措置をとることができることとしている。そして、犯罪利用預金口座等に係る資金による被害回復分配金の支払等に関する法律（以下「救済法」という。）においては、『金融機関は、当該金融機関の預金口座等について、捜査機関等から当該預金口座等の不正な利用に関する情報の提供があることその他の事情を勘案して犯罪利用預金口座等である疑いがあると認めるときは、当該預金口座等に係る取引の停止等の措置を適切に講ずるものとする。』とされており（救済法3条1項。なお、その結果凍結された口座等に係る預金等債権は、その消滅手続を経た上で被害者に対する救済の原資に充てられる。)、本件各銀行においても、警察からの上記情報提供によって、当該預金口座が詐欺等の犯罪に利用されているものであることが分かれば、救済法に基づき、当該預金口座を凍結して払戻しには応じないこととしていることが認められる。

このように、銀行が犯罪利用預金口座等である疑いがある預金口座について口座凍結等の措置をとることは、普通預金規定に基づく取扱いであるとともに、救済法の期待するところでもあることから、銀行としても、救済法の趣旨に反するとの非難を受けないためにも、また、振り込め詐欺等の被害者と振込金の受取人（預金口座の名義人）との間の紛争に巻き込まれないためにも、このような口座については当然口座凍結措置をとることになると考えられる。そうすると、詐欺等の犯罪行為に利用されている口座の預金債権は、債権としては存在しても、銀行がその事実を知れば口座凍結措置により払戻しを受けることができなくなる性質のものであり、その範囲で権利の行使に制約があるものということができる。したがって、上記普通預金規定上、預金契約者は、自己の口座が詐欺等の犯罪行為に利用されていることを知った場合には、銀行に口座凍結等の措置を講じる機会を与えるため、その旨を銀行に告知すべき信義則上の義務があり、そのような事実を秘して預金の払戻しを受ける権限はないと解すべきである。そうすると、前記のとおり、被告人は、本件各犯行の時点では、甲社名義の預金口座が詐欺等の犯罪行為に利用されていることを知っていたと認められるから、原判決の判示するとおり、被告人に本件預金の払戻しを受ける正当な権限はないこととなり、これがあるように装って預金の払戻しを請求することは欺もう行為に当たり、被告人がキャッシュカードを用いて現金自動預払機から現金を引出した行為は、預金の管理者ひいて現金自動預払機の管理者の意思に反するものとして、窃盗罪を構成するというべきである。」

## ▶ 読解の視点

### 1　本判決の意義

#### （1）　振り込め詐欺における「出し子」を処罰する必要性

振り込め詐欺は、犯行を計画・立案する主犯格の者のもと、親族等になりすまして被害者に電話をかけ銀行口座への振込みを要求する「かけ子」や、振り込まれた被害金をATMで引き出す「出し子」のほか、これらの者を集める者、携帯電話等の犯行道具を用意する者など、多数の者が関わって組織的に行われます[1)]。振り込め詐欺は詐欺罪の構成要件に該当する行為なので、これらの者が共謀の上で犯行に及んだのであれば、同罪の共（同正）犯が成立します。ところが、検挙されることの多い出し子は、組織の末端に位置するにすぎず、犯行の具体的内容を知らされていないため、振り込め詐欺についての共謀が認められないことがしばしばあります。また、口座に振り込ませる形態の詐欺罪については、一般に、入金が完了した時点で、犯人側がいつでも現金を引き出せる状態にあることからその占有を取得したものとして既遂に達し、かつ、その時点で犯罪が終了すると解されています（状態犯[2)]）。そうすると、振込完了後にはじめて関与した出し子は、振り込め詐欺の被害金の引出しであることを認識していたとしても、振り込め詐欺に成立する詐欺罪の共犯にはなりえません。しかし、犯行解明のために出し子を検挙する必要性は高く、その当罰性も否定しがたいでしょう。そこで、出し子が現金を引き出す行為について、振り込め詐欺に成立する詐欺罪とは別に、犯罪の成立を認めることができるかが重要な問題となります。本件事案における振込みの原因となった犯罪行為の具体的内容は不明ですが、本判決は、結論として、銀行窓口およびATMで現金を引き出した被告人の行為に詐欺罪および窃盗罪の成立を認めています。

### （2） 従前の裁判例との関係

本判決以前の裁判例には、他人名義口座からの引出しにつき、口座の譲渡が約款や法律で禁止されていることを指摘し、銀行の意思に反する引出行為だとして窃盗罪の成立を認めたものがありましたが（東京高判平成17年12月15日東高時報56巻1=12号107頁、東京高判平成18年10月10日東高時報57巻1=12号53頁）、この理由づけは、自己名義口座からの引出しの場合には妥当しないとの問題を残していました。そのような中、本判決の前年に、自己名義口座からの引出しについて、口座が法令や公序良俗違反行為に利用されていると認められる場合には、預貯金規定上、口座を凍結して取引を停止する取扱いをしていることから、詐欺被害金の払戻しはATM管理者の意思に反するとして、窃盗罪の成立を認めた裁判例が現れました（名古屋高判平成24年７月５日高検速報集平成24年207頁）。本判決も、自己が代表者である会社名義の口座からの引出しにかかる事案、すなわち自己名義口座からの引出しと同視しうる事案について詐欺罪・窃盗罪の成立を認めるものであり、自己名義口座からの引出しであっても出し子に同罪の成立を認めるという方向性を明確にしたものといえます。また、本判決は、民事判例との関係をも含めて、同罪の成立を認める理由を詳細に判示しており、その点にも意義が見出されます。

## 2 詐欺罪と窃盗罪の基本的理解

### （1） 成 立 要 件

詐欺罪と窃盗罪は、他人の占有する財物をその意思に反して自己または第三者の支配下に移転する行為を処罰する占有侵害罪であるという点で共通しますが、その占有移転が相手方の交付行為（処分行為）によるか否かという点で区別されます。すなわち、詐欺罪は、人を欺いて錯誤に陥れ、その人をして財産を行為者または第三者に交付させることにより、行為者または第三者が被害者の財産を取得するものであるのに対して、窃盗罪は、そのような相手方の交付行為によらずに財物を奪取するものです。したがって、本件では、銀行の窓口で現金の払戻しを受けた①、③の行為については、行員を欺いて錯誤に陥れ、銀行支店長などの管理者が占有する現金を交付させたものとして詐欺罪の成否が問題となり、ATMで現金を引き出した②の行為については、人を欺いて財物を交付させるものでなく、ATM管理者が占有する現金をその意思に反して奪取したものとして、窃盗罪の成否が問題となります。

主観的要件としては、詐欺罪と窃盗罪のいずれについても、以上の客観的事実の認識（故意）を要し、さらに不法領得の意思が要求されます。前述のように、出し子は詐欺等の犯行の具体的内容を知らされていないことが多いため、被害金の払戻しを詐欺罪・窃盗罪に問う際にも、故意や共謀の存否がしばしば争われます[3]。本件の弁護人も、主に故意および共謀の存否を争ったようですが、裁判所は、被告人が、本件各犯行に先立つ2月28日に丁銀行にて、警察からの要請を受けて口座を凍結した旨の説明を受けていたことを重視して、故意および共謀を認めています。これは事実認定の問題であり、当該事案の具体的事情に大きく依存しますが、出し子は預金の引出しを繰り返し行っていることが多く、被害店舗以外の周辺金融機関における言動が故意および共謀を推認させうることを示す一事例として参考になるでしょう[4]。

### （2）　意思侵害と財産的損害

詐欺罪と窃盗罪の客観面は、相手方の意思に反する財産移転であるという点で共通しますが、意思に反する財産移転があれば直ちにこれらの罪が成立すると考えてよいわけではありません。これは、とりわけ詐欺罪を素材に、財産的損害の問題として近時盛んに議論されているものであり、例えば、未成年者が成人であるように店主を欺いて酒を購入した場合に、酒の交付が店主の意思に反しているとしても、店主に財産的損害はなく、詐欺罪を不成立とすべきではないかという問題です。この問題は、詐欺罪に限ったことではなく、事例を自動販売機での購入に変形すれば、窃盗罪において同じ問題が生じます。財産的損害の意義について学説上一致を見ているわけではありませんが、意思に反する財産移転の外形があっても、実質的に見て財産的損害がない場合には同罪の成立を否定すべきであるとの点は、支持を広めていると見られます[5]。単なる意思侵害は強要罪の対象であり[6]、財産犯である詐欺罪や窃盗罪の成立を認めるためには、同罪での処罰を根拠づけるに足りる財産的損害が必要というべきだからです。

本判決の職権判示はこの問題に関わるものであり、詳細な判示が行われたのは、民事判例との関係で、詐欺罪・窃盗罪の成立を認めるためには丁寧な説明を要すると考えられたからでしょう。以下、この問題について考察します[7]。

## 3　預金債権の成立と詐欺罪・窃盗罪の成否

### （1）　民事上の法律関係

振り込め詐欺が行われた場合の民事上の法律関係について、本判決も述べるように、甲社は銀行に対して振込金額相当の預金債権を有効に取得すると解されます。本判決に引用されている最高裁平成8年判決は、誤振込みの事案に関するものですが、それによると、多数・多額の資金移動を迅速に行うための振込みにおいては、振込依頼人と受取人の間に振込みの原因となる法律関係があるか否かにかかわらず、受取人は普通預金債権を取得するとされます。振り込め詐欺の場合、誤振込みとは異なり、まがりなりにも原因関係（指定口座に振り込む意思）は存在するのであって、預金債権の取得を否定する理由はありません。これを前提にすると、本件被告人（が代表を務める甲社）にも民事法上預金債権は帰属するのであり、被告人による現金引出しは銀行の意思に反しない、あるいは（事実的には銀行の意思に反するとしても）銀行に財産的損害はないものとして、詐欺罪・窃盗罪の成立は否定されるべきようにも思われます。

もっとも、その後の民事判例（最判平成20年10月10日民集62巻9号2361頁）は、受取人が振込依頼人に対して不当利得返還義務を負担しているというだけで払戻請求が権利の濫用に当たるわけではないとしつつ、「払戻しを受けることが当該振込みに係る金員を不正に取得するための行為であって、詐欺罪等の犯行の一環を成す場合であるなど、これを認めることが著しく正義に反するような特段の事情があるときは、権利の濫用に当たる」と判示しています。この民事判例の事案は権利の濫用に当たらないとされたものであり、判決のいう特段の事情がどのような場合に認められるかは明らかでないものの、振り込め詐欺による詐取金の払戻しは、詐欺の完遂を目的とするものであって、「詐欺罪等の犯行の一環を成す場合」の典型であると解されます[8)]。そうすると、本件被告人（が代表を務める甲社）に預金債権が帰属するとしても、金員を不正に取得する目的で払戻しを請求することは権利の濫用に当たり許されないことになります。

とはいえ、払戻請求が権利濫用であり、銀行の意思に反するからといって、刑法上の処罰に直結するわけではありません。既述のように、財産犯の成立を認めるには、単なる意思侵害ではなく、財産犯で保護するに値する財産的利益の侵害を要するというべきであり、その点の検討が求められます。

### （2） 誤振込金の払戻しと詐欺罪・窃盗罪の成否

この点を考えるに当たって参考になるのは、誤振込金の払戻しにつき、預金債権が成立することを前提にしながら詐欺罪の成立を認めた最決平成15年3月12日刑集57巻3号322頁（以下では、「平成15年決定」という）です。銀行実務では、振込依頼人から振込先口座を誤った旨の申出があった場合、過誤の有無を確認・照会し、受取人の承諾を得て振込依頼前の状態に戻す「組戻し」という手続がとられています。平成15年決定は、受取人には、銀行との間で普通預金取引契約に基づき継続的な預金取引を行っている者として、自己の口座に誤振込みがあることを知った場合には、銀行にそれらの措置を講じさせるため、誤振込みがあった旨を銀行に告知すべき信義則上の義務があり、受取人がその情を秘して払戻しを請求することは詐欺罪の欺罔行為に当たると判示しています。調査官の解説によれば、平成15年決定は、受取人に誤振込みにかかる預金の払戻権限があるかという観点からではなく、受取人から払戻請求を受けた銀行が誤振込みであることを知った場合にどのように対応するかという観点から詐欺罪の成否を検討したものであり、銀行が上記措置を採る利益は刑法上保護されてよく、その限りで、たとえ預金債権が成立しているとしても、その行使に信義則上一定の制約が課されているのだとされます[9]。

学説上は、この平成15年決定に対して批判を向ける見解も有力です。組戻しは受取人の承諾なしに行うことはできないものであり[10]、組戻しの実行を受取人に打診するためにとりあえず預金を保持するといった程度の利益が刑法での保護に値するといえるかには疑問があるからです。また、仮にそのような銀行の利益を認めるとしても、預金者の側にそうした銀行の利益が損なわれないように配慮する義務を課す、すなわち告知義務を認めるのが妥当かにも疑問があります。平成15年決定は、銀行と継続的取引を行う預金者には信義則上告知義務が生じると述べていますが、理由づけとして弱いように思われます。銀行側が何らかの確認措置を講じているのでなければ、受取人に告知義務を認めることはできないといった批判が向けられているところです[11]。

### （３）　口座凍結等の措置と振り込め詐欺救済法

本判決は、誤振込みの事案に関する平成15年決定と同様に、払戻請求を受けた銀行が犯罪利用口座であることを知った場合にどのように対応するかという観点から、詐欺罪・窃盗罪の成否を検討しています。本判決が指摘するのは「口座凍結等の措置」であり、こうした「措置をとることは、普通預金規定に基づく取扱いであるとともに、救済法の期待するところでもある」と述べています。確かに、銀行は、預金規定に基づく取引停止等の措置を口座名義人の承諾を得ることなく講じることができ、そうした措置を講じる機会を与えられることなく行われた払戻しは、銀行の意思に反するといえるでしょう。

しかし、銀行に財産的損害が認められるかについては、さらなる検討を要します。取引停止等の措置を講じるにしても、銀行がその預金を自己のものにできるわけではなく、口座を解約すれば通常は預金を口座名義人に返還しなければなりません。また、預金規定に基づく取引停止・解約の事由には、違法薬物や児童ポルノの売買代金の振込みに口座が利用された場合なども含まれるところ、このように実質的な財産上の被害者が存在しないケースにまで銀行の預金保持を保護する必要性は乏しいように思われます[12]。そこでは、口座が不正な行為に利用されないという利益が問題となっているにすぎず、銀行において当該預金を保持する利益を根拠づけるまでには至らないからです。

ここで意味を持つと考えられるのが、本判決も指摘する、2007年（平成19年）に成立した振り込め詐欺救済法の存在です。すなわち、振り込め詐欺があった場合の口座凍結等の措置は、預金債権消滅手続を経た上で被害回復分配金を支払うための準備段階をなしており、銀行には、そうした被害者救済のための役割を果たすことが法的に期待されています。その意味で、銀行としても、当該口座が詐欺等の犯罪行為に利用されているか否かに関心を有し、払戻しに応じず預金を保持しておく利益には要保護性があるといえるのです。もちろんここでも、銀行自身が当該預金を自己のものにできるわけではありませんが、財産保持の意味・価値には多様なものがありうるのであって、他人（振り込め詐欺の被害者）のために預金を保持しておくという利益も要保護性をおよそ否定されるわけではありません。とりわけ銀行にはそうした公共的な役割が期待されているともいえ[13]、本判決が「救済法の趣旨に反するとの非難を受けないためにも」と判示するのも、預金保持について銀行が固有の関心・利益を有することを表現したものと理解できるでしょう。本判決が救済法の存在をも指摘する点は、以上のような観点から、意味のあることだと解されます。

学説上は、ここでも、誤振込金の払戻しの場合と同様に、銀行の利益に要保護性はない、あるいは、告知義務を認めるべきではないといった批判がありますが[14]、振り込め詐欺被害金の場合の取引停止措置は、誤振込みの場合の組戻しとは異なって口座名義人の承諾を要するものではないので、少なくとも誤振込みの場合に比べれば要保護性を認めやすいといえるでしょう[15]。

## 4　本判決の射程

以上のように本判決を理解した場合に、その趣旨・射程が本件とは異なる事案にどこまで及ぶでしょうか。

一方でまず、振り込め詐欺でなくても、救済法の対象となる「振込利用犯罪行為」であれば、その犯罪行為により実質的に被害を受ける者が存在し、救済法によってその実質的被害者の救済のための措置が銀行に期待されるので、払戻行為に詐欺罪等が成立すると解されます。出資法違反の貸付けにかかる返済金として口座に振り込まれた金員を払い戻す場合がその例として挙げられます[16]。

他方で、救済法の対象にはならないが、実質的被害者が存在するケースもあり、例えば、他人の定期預金を勝手に解約してその解約金を自己名義口座に振り込ませそれを払い戻す場合が挙げられます。本判決の判示は、このような場合についてまで一義的な帰結を導くものではなく、救済法という法律によって取引停止等の措置が求められていることを重視するか否かによって、詐欺罪・窃盗罪の成否につき見解が分かれるところです[17]。

## おわりに

本判決は、詐欺等の犯罪行為によって振り込まれた金員を払い戻す行為につき、受取人に預金債権が成立することを前提に、それでも詐欺罪・窃盗罪の成立を認めたものとして、重要な意義が認められます[18]。

もっとも、ここでの被害者は現金の占有者である銀行（の支店長などの管理者）と捉えられており、不可解に感じる人もいるでしょう。引出行為も振り込め詐欺等の犯行の一環であり、虚心に見れば、出し子も振り込め詐欺の共犯というべきように思われるからです。口座への入金完了により詐欺罪が終了しそれ以降共犯は成立しないという点は、再考されるべきなのかもしれません[19]。

注

1） 被害金交付の形態については、現金を手交させる場合や配送業者を使って送付させる場合もあり、その場合に現金を受け取る者は「受け子」と称されます。その他、キャッシュカードを騙し取る、電子マネーを利用するなど、手口は多様に絶えず変遷しており、刑法解釈上も種々の論点が生じています。参照、「特殊詐欺認知・検挙状況等について」警察庁ウェブサイト https://www.npa.go.jp/publications/statistics/sousa/sagi.html（2020年12月28日閲覧），「小特集・特殊詐欺と刑法理論」法時91巻11号（2019年）57頁以下。

2） 入金完了時点で犯人側が取得するのは、有体物としての現金ではなく預金債権ですが、いつでも引き出して現金化できる預金は手持ちの現金と同視できることから、近時の実務は、口座に入金された時点で（２項詐欺ではなく）１項詐欺の既遂を認めるようです。坂田威一郎「振り込め詐欺の法的構成と既遂時期に関する実務上の若干の考察」植村退官第２巻85頁。

3） 近時、現金送付型の事案における受け子について、故意および共謀の存否が争われ、最高裁で積極の判断が下された事例が相次いでいます。最判平成30年12月11日刑集72巻６号672頁、最判平成30年12月14日刑集72巻６号737頁、最判令和元年９月27日刑集73巻４号47頁。故意に関しては、本書第２章も参照。

4） 今井誠「判批」捜研768号（2015年）26頁。

5） 西田各論220頁以下、中森各論112、134頁以下など。判例も、例えば最決平成21年６月29日刑集63巻５号461頁で、共犯者の不正なパチスロ遊戯を隠蔽するためにその隣の台で通常の方法により遊戯して取得したメダルにつき窃盗罪の成立が否定されているところからして、相手方の意思に反するというだけで財産犯の成立を認めるものではないと解されます。この問題に関する研究として、「特集・被害者の意思・関与と刑法解釈」刑法雑誌57巻２号（2018年）271頁以下。

6） 本件のような事案では、強要罪の成立要件である暴行または脅迫がないので、同罪は成立しません。

7） 以下の記述については、既に公表した拙稿、田中優輝「判批」広島法学40巻３号（2017年）40頁も参照。

8） 石丸将利・最判解〔民事篇〕（平成20年度）523頁以下。

9） 宮崎英一・最判解〔刑事篇〕（平成15年度）131頁以下。

10） 最判平成12年３月９日金法1586号96頁参照。

11） 平山幹子「詐欺罪における告知義務について――誤振込み事案を念頭に――」立命館法

学375・376号（2017年）356頁。

12）　松田俊哉「振り込め詐欺の被害者に振り込ませた現金をATMで引き出すことの擬律について」植村退官第2巻68頁、橋爪隆「銀行預金をめぐる犯罪の成否について」刑ジャ31号（2012年）10頁。

13）　杉本一敏「詐欺罪における被害者の『公共的役割』の意義」野村古稀301頁以下参照。これに対して、個人法益に対する罪としての財産犯の枠組みを逸脱するきらいがあると批判するものとして、田山聡美「判批」刑ジャ41号（2014年）228頁。

14）　松宮各論254頁。

15）　誤振込金の払戻しに詐欺罪等の成立を否定しつつ、振り込め詐欺被害金の払戻しに同罪の成立を肯定するものとして、松澤伸「振り込め詐欺を巡る諸問題」早稲田大学社会安全政策研究所紀要5号（2013年）16頁。

16）　そのような実例の紹介として、細谷和大「いわゆる振り込め詐欺等事犯における現金払戻役の捜査・処理について」捜研699号（2009年）65頁。

17）　救済法によって処罰範囲を画するのは松田・前掲注12）70頁、反対説として橋爪・前掲注12）11頁。

18）　さらに検討すべき細かな課題としては、⑴振り込め詐欺等の犯行とは無関係に元から受取人が有していた預金額分について、詐欺罪・窃盗罪の成立範囲から差し引くか、⑵被害者を騙して振り込ませる行為と引出行為の両方に関与した者につき、前者の詐欺罪と後者の詐欺罪・窃盗罪の罪数関係をどう解するか、といった点を挙げることができます。杉本一敏「騙し取ったものを騙し取る」高橋則夫ほか『財産犯バトルロイヤル』（日本評論社、2017年）200頁参照。

19）　田山・前掲注13）229頁。また、入金完了により詐欺罪が終了するとの前提に立ちつつ、引出し行為に盗品等関与罪の成立を認める可能性に言及するものとして、松澤・前掲注15）16頁以下。

（田中　優輝）

## *Comment*

### 1　民事法と関連する分野における刑事法解釈の難しさ

財産犯には、民事法上の法律関係と関連する問題点が多々あります。民事法が解決しようとする問題状況と、財産犯として処罰すべきかという刑事法の視点は必ずしも重なり合うとは限りませんので、法体系としての整合性を保ちつつ、それぞれの法分野の目的に沿った解決をなし得る解釈（合目的的解釈）が求められる点で、この分野特有の難しさがあります。

本件も預金という民事上の法律関係と関連していますので、上記の点を意識しつつ、窃盗と詐欺の構成要件に沿って考えてみます。

### 2　払戻しと窃取、詐取

本件では、甲社の代表者である被告人が甲社の預金を払い戻したのですから、銀行の意思に反して現金を取得（窃取）し、銀行を欺いて現金を交付させた（詐取）といえるのでしょうか。

甲社の預金は詐欺等の犯罪行為により振り込まれたものですから、この払戻しを受けたりATMで出金したりすること（以下まとめて「払戻等」といいます。）は、平成20年判決のいう「振込みに係る金員を不正に取得するための行為であって、詐欺罪等の犯行の一環を成す」もので、権利の濫用に当たるといえます。ここで、詐欺等の犯罪行為により振り込まれた預金の払戻等は権利の濫用として許されないから、預金の名義人であっても払戻しを受ける正当な権限はない、と考えれば、その権限がないのにATMで出金をすることは銀行の意思に反する現金の取得といえるでしょうし、その権限がないのにあるかのように装ったという点で銀行を欺いて現金を交付させたといえるでしょう。

他方、詐欺等の犯罪行為により振り込まれた預金であっても名義人には払戻しを受ける権利があり、ただその権利の行使が濫用であると評価されるに過ぎないから、詐欺等の犯罪行為により振り込まれた預金であるということだけで、払戻しを受ける権限がないとまではいえない、と考えることもできるでしょう。本判決は、誤った振込であっても振り込まれた預金の名義人には払戻しを受ける権利があるとした平成8年判決を指摘した上で、預金規定や振り込め詐欺救済法を踏まえた対応の必要性から、詐欺等の犯罪行為により振り込まれた預金に対する名義人の権利には制約があるとして、預金規定から導かれる信義則上の義務を履行せずに払戻しを受ける権限はない、と判示していますので、後者の考え方に近いものと理解できます。

### 3　詐欺等の犯罪行為により振り込まれた預金であることの認識

本件は、甲社の預金が詐欺等の犯罪行為により振り込まれたものであると被告人が認識していたという事案ですが、これを認識していなかった場合はどうなるのでしょうか。

本判決は、詐欺等の犯罪行為により振り込まれた預金であるとの認識がある場合には信義則上の告知義務があるとして、この義務を果たさずに払戻しを受ける権限はない、と判示していますから、上記の認識がなければ信義則上の告知義務はなく、払戻しを受ける権限も否定されない、とも考えられます。

確かに、犯罪行為による預金だとは認識していなかった名義人による預金の払戻等を窃盗や詐欺というのは行き過ぎでしょうが、名義人の認識の有無により払戻権限の有無が左右されるとすれば疑問です。犯罪行為により払い込まれた預金の払戻等に犯罪行為による利得の確保（現金化）という側面があることは否定できませんし、だからこそ振り込め詐欺救済法も名義人の認識を問うことなく取引停止等の措置を銀行に求めていると考えられますから、詐欺等の犯罪行為により振り込まれた預金であれば、預金の名義人には、その認識の有無にかかわらず、払戻しを受ける権限はないといえるのではないでしょうか。こう考えても、詐欺等の犯罪行為により振り込まれた預金であると名義人が認識していなければ、そのような認識のもとでの払戻しの請求は欺罔行為に当たらないと考えられますし、窃盗や詐欺の故意を欠くとも考えられますからから、処罰範囲を不当に拡大することにはならないと考えられます。

預金保持に対する銀行の利益とその要保護性という観点から窃盗や詐欺の成否を考えた場合も、銀行の利益やその要保護性の有無は名義人の認識により左右されるものではありませんから、詐欺等の犯罪行為により振り込まれた預金であるという認識の有無は、故意の問題として考慮することになると考えられます。

### 4　銀行の損害

本件で、被害者とされる銀行は甲社の預金を甲社に払い戻しただけですから、損害が生じていないのではないか、という疑問があります。

窃盗や財物の詐欺（刑法246条１項に規定されていますので「１項詐欺」と呼ばれています。）のように、「財物」を対象とする罪では、「財物」つまりは被害者が占有していた個々の財産を盗まれたり騙し取られたりしたことが損害であると解されています（個別財産説）。例えば、銀行の現金100万円を銀行員から奪い取ったり、返すつもりもないのに返すと嘘をついて銀行から100万円を受け取れば、この銀行に預金があり100万円の払戻しや貸付を受けられるとしても、窃盗や１項詐欺が成立します。

このため、本件でも、払戻等により銀行が保管（占有）していた現金が失われたのだから、銀行に損害は生じている、と考えることになりますが、このように考えると実質的には損害がない場合にまで犯罪が成立するのではないか、という疑問が湧いたら、もう一度この章を読んでみて下さい。

（佐藤　建）

コラム ③

## 裁判官にとっての刑事法判例

裁判官[1]は、起訴状を受け取ってから判決するまで、たくさんの判例に基づいて審理を進めています。犯罪の成否を判断するに当たって判例を参考にするのは当然ですが、公判前整理手続や公判審理の場でも、起訴状に記載された犯罪事実のうち、どの成立要件の存否や評価が争われているのかについて、判例を意識しながら、争点整理をしたり証拠調べに臨んだりしています。日々の事件処理では、刑事訴訟法などの手続法に関する判例を意識する場面の方が多いと思います。それは、訴因の特定や違法収集証拠などのメジャーな論点から、偽証の制裁の告知（証人に偽証の制裁を告げなくても証言の証拠能力は失われない。最判昭和26年３月15日刑集５巻４号535頁）とか、弁護人の立会いの要否（必要的弁護事件でも判決宣告だけの公判期日には弁護人の立会いを要しない。最判昭和30年１月11日刑集９巻１号８頁）などの実務的な細かい手続事項まで様々です。

第１審が判例に反する訴訟手続や法令の解釈適用をすれば控訴審で破棄されますし（刑訴法379条、380条）、控訴審が判例に反する判断をすれば上告審で破棄されます（同法410条、405条[2]）。破棄されることが明らかなのに、あえて判例に反する判断をすることは普通ありません。なぜなら、事件の終局が先延ばしになることによって、被告人という不安定な立場が続く（無罪判決の見込みが高ければ尚更です。）、被害回復のための権利行使が遅くなる（民事と刑事は別の手続ですが、有罪判決があれば被害者の損害賠償請求が容易になることは間違いありません。）、コストがかかる（審理期間が長ければ国選弁護人の費用も増えますが、その原資は税金です。他の事件処理に遅れが出ることも国民全体の負担といえます。）などのデメリットが多いからです。

そこで、裁判官が事件処理に当たって判例をどのように読んでいるかですが、自分の担当事件が判例に抵触するかどうか、自分の事件と判例の事案との類似点・相違点は何かに注意しています。判例の射程範囲を見極めようとしているといってもよいでしょう。

ただ、これを実践するのは容易ではありません。どんな事件にも当てはまる一般論を示した判例なら悩みは少ないですが、多くの判例は個別具体的な事情に照らして判断を示しています。

ここで、最決平成６年９月16日刑集48巻６号420頁を例に見てみます。

この事件で最高裁は、覚せい剤の自己使用事案につき、① 被疑者に任意同行を求めて職務質問の現場に長時間留め置いたことは違法だが、その後の強制採尿手続に違法がないという当該事案の下では尿の鑑定書の証拠能力は否定されない、② 強制採尿令状により被疑者を採尿場所まで連行することができる、という判断を示しました。このうち、②は「身柄を拘束されていない被疑者を採尿場所へ任意に同行することが事実上不可能であると認められる場合には、強制採尿令状の効力として、採尿に適する最寄りの場所まで被疑者を連行することができ、その際、必要最小限度の有形力を行使することができるものと解するのが相当である。けだし、そのように解しないと、強制採尿令状の目的を達することができないだけでなく、このような場合に右令状を発付する裁判官は、連行の当否を含めて審査し、右令状を発付したものとみられるからである。」と判示しており、一般論を示した判断であることが明らかです。これに対し、①は、被告人の言動や現場の状況に照らして、警察官が被告人の車のエンジンキーを取り上げた行為は職務質問を行うための停止行為として適法とする一方、その後に6時間半以上に渡って現場に留め置いた行為は任意捜査の範囲を逸脱するもので違法とした上で、その違法の程度は令状主義の精神を没却するほどに重大なものとはいえないとして証拠能力を肯定したものです（より具体的な事情は、刑集などで確かめてください。）。このように、①は当該事件の個別事情の下での総合的判断といえますから、この判断のポイントが何かは慎重に見極める必要がありますし、判断要素を抽出して理論化することが適切かどうかもよく考える必要があります。

裁判所の判断は様々な事情で変化し得るものですから、裁判官は判例を墨守しているわけではなく、妥当性を欠くと考えた場合には判例に反する判断をすることがあります。最近の例では、強制わいせつ罪について行為者の性的意図が成立要件ではないとして、最判昭和45年1月29日刑集24巻1号1頁の判例変更をした最大判平成29年11月29日刑集71巻9号467頁の第1審及び控訴審判決が挙げられます。また、判例変更には至りませんでしたが、第1審の無罪判決を控訴審が破棄する場合に事実の取調べを要するかについて、従前の判例の正当性に疑問を呈した東京高判平成29年11月17日（最判令和2年1月23日の控訴審判決）という例もあります。

裁判官がどのように判例を読み、事件処理に活用しているかが分かる書籍として、中野次雄編『判例とその読み方』（有斐閣）があります。やや難しい内容ですが、判例とはどういうものかを深く知るには大変よい本なので手に取ってみてはいかがでしょうか。

注

1）　裁判官の多くは司法修習を終えて判事補に採用され（任官）、判事補の間に民事も刑事も担当し、任官後15年くらいで職務が専門化していくのが一般的です。民事部配属の裁判官も令状事務を担当しますし、刑事部配属であっても地方の実情に合わせて民事執行や家事事件を担当することは珍しくありません。このコラムでは、地裁や高裁で刑事訴訟事件を担当している裁判官を念頭に置いています。

　なお、本コラムは、筆者の個人的な経験や感想に基づくものにすぎません。

2）　上級審の判断が、特定の事件について下級審の判断を直接的に拘束することは、破棄差戻しの場合のみです（裁判所法４条）。

（杉本 正則）

# 第7章 銃砲刀剣類所持等取締法の不法装てん罪
## ——東京高判平成27年8月12日判時2317号136頁

実包が装てんされていることを失念した場合の銃砲刀剣類所持等取締法における不法装てん罪の故意の成否

### 第1　事案の概要[1)]

被告人は、実包を込めた弾倉を装着したライフル銃を持って山中の猟場に行き、1発目の実包を発射させ、2発目を発射させることなく狩猟を止めた。1発目の実包を発射したことで、2発目の実包が自動的に薬室に装てんされ、この装てん状態は継続していた。

その後、被告人は、立ち寄ったガソリンスタンドに停車中の車内において、引き金を引いたために、実包が発射され、自己の車輌を破損させた。

検察官は、2発目の発射の時点を捉えて、銃砲刀剣類所持等取締法の不法装てん罪（10条5号、35条2号）で起訴した。弁護人は、被告人が自車内で本件ライフル銃の引き金を引いた事実から、被告人には本件ライフル銃に実包が装てんされた状態である認識はなかったと主張した。

原判決（中之条簡裁平成27年3月11日判決）は、実包の発射は誤射であると認定した上で、被告人がガソリンスタンドにおいて実包が装てんされていることを認識していた故意に欠けるところはないとして、不法装てん罪の成立を認めた。

これに対して被告人が控訴した。

### 第2　本判決の要旨

控訴棄却。

「不法装てん罪は、鉄砲の暴発、誤発射等の事故を未然に防止するために、猟銃等所持の許可を受けた者に対し、法定の除外事由がある場合を除き、実包等が装てんされていない状態に置くことを要求し、これに違反した行為を処罰するものである。このような不法装てん罪の趣旨、そして、法10条5項の「装てんしておいてはならない」との規定ぶりからして、法定の除外事由がないのに実包が装てんされている状態が開始された時点で、猟銃等の所持者がそのことを認識していれば、その状態が維持されている限り、その後同人がそのことを失念、忘却しても、故意が失われるものではないと解される。

結局、本件において被告人に不法装てん罪の故意が認められるか否かは、被告人が狩猟を終えた時点で、本件ライフル銃に実包が装てんされたままになっていることを認識していたかどうかに尽きるところ、〔1〕本件ライフル銃は、発砲すると弾倉内の次の実包が自動的に薬室内に装てんされる仕組みになっており、被告人はその仕組みを認識していたこと、

〔2〕被告人は猟場で一発目の実包を発射し、二発目の実包が本件ライフル銃の薬室に装てんされ、被告人もそのことを認識していたこと、〔3〕被告人は、二発目を発射することなく、狩猟を終えたこと、〔4〕××に駐車中の自動車内で実包が発射されるまで、その実包は本件ライフル銃の薬室に装てんされたままの状態であったという原判決が正当に認定している事実に照らせば、被告人は、狩猟を終えた時点で、本件ライフル銃に実包が装てんされたままになっていることを認識していたと推認することができる。

被告人は、遊底を引いて薬室の中を見たが、弾が入っていなかったので、最初に遊底を引いたときに雪の中に飛んでしまったのかなと思った旨供述する。しかし、薬室内の弾が見えなかったというのは、空撃ち薬莢及び被告人が使用していた空薬莢とを本件ライフル銃に装てんし、排莢部からそれぞれの底面を目視した場合に、いずれも底面を肉眼で確認することが可能であったとの原審の検証結果と反するものである上、猟銃所持の許可を受けた者には、実包を消費した場合、帳簿にその種類、数量、消費した年月日、場所を記載することが義務づけられ（法10条の5の2、法施行規則87条）、実包の管理が厳しく求められているところ、被告人の供述を前提にすると、それを認識しているはずの被告人が、雪の中に飛んでいった実包を探すこともなく、そのまま放置して立ち去ったことになるが、それは余りにも不自然な行為であり、薬室内を確認したということ自体にわかに信用することができない。そして、被告人が本件ライフル銃の引き金を引いたのが意図的なものであったとしても、それはその時点で被告人が本件ライフル銃に実包が装てんされていることを失念していたことを意味しているに過ぎないと認められる。そうすると、被告人が引き金を引いた時点において、被告人に不法装てん罪の故意があったものと認められ、原判決は結論において正当として是認することができる。」

## ▶ 読解の視点

### はじめに

本件は、被告人が銃砲に実包が装てんされたままの違法状態を継続させ、自車内で誤発砲したために「不法装てん罪」の成否が問題となりました。被告人は、実包が装てんされたときにはその認識を有していましたが、その後の違法な装てん状態については途中から失念・忘却していたのです。そこで、被告人側はその認識を欠いていると主張し、不法装てん罪の故意が争点となりました。[2]

犯罪構成要件において、違法状態が時間的に継続することが予定されている場合では、行為の途中でその事実を忘却・失念して認識が失われる事態が起こり得ます。[3]本章では、不法装てん罪の特殊性とその背景に言及しながら、どの時点で本罪の故意および認識が要求されるかについて検討していきます。

## 1　特別刑法と刑法の原則

本件において成否が問題となるのは、銃砲刀剣類所持等取締法（以下、銃刀法とします。）の不法装てん罪（10条5項、35条2項）という特別刑法犯です。

刑法では、その8条において「この編の規定は、他の法令の罪についても、適用する。ただし、その法令に特別の規定があるときは、この限りでない。」と定め、特別刑法犯であっても、原則として刑法総則の規定が適用になり、刑法の基本原則も同様に特別刑法に妥当するとされています。

## 2　不法装てん罪の特殊性

### （1）　作為犯と不作為犯

ほとんどの刑法犯は、傷害罪や窃盗罪など積極的動作を禁止する内容の「作為犯」です。

これに対して、身体的活動をしないこと（消極的動作）によって犯罪が成立するものがあります。これを「不作為犯」といいます。刑法典においては、不作為犯はあくまで例外とされていますが、特別刑法においては多く規定されています。

### （2）「作為＋不作為」犯の不法装てん罪

不法装てん罪は、銃刀法10条5項において、次のように規定されています。

> 「第4条又は第6条の規定による許可を受けた者は、第2項各号のいずれかに該当する場合を除き、当該銃砲に実包、空包又は金属性弾丸（以下「実包等」という。）を装てんしておいてはならない。」

銃砲に実包等を「装てんしておいてはならない」とするこの規定形式は、極めて特殊なものです。本構成要件で禁止する内容は、次の2つの要素から成り立つと考えられます。それは、①「装てんし」という、実包等を薬室または弾倉に込める作為と、②「おいてはならない」という装てんされた状態を継続する不作為、の2つです。併せて考えますと、**「① 作為＋②（真正）不作為」犯**という特殊な形態になると考えられます。

本罪は、2つの要素で成り立っていますが、②「おいてはならない」という不作為の部分が中心であることは間違いないでしょう。例えば、銃砲への2発目の装てん時に、獲物等の捕獲の必要性があり、しかし、その後に必要性がなくなった場合は、「装てん」行為自体に問題はなく、その後、発射状況が止んだにもかかわらず、そのまま実包等を装てんし続けることによってはじめて違法となり、本罪が成立となるのです[4]。状況が止んだ後に、実包等を抜き取るべき義務が銃砲の許可者に課せられているといえます[5]。

本規定の趣旨は、「銃砲による事故及び危害は、銃砲を発射することによって発生するものという前提に立ち、銃砲による事故を未然に防止するためには、銃砲を発射する必要のある場合を除き、銃砲を直ちに発射できない状態、即ち、実包等が装填されていない状態に置くことが要求される」とされています[6]。

行為の要素は、２点に分けられると述べましたが、具体的な時系列においては、次の３点に分けて考えることができます。すなわち、❶ 実包の装てん行為、❷ 必要的な装てん状態の継続（狩猟等）、❸ 不必要な装てん状態の継続、の３段階です。これは、認識が要求される時点や故意の内容を考える上で非常に重要になります。

### （3） 継続犯の不法装てん罪

継続犯とは、「一定の法益侵害の状態を継続するあいだ犯罪事実が継続するもの」とされ[7]、一般的には、構成要件的行為が一定の時間的継続を必要とする犯罪類型とされています[8]。ただし、継続犯については、構成要件的行為の継続を不要とし、構成要件的結果とは区別された行為の「効果」としての結果が継続している類型と捉える見解も有力です[9]。

本件で問題となる不法装てん罪は、実包等を「装てんしておいてはならない」という構成要件です。実包を装てんする作為と「しておいて」という不作為状態が連結された構成要件となっていて、一定の不作為状態の継続が予定されている「継続犯」と考えることができます。

## 3　認識が要求される時点とその後の失念の影響

不法装てん罪を継続犯とした上で、本罪はどの時点で認識が必要となるか故意の問題となります。故意が要求される時点と実際の認識が要求される時点は異なる可能性があります。それは、行為の認識後に失念した場合にも故意が否定されないとする考え方があり得るからです。

まず、「故意犯処罰の原則」（刑法38条１項）により、犯罪の成立には故意が要求されることになります[10]。また、故意は「行為と責任の同時存在の原則」から、実行行為の時点で同時存在する必要があります。

以上のような前提のもとで、不法装てん罪で要求される故意・認識の時期について学説が分かれています。それでは、それぞれの見解について解説いたします。

### （1）　装てん時から装てん中は継続して故意が必要とする考え方

不法装てん罪を、構成要件的行為の継続としての「継続犯」と理解した場合は、故意犯処罰の原則および行為と責任の同時存在原則から、故意は、実包の装てん開始時から装てん状態の間の全てに要求されることになります。不法装てん罪の構成要件的行為は、作為である「実包の装てん行為」と「装てんしておく」不作為によって構成されるので、この双方について、行為開始時から装てんの間中は断続的に故意が必要とする見解です。

この場合、装てん中にその事実を失念・忘却したときに故意が否定されるか問題となります。これについては、さらに学説が分かれることになります。

#### ア　失念の場合は故意が否定される

本罪を構成要件的行為が継続する継続犯とする一般的理解をし、行為と責任の同時存在の原則を貫徹するならば、装てん中にその事実を失念した場合は、認識を失ったこととなるので、故意が否定されると考えられます。刑法の諸原則に最も忠実な見解といえます。

本件は、まさに実包の装てんの事実を忘却・失念してしまったため自車内で銃砲を誤射していますから、この見解によれば、装てん状態の認識を失っているといえ、不法装てん罪が成立しないこととなります。

#### イ　失念しても潜在的な故意が認められる

これに対して、故意の程度内容については、継続的な明確な表象・認容を要求するのではなくて、一種の「潜在的な故意」があれば足りるとする考え方があります[11]。この見解によれば、表面的な失念自体によってだけでは故意は失われないことになります。故意における認識については、特別の緊張を伴わない状態を認め、故意が意識の深層にあって表面に現れなかったとしても、故意は継続していることになります。しかし、このような深層心理の故意を認めることには、多くの批判があります[12]。

#### ウ　継続犯においては常時的な表象は必要ない

継続犯における犯罪構成事実の表象は、そもそも犯行の全期間において常時存在する必要はない、とする見解があります[13]。この見解によれば、継続犯の開始時点でその認識を有していれば、途中で失念した場合や意識を失ったとしても故意犯の成立を認めるのです[14]。とくに銃砲類や薬物など法禁物の不法所持罪において展開されるのが、この考え方です。現在、多くの学説や判例において支持されています[15]。

たとえば、**最大判昭和24年５月18日**は、占領軍の物資の不法所持について「その所持人が常にその物を所持することを意識している必要はない[16]」としています。

不法所持罪の結果発生時の故意は、「所持」という継続する行為の一体性にもとづいて、所持開始時の認識が自動的に継続されるものと解釈し、途中での失念は影響されないと考えます[17]。ただし、不法装てん罪は、不法所持罪と異なり不作為が犯罪の中心なので、全く同様に解釈できるかは再検討の余地があります。

なお、この考え方については、「原因において自由な行為」の法理から説明する見解もあります[18]。

#### エ　積極的な解消行動があった場合や相当な理由のもとでは故意が否定される

また、継続犯において客観的な行為が継続している場合は、単なる失念・忘却は故意の存在に影響しないという前提に立ちつつ、積極的な解消行動があった場合や相当な理由がある場合には故意が否定されるとする見解があります[19]。

たとえば、監禁罪について判例は、客観的に監禁状態が継続中であるときは、行為者が主体的にこれを否定するような積極的な態様があった場合に限り、故意が途中でなくなることを認めています。**東京高判平成25年12月3日**は、「監禁罪は……いわゆる継続犯であり、客観的に監禁行為が継続しているにも関わらず、故意が途中でなくなるという事態は通常は想定し難いというべきである。あえていえば、犯人が監禁状態が解消したと誤信したというような場合であろうが、自ら監禁状態を作出した犯人が、そのような誤信をするに至ったと認められ、あるいはそのような合理的疑いが生じるといえるのは、自ら監禁状態の解消に向けた具体的な行動に出るといった特段の事情がある場合に限られる[20]」としています。

### （2）　実包の装てん時にのみ故意が必要とする考え方

不法装てん罪を「法益侵害結果の継続としての継続犯」と理解した場合は、故意が要求されるのは、実包の装てん時のみということになります。継続犯においては、まだ少数説にとどまっていますが、この見解によれば、実行行為は作為的な実包の装てん行為のみとなるので、故意が要求されるのはこの時点のみとなり、以降の継続的な不装てん状態の認識も不要となります[21]。

この見解を採る場合には、装てん中にこれを失念したとしても、故意犯の成立については何ら影響しないことになります。

### （3）　装てん時の故意と装てん中の故意または過失が必要とする考え方[22]

不法装てん罪を純粋な故意犯として理解するのではなく、「作為に対する故意＋不作為に対する過失（または故意）」を要求する特殊類型の特別刑法犯と理解することも可能です。

装てん「しておいてはならない」という特殊な法文に着目し、法目的が「実包

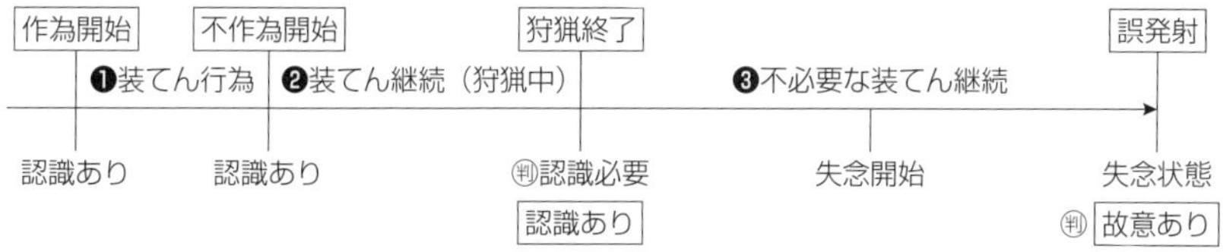


図７-１　不法装てんの認識と故意の関係

等が装填されていない状態に置くことが要求される」規定であるという点から、「しておいてはならない」結果回避義務を導くことができると解釈します。すなわち、本罪を故意犯処罰の原則の一部的な例外と考えるのです。

## 4　故意の内容

故意とは、構成要件要素の表象・認容とされ、その対象は、一般的には客観的構成要件要素の全般に及ぶものと考えられています。

不法装てん罪は、その構造が特殊であるために、どのような認識内容が必要となるか問題となります。本罪は、先述した通り、作為である❶装てん行為→不作為である❷必要的な装てん状態→❸不必要な装てん状態、の３段階に分けられますが、故意の一般的理解によれば、❶❷❸すべてを認識する必要があると思われます。

夜間８時間以上の自動車等の路上継続駐車を禁止する「自動車の保管場所の確保等に関する法律」違反に関して、最判平成15年11月21日[23)]は、次のように判示しています。すなわち、「本罪の故意が成立するためには、行為者が、駐車開始時又はその後において、法定の制限時間を超えて駐車状態を続けることを、少なくとも未必的に認識することが必要である」としているのです。この罪が成立するためには、単なる駐車継続の認識では足りず、「法定の制限時間を超えて」違法な駐車状態になる未必的な認識を要求しています。

## 5　本判決の立場

本判決は、「実包が装てんされている状態が開始された時点で、猟銃等の所持者がそのことを認識していれば、その状態が維持されている限り、その後同人がそのことを失念、忘却しても、故意が失われるものではない」と説明した上で、「被告人が引き金を引いた時点において、被告人に不法装てん罪の故意があったものと認められ」ると結論づけています。このことから、次のことが導かれます。

まず、不法装てん罪は純粋な故意犯であり、作為と不作為の結合的な犯罪形態であることを前提にしているといえます。

次に、① 実包装てん状態開始時に、違法状態になりうる状況であることを認識し、② 客観的に違法状態が継続していれば、③ その後に失念したとしても、故意犯の成立を肯定しているのです[24)]。すなわち、認識が要求される時点をここでは「実包の装てん状態開始時」としています。

このような考え方から、「引き金を引いた時点」から「装てん状態を失念していた時点」に「故意」が認められるとしているので、本判決は、本罪を故意の継続が必要な継続犯と理解していると思われます[25)]。

一方で、本判決は、次のようにも述べています。「不法装てん罪の故意が認められるか否かは、被告人が狩猟を終えた時点で、本件ライフル銃に実包が装てんされたままになっていることを認識していたかどうかに尽きる」としています。これは、「狩猟を終えた時点」=実包の装てん状態が狩猟等で必要なくなった時点=「不法な装てん状態の開始時」であることを示しています。銃砲への単なる「実包の装てん時」(❶) ではなく、実質的にはそれよりも遅い「違法な装てん状態の開始時」(❸) に「その状態の認識」を要求していることになるでしょう。判決において「被告人は、狩猟を終えた時点で、本件ライフル銃に実包が装てんされたままになっていることを認識していたと推認することができる」としていることからも明らかです。

本判決は、これまで判断されることがなかった「しておいてはならない」という極めて特殊な構成要件に対して、要求される認識の時点を示した点で有意義なものです。これまでの不法所持罪の故意における議論とほぼ同様の判断を示していますが、厳密には「違法な不作為開始時点」に「その違法状態の開始を認識していること」を要求していますので、規定内容の違いに対応した明確な基準が示されたものと思われます。

注

1) 高等裁判所刑事裁判速報集(平27)3555号144頁、LEX/DB25545071、内藤惣一郎・研修828号19頁以下、判時2317号136頁以下、南由介「刑事裁判例批評(351)」刑ジャ54号(2017年)171頁以下参照。

2) 小池直希「特別刑法判例研究【74】」法時90巻2号134頁。

3) 判時・前掲注1)136頁。

4) 大塚尚(辻義之監修)『注釈 銃砲刀剣類所持等取締法【第2版】』(立花書房、2015年)347頁以下。

5) 東京高判昭和48年3月9日。

6) 阿部純二=北野通世「銃砲刀剣類所持等取締法」『注釈特別刑法[第7巻]』立花書房、1987年、574頁以下。さらに、米澤慶治「銃砲刀剣類所持等取締法」『注解特別刑法[第7巻]』(青林書院、1986年)231頁以下。

7) 団藤総論131頁、藤木総論90頁。

8）　佐伯仁志「犯罪の終了時期について」研修556号（法務総合研究所、1994年）17頁、井田総論112頁など。

9）　山口総論48頁以下。さらに、松原芳博「継続犯と状態犯」『刑法の争点』（有斐閣、2007年）28頁以下参照。

10）　川端総論112頁。

11）　高松高判昭和31年10月16日（殺人罪）、伊東研祐「故意の内実について――再論――」松尾古稀 上巻262頁、山中総論317頁以下。

12）　河村澄夫（大阪刑事実務研究会）「事実認定の実証的研究――殺意の認定――」判タ227号（1969年）９頁、佐伯仁志『刑法総論の考え方・楽しみ方』（有斐閣、2013年）253頁。

13）　佐久間修「§38（故意）」大コンメ刑法第３巻125頁以下。

14）　さらに、団藤総論293頁、最大判昭和24年５月18日刑集３巻６号798頁、最判昭和25年10月26日刑集４巻10号2194頁。

15）　渡辺咲子「所持」『薬物犯罪』（東京法令出版、2006年）89頁など。

16）　刑集３巻６号839頁。

17）　松原久利「実包が装てんされていることを失念した場合と銃砲刀剣類所持等取締法の不法装てん罪の故意」平成29年度　重判172頁。

18）　平野龍一ほか編『注解特別刑法［第５巻］医事・薬事編（２）【第２版】』（青林書院、1992年）159頁［香城敏麿］。

19）　一原亜貴子「継続犯の故意に関する一試論」法政研究85巻３・４号（2019年）1217頁。

20）　高検速報3515号、竹花俊徳＝荒井智也「§220（逮捕及び監禁）」大コンメ刑法［第11巻］350頁。

21）　松原芳博「継続犯における故意の存在時期」早稲田法学95巻１号（2019年）37頁以下。

22）　拙稿「刑事判例研究」松山大学論集30巻６号（2019年）237頁。

23）　刑集57巻10号1043頁。

24）　内藤・前掲注１)27頁。

25）　一原・前掲注19)1212頁。

（今村　暢好）

## *Comment*

この事件は、狩猟終了後に立ち寄ったガソリンスタンドに駐車中の自動車内において実包を発射した行為について、不法発射罪（銃刀法31条の16第5号・10条2項）ではなく、不法装てん罪（同法35条2項・10条5項）の成立を認めたものです。本件では、発砲時には実包が装てんされていることを失念、忘却していたと主張されたことから、不法装てん罪の故意が争点になりました。本判決は、「法定の除外事由がないのに実包が装てんされている状態が開始した時点で、猟銃等の所持者がそのことを認識していれば、その状態が維持されている限り、その後同人がそのことを失念、忘却しても、故意が失われるものではない」と判示して、不法装てん行為の開始時点の認識をもって同罪の故意を認め、その後失念、忘却したとしても故意は否定されないとしました。そこで、不法装てん罪の性質を前提として、どの時点に不法装てん罪の故意が要求されるのか、またそこでの故意の内容がどのようなものであるのかが問われています。

不法装てん罪は銃砲の暴発・誤射等の事故を防止するために、法定の除外事由（銃刀法10条2項各号）がある場合を除いて銃砲に実包等を「装てんしておいてはならない」と規定しています[1)]。これは法定の除外事由なく実包を装てんされた状態に置いておくことを規制する趣旨ですから、① 法定の除外事由なく実包を装てんし、かつ実包を装てんされた状態に置いておく場合（作為＋不作為）だけでなく、② 法定の除外事由が消失して実包を抜き出す作為義務が生じたにもかかわらず、実包を装てんした状態に置いておく場合（不作為）をも含むものと考えられます[2) 3)]。②については、狩猟等の法定の除外事由がある場合に実包を装てんする行為を違法行為と捉えることは妥当ではないので、実包を抜き出さなかったという不作為犯であると考えられます[4)]。この意味で、不法装てん罪は作為犯と不作為犯とが複合した2つの犯罪類型を含むものであると考えられます。また、不法装てん罪は、実包等が装てんされた状態の継続を規制する趣旨なので、継続犯であると考えられます。継続犯とは、逮捕監禁罪（刑法220条）や各種の所持罪（覚せい剤取締法14条1項、大麻取締法3条1項など）など、犯罪が既遂に達した後も法益侵害行為が継続している間は犯罪が続いていると認められる犯罪類型をいいます[5) 6)]。

それでは、継続犯や不作為犯など違法状態が時間的に継続している犯罪類型においては、犯罪事実の認識（故意）を常に有していなければならないのでしょうか。時間的継続が予定されている犯罪類型においては、結果実現に至る行為の過程で失念、忘却することがあり得るので、故意がどの時点に要求されるのか、そこで要求される故意の内容がどのようなものであるかを問題としなければなりません。実包を発射した時点で実包が装てんされていることを失念していたと認定された本件では、この点が争点になります。裁判例は、所持罪等について所持等の開始時点に故意の成立が認められれば、その後に失念したとしても故意を阻却しないと考えています。学説においても、行為者が常に犯罪事実を認識している必要はないとされています[7)]。不法装てん罪の故意についての諸見解については本章解説において詳細に分析されているので、ここでは簡単に所見を述べるにとどめたいと思います。

故意を（認識・予見といった）単なる内心の心理状態と捉えるのであれば、実行行為の全過程において犯罪事実の認識・予見を要求することになり、したがって発砲時に実包が装てんしてあることの認識を欠いていれば、（過失犯処罰規定の存在を前提に）過失犯の罪責を問うことができるにとどまるものと考えられます。しかし、私は、故意とは、単なる内心の心理状態ではなく、犯罪の実現へ向けて自らの行為と因果経過を制御する意思であると考えています（実現意思）。そうすると、結果発生の危険性がある行為を開始し、発生させた危険が阻止されない限り、結果が発生する状態（因果経過の自動性）に至るまでは、行為者の意思による主体的な制御が可能であり、かつ必要であるので、そのことについての認識（故意）が必要であると考えます。しかし、それ以降は犯罪の実現に向けて因果経過が自動的に進行するので、行為者が事態を失念、忘却しようと、結果発生に至る因果経過が変更されることはないので、故意を否定することにはならないと考えます。「行為と責任の同時存在の原則」についても、結果の発生・不発生を制御できる（少なくとも最終的な）時点に責任、故意が存在していなければならないと理解しています。例えば、時限爆弾を設置して作動させた後は、時限爆弾を停止させない限り爆発という結果に至りますから、時限装置の作動以降は行為者がそのことを失念し、極端な場合には行為者が死亡したとしても故意が否定されることにはならないと考えます。

継続犯は犯罪が既遂に達した後も法益侵害の状態が継続している類型ですから、① 違法状態の発生時点において、② 違法状態の発生を認識し、違法状態を解消しないという（少なくとも未必的な）認識があれば、その後に失念、忘却したとしても故意を認めることができると考えます。これを不法装てん罪の故意についてみると、法定の除外事由がない状況、または法定の除外事由が消滅した状況であるにも関わらず実包等が装てんされていることの認識を前提として（違法状態発生の認識）、実包等を取りだしていないことの（少なくとも未必的な）認識があれば（不作為の認識）、不法装てん罪の故意を認めることができるというべきだと思います。

本判決は、不法装てん罪の「～してはならない」と規定する特殊な構成要件の故意について、実行行為の開始時に故意が認められれば、その違法状態が維持されている限り、その後の失念により故意の成立は否定されないとし、法定の除外事由が解消した時点で実包等が装てんされている状態を認識していたことが重要であることを示したものです。これまでの不法所持罪等の議論と同一線上の判断を示したものとして意義があるでしょう。

## 注

1）　平野隆一ほか編『注解特別刑法(6)』（青林書院、1986年）240頁［米澤慶治］。

2）　不法装てん罪の故意は、実包等が装てんされていることを認識していれば足りるとの見解があります（伊藤榮樹ほか編『注釈特別刑法(7)』（立花書房、1987年）575頁［阿部純二＝北野通世］。正当な理由があって実包等を装てんした場合であれば、違法性を基礎づける事実としては不十分ですから、これだけで不法装てん罪の故意を認めるのは不適切であると考えます。

3） 伊藤ほか・前掲注２)575頁［阿部純二＝北野通世］。

4） したがって、実包の装てん時のみに故意が必要であるとする考え方は支持できません。法定の除外事由（銃刀法10条２項各号）があって実包等を装てんする行為に対しては法規範による反対動機の形成可能性は与えられておらず、このことをもって不法装てん罪の故意とすることには無理があると考えるからです。

5） 継続犯においては、犯罪が既遂に達した以降は違法状態の解消が要求されているので(作為義務)、この意味で作為犯と不作為犯の複合形態であるとみることができるでしょう。

6） 平野隆一ほか編『注解特別刑法［第５巻］医事・薬事編⑵【第２版】』（青林書院、1992年）159頁［香城敏麿］。上田哲・最判解〔刑事篇〕（平成15年度）520頁。南由介「刑事裁判例批評（351）銃砲に実包が装てんされていることを失念・忘却した場合において不法装てん罪の故意が認められた事例［東京高裁第５刑事部平成27.8.12判決］」刑ジャ54号（2017年）175頁。内藤惣一郎「判例研究　実包が装てんされていることを失念、忘却した場合の不法装てん罪の故意の成否――所持罪等の故意・犯意を検討する参考として［東京高裁平成27.8.12判決］――」研修828号（2017年）130頁。

7） 大コンメ刑法［第３巻］125頁［佐久間修］。

（大杉　一之）

# 第8章 ストーカー行為等の規制等に関する法律
## ——福岡高判平成30年９月20日判タ1459号118頁

GPS 機器による位置情報の探索取得行為が、ストーカー行為等の規制等に関する法律（以下「ストーカー規制法」という。）２条１項１号にいう「通常所在する場所」の付近において「見張りをし」たことに該当しないとされた事例

### 第１　事案の概要

X男は、別居中の妻A女よりX男の暴力を理由とする保護命令の申立てを受けたことから、A女とX男の通話状況を明らかにする資料としてA女の使用する携帯電話の通話明細を入手するため、A女名義の明細発行申請書類を偽造して携帯電話会社へ提出した。さらに、X男は、A女の使用する自動車（本件自動車）にGPS機器をひそかに取り付け、自らの携帯電話機を利用してGPS機器の位置情報を取得し、A女がその親族宅付近にいることを知り、A女の親族宅の近くへ出向いて付近の路上を注視したことがあった。

X男に居場所を知られたのではないかと思ったA女が警察官に相談し、本件自動車に取り付けられたGPSが見つかったことから、X男は、A女名義の明細発行申請書類を偽造行使したという有印私文書偽造、同行使と、㋐A女が借りていた駐車場付近で本件自動車の存在を視認することによりA女の動静を把握し、㋑同車にGPS機器を密かに取り付け、その後の約３週間、多数回にわたり位置情報を探索して取得すること（位置情報探索取得行為）によりA女の動静を把握し、㋒その間には、A女が通常所在する場所であるA女の親族方にいたA女を注視して見張りをした、というストーカー行為により起訴された。

### 第２　原判決の判断

原判決は、次のとおりの理由から㋐㋑㋒全てがストーカー規制法に違反する行為であるとして、X男を懲役１年に処した。

ストーカ規制法の見張りは、「社会通念上、主として視覚等の感覚器官によって相手方の動静を観察する行為をいうと解されるが、本法が、ストーカー行為が個人の身体、自由、名誉に対する危害に結びつきやすいことに鑑み、そうした危害を防止し、あわせて国民の生活の安全と平穏に資することを目的として制定されたものであること（法１条参照）に加え、本法がストーカー行為を構成する『つきまとい等』として列挙する行為の手段・方法は社会生活の変化に伴って変容し、あるいは多様化しうるものであることからすると、『見張り』についても前記のような行為態様に限定されるものではなく、相手方の動静を直接観察することは必須ではなく相手方が通常使用する物や建物の状況を観察することによって相手方の動静を把握する行為が含まれると解すべきであるし、電子機器等を使用して相手方に関する

情報を取得することを通じてなされる動静観察行為も含まれると解すべきである。」「GPS機器を本件自動車に取り付ける行為は、必然的に本件自動車の状況確認を伴うという点でそれ自体にA女の動静把握の性質がある上、その後に予定している本件位置情報取得行為と強い関連性・一体性があり、本件位置情報取得行為と分断して単なる準備行為と捉えるのは妥当でない。そして、本件位置情報取得行為は、いずれも本件自動車から離れた場所でなされており、それだけを取り出せばA女の通常所在する場所の付近における見張りとはいえないが、A女の通常所在する場所である駐車場でなされた本件GPS機器の取付け行為と一体のものとしてみれば、全体として場所的要件も充足するというべきである。」

## 第3　本判決の判断

以下のとおり判示して㋑は「通常所在する場所」の付近において「見張りをし」たことに該当しないとし、㋐と㋒のみがストーカー規制法に違反する行為となるとして、X男を懲役8月に処した。

「『見張る』は『① 目を大きく開いて見る。② 注意深く見る。警戒して見守る。番をする。(広辞苑第7版)』『① 目を大きく開いて見る。② 注意深く目を配って監視する。(大辞泉第2版)』などと辞書的に定義されるとおり、原判決も『主として』で述べる『視覚等の感覚器官を用いた相手方の動静観察行為』(なお、相手方の動静を直接的に観察する行為だけでなく、相手方の動静を把握するため一定空間内の状況を観察する行為も含まれる。)を本来的には指すものである。これと異なる機序による動静把握行為一般は、字義的に当然には『見張り』に含まれない。

そこで、さらに、本法中における『見張り』の位置づけを検討する。まず、本法2条1項1号は、『つきまとい』『待ち伏せ』等の行為と異なり、『見張り』について『住居、勤務先、学校その他その通常所在する場所の付近において』という行為者の所在する場所に関する要件を規定して、可罰的な範囲を限定している。つまり、『見張り』は、その行為者が行為時に所在する場所によって当罰性が左右され、同場所的要件を充たす場合のみがその余の行為と同様の規制を受ける行為なのであるから、観察行為自体に行為者の感覚器官が用いられることを当然の前提にしていると解するのが自然である。また、同項2号の『行動を監視』は、行為態様を問題としない動静把握行為一般を指すと解されるところ、同項1号ではこれと異なる文言があえて用いられているのであるから、この点からも、『見張り』につき相手方の動静を把握するための情報取得行為一般を指すとは解釈し難い。

ところで、刑罰法規の解釈は、文理だけからなされるものではなく、当該刑罰法規の保護法益等を踏まえて合目的的になされる必要がある。しかし、刑法の自由保障機能確保を目的とする罪刑法定主義の要請から、その解釈はあくまで法文の文言の枠内で理解できる範囲に限られ、これとかい離して処罰範囲を拡張することは許されない。そして、これまで述べた点を考慮すれば、『視覚等の感覚器官を用いた』動静観察行為であることは、本法2条1項1号に規定される『見張り』という文言の基本的で重要な要素というべきであり、当罰性の観点や原判決の指摘する社会生活の変化等は、立法的解決の理由とはなり得ても、これとかい離した解釈を許容する理由とはなり得ない。また、実際にも、相手方の動静を把握するための情報取得行為一般が『見張り』に該当し得ると解した場合には、例えば相手方のいわゆるSNSを継続的に観察して動静情報の収集をする行為等もその定義に包摂され得るのであって、『見張り』概念の辺縁が不明確となり、国民にとっての予測可能性が確保し難いものとなってしまう。感覚器官の作用を補助し又は拡張する双眼鏡等の道具を用いることは別論として、感覚器官の作用とは全く異なる機構によって相手方の動静情報を収集する機器を用いる行為は、更なる『見張り』等のための準備、予備行為とはなり得ても、『見張り』の実行行為そのものではない。

したがって、取り付けたGPS機器を用いて位置情報を探索取得した被告人の行為は、本法２条１項１号の『見張り』に該当しない。」

「原判決は、位置情報の探索取得行為自体を取り出せば相手方の通常所在する場所の付近における見張りとはいえないが、GPS機器取付行為と位置情報探索取得行為は強い関連性があるから、これらを一体のものとしてみれば全体として場所的要件も充足する、と判断する。しかし、GPS機器取付行為と各位置情報探索取得行為はそれぞれ客観的には別個になされた行為であり、かつ、後者こそが動静情報の収集行為であり、当罰性の中心である。それにも関わらず、前者と後者とが評価として一体であるという理由で、可罰的な『見張り』を限定する場所的要件を後者につき不要とするのは、同要件を実質的に無意味化するものであり、解釈として許されない。」

## ▶ 読解の視点

### はじめに

刑事裁判は、証拠により認定した事実に法律を適用して結論を導きます。このため、認定した事実が変われば結論も変わりますが、適用する法律やその解釈が変わっても結論が変わります。本判決は、原判決と同じ事実を前提として、適用する法律の解釈、すなわちストーカー規制法２条１項１号にいう「見張り」の解釈が変わったため、原判決から結論が変わったという事例です。なお、本判決の結論は、上告審判決（最判令和２年７月30日刑集74巻４号476頁）でも維持されました。

そこで、この事例を通じて、刑罰法規の解釈について考えていきます。

### 1　刑罰法規の解釈

日本の法律は、日本語の文章として書かれていますので、法律の解釈は、その文章や言葉の意味を、そのような法律を定めた目的や意図、時代背景なども踏まえて確定していく作業といえます。

刑罰法規は、犯罪となる行為と、この行為に科される刑罰を定めたものですから、その解釈においても、犯罪と刑罰はあらかじめ法律で定めておかなければならない、という罪刑法定主義の原則が働きます。法律で犯罪として定めた行為（構成要件）を解釈により際限なく変えられることになると、法律では犯罪として定めていなかった行為も犯罪として処罰できることになってしまいますので、刑罰法規の解釈には、類推解釈が許されないなど一定の限界があるのです[1)]。また、罪刑法定主義の原則には、犯罪となる行為をあらかじめ法律で定めておくことにより、それ以外の行為、すなわち犯罪とはならない行為の自由を保障するという役割もありますから、刑罰法規は、犯罪となる行為と犯罪とはならない行為との境界、つまりは処罰の範囲を明確に画定できるような解釈をする必要があります。

以上のことから、犯罪を定めた刑罰法規（構成要件）の解釈は、文章や言葉の意味の範囲内で、犯罪として刑罰を科した目的（立法趣旨）を踏まえて、犯罪として定めた行為（構成要件）の具体的な意味を確定する作業であり、これにより処罰の範囲を合理的かつ明確に画定することである、といえます。

## 2　ストーカー規制法の概要

ストーカー規制法は、「個人の身体、自由及び名誉に対する危害の発生を防止し、あわせて国民の生活の安全と平穏に資することを目的と」（1条）して、2000年（平成12年）5月に制定された法律です。制定時の法律では、恋愛感情等を満たす目的で、特定の人に「つきまとい、待ち伏せし、進路に立ちふさがり、住居、勤務先、学校その他その通常所在する場所（以下「住居等」という。）の付近において見張りをし、又は住居等に押し掛ける」（2条1項1号）といった行為を「つきまとい等」とし、これを反復することを「ストーカー行為」とした上で（同条2項）、告訴があった場合には（親告罪）、ストーカー行為をした者に6か月以下の懲役又は50万円以下の罰金を科すこととしていました（13条1項）。

その後、「つきまとい等」には含まれていなかった電子メールの大量送信を伴うストーカー事案が発生したことなどから、2013年（平成25年）の改正において、「つきまとい等」に電子メールの送信が追加され（2条1項5号）、2016年（平成28年）の改正では、いわゆるソーシャルネットワークサービス（SNS）の普及といった社会情勢の変化などをも踏まえて、ソーシャルネットワークサービスへの投稿（同号、2条2項2号）や、「住居等の付近をみだりにうろつく」こと（同条1項1号）、性的羞恥心を害する電子データの送信（同項8号）が「つきまとい等」に追加されました。この改正では、ストーカー行為をした者に対する刑罰（18条）についても、被害者の精神的な負担を軽減するため告訴を不要とし（非親告罪）、1年以下の懲役又は100万円以下の罰金に引き上げられました。

## 3　「見張り」という言葉の意味

「見張り」は、人がある対象を注意深く見る、という意味の言葉です。

船舶や航空機が航行する際には、このような意味での「見張り」、つまりは危険を早期に察知して対応するため、周囲の状況等を注意深く見ることが求められています（海上衝突予防法５条、航空法71条の２、船舶職員及び小型船舶操縦者法23条の36第５項）。

特定の者が使用する自動車の有無等を短時間のうちに確認する行為がストーカー規制法にいう「見張り」に当たるかが問題となった東京高判平成24年１月18日判タ1399号368頁は、「一般に、『見張り』とは、主に視覚等の感覚器官によって対象の動静を観察する行為をいう」としています。また、警察の通達（平成29年５月26日付警察庁丙生企第63号警察庁生活安全局長通達）も、「見張り」を「一定時間継続的に動静を見守ること」としています。

## 4　ストーカー規制法により規制される「見張り」

ストーカー規制法の「見張り」が、対象者の動静を観察する行為である、という点については、本判決も原判決も一致していますが（上告審判決も同様の理解を示しています。）、観察する手段に限定があるのかどうか、限定があるとして、どのような範囲に限定されるのか、という点については、視覚等の感覚器官を用いた観察行為に限定すべきとする本判決と、これに限定されないとする原判決とで考え方が違っています（上告審判決はこの点について含みのある説示をしています。）。

そこで、対象者の動静を観察する手段が限定されるのか、限定されるとした場合には、どのような範囲に限定されるのか、を検討していきます。

### （1）　観察する手段の限定とその範囲

「見張り」という言葉は、人が見る（観察する）ことを意味する言葉ですから、視覚等の感覚器官の働きによって対象者の動静を捉え、認知することが「見張り」であるといえます。このように考えても、眼鏡やコンタクトレンズを利用したり、鏡に映った像を見たりした場合は、これらの機器を利用しつつも感覚器官の働きにより観察（認知）している、といえるでしょう。双眼鏡や望遠鏡などの光学機器を利用した場合も、眼鏡等を用いた場合と同様に、観察する対象が反射し又は発した光を観察する者の視覚で捉えているといえますから、視覚等の感覚器官の働きによる観察であり、「見張り」に当たるといえます。双眼鏡等の光学機器を「感覚器官の作用を補助し又は拡張する」ものと位置付けている本判決も、同じように理解していると考えられます。

では、デジタルカメラで撮影し記録した映像を再生して見た場合はどうでしょうか。デジタルカメラはセンサーが捉えた光を電気信号に変換し、この信号に基づいて光を発し映像を再生しますから、視覚が捉えるのは機器が発した光（映像）であり、観察する対象が発し又は反射した光ではありません。感覚器官による観察の意味を、対象者の動静やこれが分かる状況そのものを視覚で直接捉える（感覚器官の働きだけで認知する）ことだと理解すると、デジタルカメラを利用した場合は、センサー等が捉えた映像を見ているのですから、感覚器官の働きだけで観察したとはいえません。このように、観察する手段を、感覚器官の働きだけに限定すると、この働きを補助し支援する機器を利用した場合のみが「見張り」となり、感覚器官に代わって情報を収集する機器を用いた場合は、対象者の動静やこれが分かる状況を感覚器官の働きだけで認知したとはいえず、「見張り」には当たらないことになります。

他方、観察の手段がいかなるものであれ、対象者の動静が把握されれば対象者の生活状況や行動が知られてしまい、更なる危害を加えられる危険が高まるとともに対象者の生活の安全と平穏が脅かされる、ということを重視すると、デジタルカメラで撮影し記録した映像も、これを再生して見ればその映像に表れた対象の動静を感覚器官により観察している、と考えることになります。望遠機能のある機器を用いた場合に、それが光学機器か否かというように、機器の原理や構造の違いによって「見張り」として規制されるか否かが変わるというのは、ストーカー規制法の立法趣旨からみても規制範囲を限定しすぎることになる、とみると、観察する手段を感覚器官の働きだけに限定すべきではない、と考えることになりそうです。

なお、後者の考え方によったとしても、感覚器官による観察である以上は、機器が収集する情報も感覚器官により感受できるものに限られる、と考える余地があります。こう考えると、例えば感覚器官では感受できない赤外線や微弱な可視光線を感知するデジタルカメラを利用し、これらの感知結果をもとに再生した映像を見た場合は、感覚器官で感受できる情報により対象者の動静を観察しているとはいえないから、感覚器官による観察には当たらない、と考えることになりそうです。

これに対し、感覚器官では感受できない情報であっても、映像として再生すれば感覚器官の働きで観察することができるのですから、機器が収集する情報自体を感覚器官で感受できるものに限定する必要はない、と考えることもできます。「見張り」とは場面が異なりますが、輸入物品に対するＸ線検査について、物の存在及び状態を五感の作用により認識する処分である検証の性質を持つ、とした判例（最決平成21年９月28日刑集63巻７号868頁）や、被疑者の使用する自動車に取り付けたGPS機器の所在を検索する捜査について、機器の画面表示を読み取って自動車の所在と移動状況を把握する点で検証の性質を持つとした判例（最大判平成29年3月15日刑集71巻3号13頁）を参考に、赤外線等を感知する機器を用いた場合も、その機能で捉えた観察対象の動静を視覚等の感覚器官により認知しているのだから、感覚器官による観察といえる、と考えることもできそうです。

### （2）　過去の状況の観察と「見張り」

観察する手段を感覚器官の働きだけに限定しない考え方によると、以前にデジタルカメラで撮影し記録した映像を後で再生して視聴した場合のように、先に収集された情報等を後に認知した場合も「見張り」に当たるのかが問題となります。

前記3でみた「見張り」という言葉の意味からすると、いち早く異変を察知して対応するため現在の状況を観察することが「見張り」だと考えられますので、過去の状況を観察することは「見張り」ではない、といえそうです。このように考えると、以前にデジタルカメラで撮影し記録していた映像を後に再生して視聴する行為は、「見張り」には当たらないことになります。

他方、以前に撮影し記録していた映像を後に再生して視聴した場合も、その映像に表れた対象者の動静を観察していることに変わりはないし、これにより対象者の日常生活や行動が知られて更なる危害を加えられる危険が高まったり生活の安全と平穏が脅かされたりすることになる、という点を重視すると、このような場合も「見張り」に当たると考えることになります[2)]。ただ、このように考えても、撮影から何年も経った映像を再生して視聴した場合はもはや「見張り」とはいえないでしょうから、撮影から視聴までの時間的な間隔の長短や、撮影と視聴の状況など種々の事情を考慮して、「見張り」に当たる範囲を具体的に画定する必要がありそうです。

### （3）　対象者の住居等の付近での「見張り」

ストーカー規制法は、対象者の住居等の付近における「見張り」を「つきまとい等」として規制の対象としています。ここで、観察する手段を感覚器官の働きだけに限定する考え方によれば、観察する者つまりはストーカー行為をする者（以下「行為者」といいます。）は、対象者の近くにいなければ感覚器官の働きでその動静を観察することができませんから、「見張り」の際に行為者が対象者の近くにいることは当然の前提となります。このため、対象者の住居等の付近における「見張り」は、住居等の付近にいる行為者が、同じく住居等の付近にいる対象者の動静を観察することを意味することになりますから、住居や職場など「見張り」をされた対象者の不安や迷惑が大きくなる場所での行為を規制する、というように場所の観点から規制対象となる行為を絞り込んだものと理解することになります。

他方、観察する手段を感覚器官の働きだけに限定しない考え方によると、例えばデジタルカメラを対象者の住居等の近くに設置し、撮影した映像を送信してこれを遠隔地にいる行為者が見た場合にも、住居等の付近での「見張り」といえるのかが問題となります。

ここで、行為者の目となるカメラが対象者の住居等の付近に存在する以上は、行為者が対象者の住居等の付近でその動静を観察したというべきであり、平穏への脅威や更なる危害の危険は対象者の住居等の付近に行為者がいたときと比べても大きくは変わらない、と考えると、「見張り」に用いられる機器がその対象者の住居等の付近に存在し作動していれば、対象者の住居等の付近に行為者が所在していなくても、対象者の住居等の付近における「見張り」に当たると考えることになります[3)]。

他方、ストーカー規制法2条1項1号は、対象者の住居等の付近において「見張り」すなわち対象者の動静の観察が行われることを求めていますから、カメラ等の機器が対象者の住居等の付近に存在し作動しているだけでは足りず、行為者も対象者の住居等の付近にいて、そこで動静を観察していなければ「見張り」には当たらない、と考えることもできます。本件の上告審判決は、機器等を用いる場合でも、対象者の「『住居等』の付近という一定の場所において同所における」対象者の動静を観察する行為が行われることを要する、として、後者の考え方によるべきだとしています。

## 5　GPS機器による位置情報の取得と「見張り」

GPS機器により取得できる位置情報は、高い精度でその所在を特定できる情報ですし、機器に動力が供給される限り時間や場所を問わず容易に取得できるものですから、行為者がその感覚器官の働きにより観察した場合と比べても、対象者の不安や危険が小さいとはいえません。継続的に位置情報を取得すれば、対象者の住居や勤務先等の立回先を知ることができるだけでなく、日常の行動パターンなども把握することができますので、これをもとに行為者が新たな行動に出る危険は高まりますし、対象者の不安もより大きくなります。危害の発生を防止し生活の平穏を維持するというストーカー規制法の目的を重視すると、観察する手段を感覚器官の働きだけに限定せず、感覚器官では感受できない情報の収集も映像等として感覚器官により認知できれば「見張り」に当たると解釈して、GPS機器による位置情報の取得もストーカー規制法による規制対象に含めるべきであるとも考えられます。

しかしながら、本判決も指摘するとおり、このような解釈は、前記3でみた

「見張り」という言葉の意味から離れてしまいます。「見張り」は人の行動を意味する言葉ですから、機器による情報収集それ自体を「見張り」とはいえないでしょうし、機器により収集した情報を感覚器官により観察するという経過の一体性を強調しても、視覚等の感覚器官で捉えているのは機器の表示や挙動であり対象者やその周囲の状況ではありませんから、機器を見張っているとは言えても、対象者を見張っていると言えるかは疑問が残ります。言葉の意味からすると、感覚器官の働きで観察をする行為が「見張り」であって、これに代わって情報等を収集する機器を利用した行為は「見張り」には含まれないと考えるべきではないでしょうか。

このように「見張り」を限定的に捉える考え方に対しては、新たな手段や方法によるより危険性の高い行為を規制できなくなり、個人の自由や名誉に対する危害発生の防止、生活の安全や平穏の確保といったストーカー規制法の目的を達成できなくなる、という批判が考えられます。原判決も指摘しているとおり、社会生活の変化や技術の進歩により、人の動静を把握する手段や方法は、立法時はもとより法改正時にも予想できなかったほどに多様化しています。そして、新たな技術や機器を用いた動静の把握は、正確性や持続性の点でいずれも感覚器官の働きによる観察を大きく凌駕するものといえますので、これによる危険や被害も大きく、規制の必要性が高いことも間違いはありません。

しかし、このような行為を規制し処罰する必要性がどれだけ高くても、これを犯罪として処罰する法律がなければ処罰はできない、というのが罪刑法定主義の原則です。前記２でみたとおり、ストーカー規制法は、電子メールの連続送信やソーシャルネットワークサービスへの投稿など、社会や技術の変化により規制の対象とするべき行為が新たに出現した場合は、これに応じた法改正により対処してきたのですから、「見張り」には含まれない新たな行為が出現し、これを規制する必要があるのならば、これを規制対象とする法改正を行うことで対処すべきです。本判決の事案でも、Ｘ男の行為に眉をひそめる人は多いかもしれませんが、目の前に現れた行為に対する処罰の必要性の高さに目を奪われて、これを処罰するため既存の法律をその言葉の意味から離れる方向で解釈をしてしまうと、その法律により処罰される行為の範囲が曖昧になるだけでなく、犯罪として法律に定められていない行為をも犯罪として処罰してしまうことになりかねず、罪刑法定主義の原則が骨抜きになるおそれがあります。

本件の上告審判決は、㋑について、住居等の付近、という要件を満たさないから、ストーカー規制法２条１項１号の見張りをする行為に当たらない、としていますので、例えば対象者宅の隣人がデジタルカメラを設置して対象者宅の様子を撮影しその映像を見ていた場合のように、「見張り」自体の解釈が問題となる場面はまだ残っていると考えられます。

## おわりに――司法と立法の役割分担

刑罰法規は、国が、刑罰という最も強力な手段を用いて人の自由を規制するものですから、その解釈に当たっては、罪刑法定主義の原則に則ることはもとより、処罰の範囲を明確かつ適切に画定して必要以上に自由を制約しないよう慎重な姿勢で検討することが求められます。社会の変化や技術の進歩により、既存の刑罰法規による対応が難しい事案は今後も次々と現れると予想されますが、既存の刑罰法規が予想していなかった新たな行為に対する処罰の要否は、処罰の必要性を裏付ける事情など種々の資料に基づいて、国民の代表が集う立法府（国会）において多角的に議論、検討されるべきものであり、議論、検討の機会もその基礎となる資料も限られる裁判手続がその代わりを果たすことはできません。刑罰法規を解釈、適用する場面では、上記のとおり慎重な姿勢で検討するとともに、どこまでが既存の刑罰法規の解釈により対応できるものであり、どこからが法律の制定や改正で対応すべきものか、を見極めることが大切です。

### 注

1） 前田総論63頁は、「解釈の実質的許容範囲は、実質的正当性（処罰の必要性）に比例し、法文の通常の語義からの距離に反比例する」としています。西田総論58頁は、「国民がその文言を認識したときに客観的に予測できる範囲内の解釈であるか否かという基準（客観的予測可能性）」により刑罰法規の解釈の限界を画するのが合理的であるとしています。

2） 見市香織「実務刑事判例評釈 case277」警察公論2018年４月号88頁や、ここで紹介されている福岡高判平成29年９月22日は、このような理解を示しています。

3） 永井紹裕「ストーカー規制法２条１項の「目的」該当性および同項１号「見張り」該当性について」法時90巻11号128頁には、このような考え方によった裁判例が紹介されています。

### 参考文献

四條北斗「ストーカー規制法２条１項１号の『見張り』および『押し掛ける』の意義」大阪経大論集66巻１号（2015年）295頁。

上田正基「GPS による動静把握とストーカー規制法２条１項１号『見張り』の意義」神奈川法学51巻２号（2018年）43頁。

橋爪隆「GPS 機器を利用したストーカー行為について」井上正仁先生古希祝賀論文集（2019年）209頁。

（佐藤　建）

## Comment

### 1　特別刑法としてのストーカー規制法

ストーカー規制法は、「つきまとい等」を禁止するとともに、それを反復するストーカー行為を処罰する特別刑法です。同法は、「つきまとい等」の行為について、大きく8つの類型に分けて20以上の行為を定めています。つきまとい等の反復によって犯罪行為となる特殊な性質から、「集積犯」という新しいタイプの犯罪として本罪が注目されています[1)]。また、本法は、ドイツなどのストーカー違反罪とは異なり、直接的な侵害結果の発生を要しない危険犯的性格を有していることも特徴です。

### 2　特別刑法における条文解釈

特別刑法の条文解釈では、膨大な判断が蓄積された主要刑法犯の解釈とは異なり、新たな構成要件該当性判断の必要性が多くなります。特別刑法に限りませんが、一般的に次の視点①～④を通じて構成要件該当性判断がなされます。すなわち、それは、① 行為を示す単語の語義、② その行為の修飾語を含む構成要件の意味、③ 当該構成要件の条文の位置づけ・体系的位置づけ、④ 法目的および背景となる立法事実、の4点です。特別刑法では、特に視点④の考慮が重要となります。なぜならば、重大事件をきっかけに立法されることが多い特別刑法では、特定の法目的をもって立法され、その解決に必要な範囲で処罰するように法が組み立てられているからです。

### 3　「見張り」行為の該当性判断

本件では、GPS 機器による位置情報の探索取得行為が、ストーカー規制法で禁止されている「通常所在する場所の付近において見張りをした」こと（2条1項1号）に該当するか否かが問題となっています。

まず、GPS 機器による位置情報の探索取得が「見張り」といえるか否かです。視点①から「見張り」とは、目による注視などを意味するので、視覚等の感覚器官による対象者の身体の動静を一定程度継続的に観察すること、と定義できるでしょう。ただ、この視点①からだけでは、GPS 機器の場合を含むのか否かを判断できません。

そこで、視点④法目的・立法事実から考えてみましょう。本法には「国民生活の安全と平穏に資する」目的があるので（1条）、国民生活の「平穏」を害するような「見張り」を禁止対象とすると解釈することができます。さらに視点②からも、3項では「第1項第1号から第4号まで及び第5号……に掲げる行為については、身体の安全、住居等の平穏若しくは名誉が害され、又は行動の自由が著しく害される不安を覚えさせるような方法により行われる場合に限る」と定め、住居等の平穏が害される不安を覚えさせるような方法を処罰する趣旨と考えられます。また視点③から、3条が「つきまとい等をして、その相手方に身体の安全、住居等の平穏若しくは名誉が害され、又は行動の自由が著しく害される不安を覚えさせてはならない」と定めていることからも、住居等の平穏への侵害を保護しようとする趣旨を含むと考えることができます。このように考えたばあい、GPS 機器による継続的な位置情報の探索取得を行えば、被害者は住居等の平穏が害される不安を生じさせる危険がありますので、この行為が「見張り」に該当すると解釈することは十分に可能と思われます。

### 4 「付近において見張り」の該当性

GPS 機器による位置情報の探索取得が「見張り」に該当するとしても、ただちにストーカー行為と判断されるわけではありません。本号では「住居等の付近において見張り」行為を禁止しているので、「付近において」という要件にも本件行為が該当するか検討する必要があります。

「付近」とは、視点①語義としては、距離としての場所的近接性を意味します。そこで問題となるのが「付近」というのが、特定の者と GPS の距離を示すものか、それとも、特定の者と行為者との距離（場所的近接性）を示すのか、という点です。前者ならば、本件では「付近において」の見張りに該当することになります。後者ならば、特定の者から離れて位置情報をチェックしていた本件は、「付近において」に該当しないでしょう。

この問題を解決するには、視点③と視点④が重要と考えます。まず、視点④ですが、本法が「個人の身体、自由及び名誉に対する危害の発生を防止」することを第１次的な目的とし（１条）、加えて本法が、つきまとい等の発展から直接的な身体侵害事件が多発して立法に至った経緯などを併せて考える必要があります。すなわち、あえて「付近」での「見張り」を構成要件としているのは、その後の行為者による直接侵害の危険性を前提にしていると考えられるからです。

視点③からも同様の結論となります。付近での見張りを禁ずる２条１項１号では、他に「つきまとい」「待ち伏せ」「進路に立ちふさがり」「住居等に押し掛け」「住居等の付近をみだりにうろつくこと」を禁じていますが、その全てが、特定の者と行為者の間の空間的・場所的接近を意味しているもののみで構成されています。言い換えれば、８類型ある「つきまとい等」の中で１号事由は、特定の者と行為者の間の不必要な空間的・場所的接近を禁じる類型と考えて間違いないでしょう。

このような観点からすると、本件のように、特定の者と GPS 機器の距離は近接していても、特定の者と行為者の距離が離隔しているような場合については、２条１項１号の定める「住居等の付近において見張りをし」たには該当しない、と解釈すべきと思われます。

注

1　佐久間修「集積犯について」川端古稀上巻855頁以下参照。

（今村 暢好）

コラム ④

## 判例学習の第一歩
### ――刑事確定訴訟記録法にもとづく記録の閲覧――

法律の学習を始めると必ず開かなければならない書物が３つあります。それは、『六法』、『判例集』、『法律用語辞典』です[1]。これらは、法律の解釈を学ぶ際に決して欠かせないものです。ここでは、判例学習の取掛りとして、判例へのアクセスを小話風にお伝えしたいと思います。

1　判例学習用教材の活用

さて、いきなりですが、「判例」を見つけるためにはどうすれば良いでしょうか。初学者にとって最も手っ取り早い方法は、① 市販の判例学習用教材に掲載されている重要な裁判例を読み、② その出典（原典資料の情報）を確認した後、③ 原典資料からその裁判書（通常は判決書・決定書）を読んで「判例」部分を読み取るというものでしょう。法律の学習を始めたばかりのうちは、① 判例学習用教材（例、『判例百選』）を入手し、辞書を引きながらじっくりと読み込むだけでも十分でしょう。何度も繰り返し読むうちに、その事件にとってどのあたりが重要な判断部分なのか察しが付くようになるはずです。また、慣れてくれば、判例六法や教科書から目当ての「判例」を探せるようにもなります。但し、ここで注意すべき点があります。

１点目は、特に判例六法について言えることですが、「判例」の事実関係が省略されている場合が多いということです。しかし、日本の場合、「判例」は必ず具体的な事件（「法律上の争訟」といいます。裁判所法３条参照。）を前提にして創造されます。そのため、（例え「要約」されたものであっても）事件の事実関係を必ず確認する必要があります。その際には、① 市販の判例学習用教材や後述の判例集などを活用してください。

２点目は、当事者の主張及び裁判の流れを詳しく知るためには、やはり、裁判書そのものを読む必要があるということです。特に、判例を題材としたゼミ発表やレポート・卒論課題に取り組む際には、必ず、② 判例の出典を確認した後、③ 原典資料からその裁判書を読んで「判例」部分を自分で読み取る作業が必要です。判例もコミュニケーションの一種として理解し、文脈に応じて読み解くことが重要ではないかと思われます。『有斐閣判例六法（令和２年版）』を用いて一例を挙げましょう。刑法244条を開けてみてください。刑法244条は、一定の親族間で窃盗の罪が犯された場合（加害者・被害者が親族同士の場合）にその刑を免除すること又は被害者等の告訴がなければ起訴できないことを定めています。そして244条３項の後には、四角い枠組みで本条が適用された裁判例のうち重要なものが数例挙げられています。その２つ目の内容を見てみましょう。

> ② 窃盗犯人と財物の占有者との間のみならず、所有者との間にも親族関係が存在しなければ本条［旧］１項は適用されない。（最決平６・７・19、刑集48・５・190、刑百選Ⅱ（６版）33）

これは、最高裁平成６年（あ）234号・同６年７月19日第二小法廷決定の重要な判断部分を抜き出したものです。本件被告人が盗んだ財物（現金約２万６千円）を手元に保管していたのは被告人の親族だったけれどもそのお金は会社のものであったという事案で、保管者との間に親族関係があれば244条（旧）１項を適用できるかどうかが争われ、最高裁は上記のように判断したわけです。しかし、この最高裁決定には次のような問題がありました。実は、本決定に先立つ最高裁昭和23年（れ）1998号同24年５月21日第二小法廷判決（刑集３巻６号858頁）においては、244条（旧）１項は「窃盗罪の直接被害者たる占有者と犯人との関係についていうものであって、所論のごとくその物件の所有権者と犯人との関係について規定したものではない。」と解釈されていたのです。そのため、本件（最決平成６年７月19日）の弁護人が、昭和24年判例の趣旨に照らせば本件被告人は244条（旧）１項の適用を受けるはずであると主張していたのです。それにもかかわらず最高裁が上記のように決定したので、被告人にとっては自分に不利な内容へ解釈が変更されたように思われるでしょう。実は、この決定を読む際のポイントは昭和24年判例の「所論」のなかにあります。すなわち、昭和24年の事案において、その弁護人は、被告人らが盗んだ牛生皮は食肉組合代表者が保管していたにしてもその組合の形態によっては他に共有者が居た可能性もあるため、その点を明らかにせず有罪とした高裁の判断（高松高裁昭和23年11月４日判決）は不当であるという理由で不服申立（上告）をしたのです。この上告理由（所論）に対する回答として、最高裁は「少なくとも食肉組合代表者（保管者かつ所有者）が被告人らの親族であることを窺わせる事情もその旨の主張も無かった以上、（他の）所有者との関係を調べるまでもない」ということを強調したに過ぎないのでしょう[2)]。したがって、平成６年決定の内容との間に特に矛盾や食い違いはないと読むこともできるわけです。（もっとも、それが自然な読み方であるとまでは思われませんが[3)]。）

### 2　判例集の活用

上記のほんの一例からでも、ゼミやレポート課題で判例を報告・解説する際には可能な限り裁判書の全文を読んで前後関係・文脈を把握しておく必要性は何となく伝わったでしょうか（「うん」と言ってください）。日常の会話でも一部分のみを聞くと思わぬ誤解が生まれたりしますよね。それと同様です。きちんと裁判の全体像を理解してからゼミやレポートに臨むよう心がけましょう。

さて、それでは、裁判書の案内に入りたいと思います。① 市販の判例学習用教材や判例六法を用いて ② 判例の出典を確認した後、③ 原典資料からその裁判書（の写し）を入手するにはどうすれば良いでしょうか。最も推奨される方法は、裁判所の発行する（公式の）判例集をコピーすることです。例えば、『最高裁判所刑事判例集』（昭和21年までは『大審院刑事判例集』）などがこれに当たります（上述の『刑集』というのはその略称です）。したがって、「最決平 6・7・19」の裁判書を読みたいときは『刑集』48巻 5 号190頁以下を見れば良いというわけです。また、その画像資料（PDF ファイル）が有料データベースに登載されている場合には、そのファイルをダウンロードして印刷することも可能です（詳しくは、ゼミの先生に尋ねてみてください）。但し、すべての裁判が判例集やデータベースに登載されているわけではありません。裁判書の一部のみが登載（裏返せば一部は省略）されていることもあれば、裁判例によってはそもそもどこにも登載されていないこともあります。それならば、判例集（公刊物）にもデータベースにも登載されていない裁判書を読むにはどうすれば良いでしょうか。最後にこの点を説明しましょう。

### 3　刑事確定訴訟記録の活用

判例集及びデータベースに登載されていない裁判書を読むための正規の方法は、刑事確定訴訟記録法（以下「記録法」とします。）上の閲覧制度を利用するというものです。この閲覧制度の利用手続について、筆者の経験談を交えながら説明したいと思います（と言っても今のところ 1 度きりの経験ですが）。本書が公刊されるきっかけとなった「中四国刑事法判例研究会」において筆者が報告する機会に恵まれた時の話です。お恥ずかしい話ですが、当時、筆者は若輩であったため（今もそうですが、「今よりも更に」という意味です）、報告判例を選ぶ際、「比較的最近の刑事裁判例であり、なおかつ、他の人があまり注目してはいないけれど実は重要そうな裁判例」を報告したいという、ひねくれた功名心（?）に駆られてしまいました。そのため、データベースや当時の法律関係雑誌を調べて気になった裁判例のなかからメジャー（?）な判例を避けつつ、争点は定番なものを選ぼうと考えた結果、過剰防衛の一事例（東京高裁平成24（う）2162号・同25年 3 月27日判決・東高刑時報64巻78頁、判タ1415号180頁）について報告することにしました[4]。主な検討対象である東京高裁平成25年 3 月27日判決については、一部省略されていたものの、データベースはもちろん『判例タイムズ』誌にも掲載されていましたので、それを読めば判決内容を知ることができました。ところが、その原審（一つ前の裁判）、つまり第１審の判決文が見当たりませんでした。判タ1415号180頁を見ると、原審（この場合は第１審）が東京地裁平成24年（合わ）80号・同24年10月19日判決であることは明記されていますが、その判決文の出典については何の記載もありません。そのため、公刊物にもデータベースにも登載されていないものと思われました。東京高判平成25年３月27日の内容から、第１審の内容もある程度は窺い知れましたが、第１審で宣告された刑の重さや執行猶予の有無などが判りませんでした。そこで、筆者が当時所属していた広島大学の先生方にご相談した結果、記録法４条所定の「保管記録の閲覧」制度を利用することになりました。このように書くと、いかにも厳かな請求手続に臨んだかのようですが、実のところは、「後学のためにも、ものは試し。ダメだったらしょうがない。」という軽い気持ちでした。しかも、記録法について無知だった筆者は、まず、その閲覧規定を確認するところから始めました。

（保管記録の閲覧）

第４条

**保管検察官**は、請求があつたときは、保管記録（刑事訴訟法第53条第１項の訴訟記録に限る。次項において同じ。）を閲覧させなければならない。

ただし、同条第１項ただし書に規定する事由がある場合は、この限りでない。

また、刑訴法53条１項には、「**何人も**、被告事件の終結後、訴訟記録を閲覧することができる。但し、訴訟記録の保存又は裁判所若しくは検察庁の事務に支障のあるときは、この限りでない。」と定められています。一応、**被告事件と無関係の筆者でも**、閲覧できる可能性はありそうです。請求先の「**保管検察官**」とは「当該被告事件について**第１審の裁判をした裁判所に対応する検察庁の検察官**」のことです（記録法２条）。第１審は**東京地裁**平成24年10月19日判決だったので、「**第１審の裁判をした裁判所**」に対応する検察庁とは「**東京地方検察庁**」のことです（検察庁法２条、下級裁判所の設立及び管轄区域に関する法律２条）。つまり、目当ての判決書は東京地検で保管されているはずです。ただ、それ以上詳しいことは記録法を確認しても判りませんでした。そこで、「東京地方検察庁記録担当」係の照会先（代表電話）を調べて事情を説明したところ、丁寧に回答してもらうことができました。ご回答の内容は、一先ず①「保管記録閲覧請求書」（刑事確定訴訟記録法施行規則８条所定の「様式第三号[5]」）を最寄りの地方検察庁で入手した後、②その書面に必要事項を記載し、必要書類等を添えて、③「東京地方検察庁記録担当」宛に郵送してください、というものでした。その後、④当方の申請が閲覧の制限事由に該当しないかどうかが検討され、その結果が（うろ覚えですが、確か1週間程度で）記録担当より回答されるとのことでした。幸い、当方の申請は無事に許可されました。事務処理上支障のある場合又はその記録が閲覧に適さない場合には閲覧が制限されますが（刑訴法53条1項但し書及び同条2項並びに記録法4条2項[6]）、筆者の場合は、判決文中、法令適用と量刑に関する判断部分さえ閲覧できれば十分でしたので、そもそも制限事由に当たりそうな内容（事件関係者の個人情報等）については閲覧を求めなかったことも奏功したのかもしれません。ところが、一つ問題がありました。実を言うと、閲覧請求手続きの中で最も困ったのは、実際に閲覧する段階でした。というのも、閲覧は、実際に東京地検においてのみ許可されるため、当時お金のなかった筆者は（今もそうですが、「今よりも更に」という…）、東京まで行く交通費の捻出に困ったわけです。そこに天の声です。とある先生が、タイミング良く東京に行かれるご予定であるとのことで、厚かましくも、閲覧・複写の代理をお願いすることになりました。そこで、代理の委任状（これは様式自由）を作成し、その先生にも身分証の写しをご用意いただいた上、閲覧許可の回答書と併せて、閲覧当日にご持参いただきました（予め提出していたかもしれません）。また、これも記憶が不鮮明で申し訳ないですが、閲覧の手数料として150円分の収入印紙を用意したように思います（刑訴法53条4項、記録法7条、刑事確定訴訟記録閲覧手数料令、法務省記録事務規程14条参照）。当日は、東京地裁平成24年10月19日判決の一部（個人情報に関する部分）が黒塗りされた書面を先生に筆写していただきました。東京地検の場合には謄写（コピー）も可能とのことでしたが、当日は運悪くコピー機が使用できなかったそうです。このように多くの方のお導き（特に代理で閲覧・筆写してくださった先生の多大なご尽力）によって、ようやく、目当ての東京地裁平成24年10月19日判決の内容を知ることができ、何とか無事に報告準備ができた次第です。

いかがでしたか。一つの裁判書に巡り合うまでにもちょっとしたストーリーがあると思いませんか。法律学習を始めたばかりという読者の方が本コラムをお読みになって「判例集を開いてみようかな」という気持ちを少しでも起こしてくださったなら望外の喜びです。

注

1）　詳しくは、弥永真生『法律学習マニュアル【第4版】』（有斐閣、2016年）「第2章　法律学の勉強のツール」を参照してください。

2）　そもそも、昭和24年判例においては、高松高裁昭和23年11月4日判決（公刊物不登載）の後、被告人側が上告の理由として初めて、食肉組合の形態とその共同事業者に着目して「他に共有者が居た可能性もある」と主張し始めた可能性があります。（判決文を参照できないため不確かですが。）上告審である最高裁は、だからこそ、最高裁昭和23年（れ）992号・同23年12月27日大法廷判決・刑集２巻14号1959頁（刑法257条１項の親族関係の証拠調べにつき「当事者からそれが存在する旨の主張もなく、その存在を疑わしめる特別の事情もない限り、特に審判する必要はない」とした判例）を引用しつつ、弁護人の主張は正当な上告理由に当たらないと判断したのではないかと推測されます。なお、この点については、札幌高裁昭和28年（う）231号同28年９月15日判決における検察官の控訴趣意（高刑集６巻８号1088〔1095〕頁）も参照してください。

3）札幌高裁昭和36年（う）320号・同36年12月25日（高刑集14巻10号681頁）、福岡高裁平成５年（う）344号・同６年２月３日判決（刑集48巻５号197頁）参照。

4）簡潔に報告の検討課題をまとめると、「被害者の暴行から自己の身体を防衛するために被害者を押さえ始めた被告人が、被害者が暴行等に及ぶ危険性が著しく低下した後も同人を押さえ続けた結果、被害者を死亡させるに至った行為は相当性を欠くものであり、被告人の一連の暴行を全体として評価すると正当防衛は成立せず、過剰防衛が成立するにとどまるとされた事例」のなかで、被告人である防衛行為者が、防衛行為に引き続き、逮捕行為（刑法35条）を意図して相手（不正の侵害者）を拘束し続けた場合、その事情が違法性阻却の判断に有利な影響を与えるかどうか、というものでした。

5）刑事確定訴訟記録法施行規則８条１項は「法（刑事確定訴訟記録法のこと：筆者注）第４条第１項又は第３項の保管記録の閲覧の請求をしようとする者は、保管記録閲覧請求書（様式第三号）を保管検察官に提出しなければならない。」と定めています。

なお、総務省のウェブサイト「e-Gov（電子政府の総合窓口）」（https://www.e-gov.go.jp/）で公開されている「e-Gov 法令検索」を用いて「刑事確定訴訟記録法施行規則」を検索し閲覧すると、この「保管記録閲覧請求書」の「様式（第三号）」を確認することができます（別表から「別画面表示」）。

6）閲覧の制限事由についての詳細は、藤永幸治・河上和雄・中山善房編『大コンメンタール刑事訴訟法　第８巻』（刑事訴訟特別法）（青林書院、1999年）38頁以下［古田佑紀］、又は、河上和雄＝中山善房＝古田佑紀＝原田國男＝河村博＝渡辺咲子編『大コンメンタール刑事訴訟法【第２版】』第１巻（青林書院，2013年）603頁以下［中山善房］参照。

なお、閲覧不許可等の処分に対する不服申立てについては記録法８条参照。

（山川 秀道）

# 第9章 ビデオ撮影の適法性
## ——さいたま地判平成30年5月10日判時2400号103頁①事件

警察官が被告人方前の公道及び被告人方玄関を約7か月半にわたってビデオカメラで撮影して収集した証拠の証拠能力が否定された事例

### 第1　公訴事実の要旨

・被告人Aは、対立する暴力団組長が管理する自動車に放火しようと考え、Xらと共謀の上、平成28年3月16日午前零時35分頃、Pパーキングにおいて、前記自動車に、何らかの方法で点火して火を放ち、同車エンジンルーム、ボンネット等を焼損し、そのまま放置すれば、Pパーキング内の駐車車両等に延焼するおそれのある危険な状態を発生させ、もって公共の危険を生じさせた（建造物等以外放火）。

・Aは、対立する暴力団総長が所有し、現に人が住居に使用せず、かつ現に人がいない暴力団本部事務所に放火しようと考え、Xらと共謀の上、同日午前1時3分頃、同事務所玄関前において、ガソリンを入れた一升びんの口に紙片様のものを差し込んで点火装置を施した火炎びん1本の同紙片様のものにライターで点火し、同火炎びんを同事務所内に投げ入れた上、これを木製の杖様の棒で叩き割って炎上させて火を放ち、もって火炎びんを使用して人の財産に危険を生じさせたが、自然に鎮火したため、同事務所階段の床材を燃焼炭化し、木製階段手摺りをくん焼したにとどまり、その目的を遂げなかった（非現住建造物等放火未遂及び火炎びんの使用等の処罰に関する法律違反）。

### 第2　争　点

実行行為を行ったXらとAとの間に共謀が認められるか否か。

### 第3　証拠能力の有無が争われた証拠

Xらが前記第1記載の犯行現場に赴く際に用いた自動車内から、ガソリン入りの赤色ガソリン携行缶2つが発見されたところ、捜査段階において、警察官は

①Aが、平成28年3月4日午後に、A方車庫からA方玄関内に向かって赤色のガソリン携行缶様のものを持って歩いていた様子

②同月12日午前に、レンタカー内に赤色のガソリン携行缶2つを運び込んでいた様子

をビデオ撮影（以下「**本件ビデオ撮影**」という。）していた。

検察官が、本件ビデオ撮影により得られた各証拠の証拠調べを請求したところ、弁護人は、それらの証拠が違法収集証拠に当たり、違法収集証拠排除法則の適用により証拠能力が否定されるとして、証拠排除を求めた。

第4　本件ビデオ撮影の態様

①平成27年10月4日から平成28年5月19日までの間、A方近隣の私人管理場所の中にビデオカメラを設置し、データを保存する外付けハードディスクの交換時を除いて24時間連続で撮影を行った。

②撮影範囲は、主にA方前の公道及びA方玄関であったが、A方玄関ドアが開いた際には、ドアの内部の様子が映り込んでおり、ドアの内部の様子が撮影されていた時間が連続約25分間に及ぶこともあった。

③警察官は、外付けハードディスクを交換した後、人や車の動きのある部分をパソコンにダウンロードして保存しており、この際明らかに無関係な郵便配達人等の映像は除いていたが、事件と関係のない人や車等の映像でも残されていたものがあった。

第5　本件ビデオ撮影の必要性に関する証人W（警察官）の証言

①平成27年7月21日に発生した盗品等運搬事件につき逮捕状が出されていたXの逮捕に向けて、Xの所在確認及び行動パターン把握のためであった。

②ビデオカメラを設置した同年10月中から、同年中はほぼ毎日Xの立ち寄りが確認されており、警察は同年11月には逮捕する態勢を取り、同年12月に1度、平成28年1月に1度逮捕をしようとしたが逮捕ができなかった。

③その後、Xの立ち寄りの頻度が減り、Xの立ち寄りは同年初め頃までは確認できていたもののその後確認できなくなっていたが、警察官はXが再び立ち寄る可能性もあると考えて撮影を継続し、同年5月17日にXが逮捕されたために、同月19日に本件ビデオ撮影を終了した。

第6　判旨（一部無罪[1]・確定）〔引用中の下線等は執筆者による〕

「まず、平成27年10月の**本件撮影開始時点**において、Xが被告人方に立ち寄る可能性があったこと、**逮捕のためにXの所在や行動パターンを把握する必要があり**、そのためには**被告人方前をビデオ撮影する必要があった**ことが認められる。もっとも、W証人は、本件捜査の一番の目的はXの逮捕である、あるいは本件撮影にはXの逮捕以外の捜査目的はなかった旨を述べているが、本件撮影開始の少し後には、Xがほぼ毎日被告人方に立ち寄っていることが確認できており、警察も同年11月には逮捕する態勢を取ったというのに、同年12月に1度、平成28年1月に1度逮捕に失敗しただけで、その他逮捕に向けた具体的対応を取っていなかったというのは理解できない。そうすると、逮捕のために本件ビデオ撮影がどこまで必要であったのか、そもそもXの逮捕のためというのが本件撮影の真の目的であったのかについても疑問があるが、W証人の証言する目的を前提にしたとしても、平成28年の初め頃までしかXの立ち寄りが確認できておらず、**Xを被告人方において逮捕できる可能性が低下し、本件撮影を継続する必要性は相当程度減少していた**のに、同年5月19日まで**漫然と本件撮影を続けていた**点において、警察の対応は**不適切**であったと言わざるを得ない」。

「また、<u>本件撮影範囲は</u>、<u>主に公道上及び玄関ドア付近</u>の**外部から観察し得る場所**ではあったが、**不特定の者が行き来することが想定されない**<u>特定の敷地内に設置されたビデオカメラから撮影</u>されたものであった上、<u>被告人方の玄関ドアを開けた際にはその内部が映り込む</u>

などしており、玄関内部の映像が不鮮明で人の様子等が明確には認識できなかったとはいえ、**単純に公道上等のみを撮影した場合に比べるとプライバシー侵害の度合いが高かった**ものと認められる。また、個人宅の出入りが約７か月半（本件各証拠の内容である映像が撮影された時点までの期間と考えても約５か月間）という**長期間**にわたり、**ほとんど常時撮影**されていたものであって、**撮影によって取得された情報が集積されるにつれて、生活状況等を把握される度合いも当然に高くなっていった**ものといえ、この期間の長さに照らしても、**本件撮影によるプライバシー侵害の度合いは他の事案と比べて高かった**と認められる。加えて、本件撮影が被告人自身に対する嫌疑からなされたわけではなかったことからすると、この点は**被疑者自身が自宅前付近を撮影される場合とは異なった考慮がされるべき**である。以上の事情等からすれば、**本件撮影による被告人や被告人の家族に対するプライバシー侵害の度合いは、それなりに高いものであった**と認められる」。

「そして、本件撮影後に警察官は、外付けハードディスクを交換した際に一部の映像のみをパソコンにダウンロードして保存しており、その他の映像は消去していたというのであるが、映像のどの部分を保存するかについて警察内部で明確な基準が定められていなかった上、人や車の動きがある映像は、郵便局員や新聞配達員等の明らかに捜査に関係しないと認められるものを除いて保存するようにされていたというのであり、実際、被告人や被告人方の来客の映像のほか、明らかに関係のない近隣住民、通行人や通行車両が写っている映像も保存され続けていた。Ｗ証人は、保存後に映っているものが無関係だと判明した場合、それ以後は保存しないようにしていたなどと証言するが、明らかに事件と関係のない女児や男児等の通行人の映像が消去されずに保存され続けていたこと等からすると、プライバシーに対する配慮はしていたという趣旨のＷ証言には疑問がある。いずれにしても、**警察官において、事件との関係性についてきちんと検討することなく、漫然と映像を保存し続けていた**と認められることからすると、**本件ではプライバシー侵害の度合いを下げるための十分な配慮がなされていたとはいえない**」。

「本件撮影が**類型的に強制処分に当たるとまではいえないものの、少なくとも平成28年の初め頃以降はその撮影の必要性が相当程度低下していたことは明らか**で、それにもかかわらず長期間にわたって撮影を継続したこと自体不適切であった上、しかも本件撮影方法は他の類似事案と比べるとプライバシー侵害の程度が高いものであったと評価できることを考慮すれば、本件放火事件当時の撮影は、**任意捜査として相当と認められる範囲を逸脱した違法なもの**であったと認められる」（証拠能力についての判示部分は省略）。

## ▶ 読解の視点

### はじめに

本件では、検察官が、争点について証明するための証拠として、本件ビデオ撮影により得られた各証拠の証拠調べを請求しました。これに対して、弁護人は、それらの証拠に違法収集証拠排除法則を適用し、証拠能力を否定すべきと主張しました。違法収集証拠排除法則を適用するためには、本件ビデオ撮影が違法といえなければなりません。そこで、本件ビデオ撮影の適法性が問題になります。

本件ビデオ撮影は捜査として行われていますから、刑事訴訟法の規律に服することをふまえて、その適法性を検討することになります。仮に、本件ビデオ撮影が「強制の処分」(刑訴法197条1項但書)、すなわち強制捜査に当たれば、任意捜査の場合と異なり、まず、強制処分法定主義の規律に服することになります。つまり、本件ビデオ撮影が「強制の処分」に当たるのか、「強制の処分」に当たらず任意捜査に位置付けられるのかによって、刑事訴訟法の規律の内容が変わります。

そこで、以下では、本件ビデオ撮影が「強制の処分」に当たるか(後記1)、本件ビデオ撮影が「強制の処分」に当たらず任意捜査に位置付けられる場合(後記2)の順に、関連する知識を概観した後に、本判決の立場を検討します。そして、最後に、本判決の意義について述べます(後記3)。なお、違法収集証拠排除法則については、第12章を参照してください。

## 1　本件ビデオ撮影が「強制の処分」に当たるか

### (1)「強制の処分」に当たるか否かの判断基準

#### ア　判　例

警察官が、取調べ中の部屋から急に退室しようとした被疑者の左手首を両手で掴んだことの適法性が争われた事案において、最高裁は、「強制手段とは、有形力の行使を伴う手段を意味するものではなく、個人の意思を制圧し、身体、住居、財産等に制約を加えて強制的に捜査目的を実現する行為など、特別の根拠規定がなければ許容することが相当でない手段を意味する」と述べた上で、前記の警察官の行為を「強制の処分」に当たらないと判示しました(最決昭和51年3月16日刑集30巻2号187頁)。その後、電話傍受に関する判例(最決平成11年12月16日刑集53巻9号1327頁)、税関内で行われたエックス線検査に関する判例(最決平成21年9月28日刑集63巻7号868頁)、車両取り付け型のGPS捜査に関する判例(最大判平成29年3月15日刑集71巻3号13頁)等においても、前記最高裁昭和51年決定の判断が基礎になっています。

#### イ　学説(重要権利利益実質的侵害説)

「強制の処分」に当たるか否かの判断基準について、現在最も有力な見解は、**重要権利利益実質的侵害説**です。この見解は、前記最高裁昭和51年決定のうち、実質的な基準は「個人の意思を制圧し、身体、住居、財産等に制約を加えて」という部分であると考えた上で[2)]、①「個人の意思を制圧」を**相手方の明示又は黙示の意思に反すること**、②「身体、住居、財産等に制約を加えて」を**法定の厳格な**

要件・手続によって保護する必要のあるほど重要な権利・利益に対する実質的な侵害ないし制約を伴うものと捉えます[3)]。この見解に基づいて考える際には、以下の4点に注意してください。

第1に、この見解は、前記最高裁昭和51年決定や同決定以降の判例と対立する見解ではありません[4)]。

第2に、この見解は、前記②が「一般的・類型的な判断」、①が「個別具体的な判断」であることから、両者を区別して用いるべきとした上で、まず当該処分が②に当たるかどうかを検討し、それが肯定された後に、①に当たるか否かを検討するものです[5)]。

第3に、この見解の②は、権利・利益に対する侵害の程度に先立つ要因として、侵害ないし制約される権利・利益の質に着目し、重要な権利・利益を侵害ないし制約するものとそうでないものとを区別します[6)]。当てはめの際には、両者を分けて考えなければなりません。

第4に、この見解の②は、前記のとおり「一般的・類型的な判断」ですから、当該事案において実際に行われた捜査手法自体の必要性・緊急性や、当該事案において実際に生じた法益侵害の内容・程度は無関係です[7)]。

### （2）　本判決の検討

本判決は、本件ビデオ撮影の適法性について、任意捜査の限界を超えるか否か（後記2）という点からの検討を重視しており、本件ビデオ撮影が「強制の処分」に当たるか否かについて、少なくとも判決書上は、「類型的に強制処分に当たるとまではいえない」と結論を述べるのみです。もっとも、この判示の表現からすると、本件ビデオ撮影と類似の態様の撮影について、事案によっては、「強制の処分」に当たるとする余地も残しているように読めます。また、本件ビデオ撮影が任意捜査の限界を超えるか否かを検討する際に、併せて、「強制の処分」に当たるか否かも検討していると読む余地があるかもしれません。そこで、前記（1）・イで述べた重要権利利益実質的侵害説に基づいて本判決を検討する際に、注目すべき点を2つ挙げてみます。

#### ア　撮影範囲の違い

本判決は、本件ビデオ撮影の範囲について「被告人方の玄関ドアを開けた際にはその内部が映り込むなどして」おり、「単純に公道上等のみを撮影した場合に比べるとプライバシー侵害の度合いが高かった」と判示してはいるものの、「強制の処分」に当たるほどの権利侵害が存在したとまでは考えませんでした。

「プライバシー侵害の度合いが高かった」という判示を素直に読むと、本判決は、本件ビデオ撮影の撮影範囲が公道であったのか、あるいは玄関ドアが開いた際に見える部分であったのかという違いを、権利・利益に対する侵害の程度（実質的な侵害ないし制約を伴うものか否か）の話と位置付けているようです。もっとも、私たちは、公道上での様子を他者から観察されてしまうことをある程度受け入れて生活していますが、自宅内での様子については、公道上にいる場合よりも、プライバシーの保護を強く期待するはずです[8]。このように考えると、本件ビデオ撮影の撮影範囲の違いを、権利・利益の質（重要な権利・利益に対するものか否か）の話と位置付けることも可能です[9]。

また、個人宅の内部が映っている本件ビデオ撮影を「強制の処分」に当たらないとしてよいのかどうかについて、皆さん自身で考えてみてください[10]。

#### イ　権利・利益に対する侵害の程度が結果的に小さかった場合の考え方

本件ビデオ撮影により撮影された玄関内部の映像は、「不鮮明で人の様子等が明確には認識できなかった」ようですから、映像が鮮明な場合と比べれば、プライバシー侵害の程度は小さいといえます。もっとも、仮に、本件のビデオカメラが本来備えている性能を発揮すれば鮮明な映像を撮れたが、本件では、（何らかの事情により）不鮮明な映像が撮れたに過ぎなかったという場合、「強制の処分」に当たるか否かの判断に際して、権利・利益に対する侵害の程度が結果的に小さかったことを考慮してはいけません。なぜならば、前記（１）・イの第４の注意点で述べたとおり、当該事案において実際に生じた法益侵害の内容・程度は無関係だからです[11]。

## 2　本件ビデオ撮影が「強制の処分」に当たらず任意捜査に位置付けられる場合

### （１）　任意捜査の限界を超えるか否かの判断基準（判例及び学説）

ある捜査が「強制の処分」に当たらず任意捜査に位置付けられる場合であっても、対象者の法益を侵害する可能性がありますから、当該捜査を無制限に実施できることにはなりません。捜査比例の原則の規律に照らして、任意捜査の限界を超えるか否かを考えることになります。

任意捜査の限界を超えるか否かの判断基準について、前記１・（１）・アで挙げた最高裁昭和51年決定は、「必要性、緊急性なども考慮したうえ、具体的状況のもとで相当と認められる限度において許容されるものと解すべきである」と述べた上で、警察官の行為を「捜査活動として許容される範囲を超えた不相当な行為ということはでき」ないと判示しました。ここでの「具体的状況のもとで相当と認められる限度」とは、捜査比例の原則の表れであり、「相当」か否かは、**特定の捜査目的を達成するために当該捜査手段を用いる必要性の程度と、当該捜査手**

**段により対象者に生じる法益侵害の内容・程度**との**比較衡量**により判断されます[12]。

その後、公道あるいはそれに近い場所にいる個人の容貌等の写真・ビデオ撮影の適法性について判断した判例[13]は、いずれも、その法的性質を明示することなく適法と判断しています[14]。もっとも、これらの判例は、当該事案における捜査手法の必要性や相当性等を考慮していることから、各写真撮影等が「強制の処分」に当たらないことを前提に、任意捜査の限界を超えるか否かを検討していると考えられます[15]。そして、その検討に際しては、前記最高裁昭和51年決定が示した比較衡量の判断枠組みを用いていると考えられます[16]。

### （2）　本判決の検討

本判決は、「少なくとも平成28年の初め頃以降はその撮影の必要性が相当程度低下していたことは明らか」で、「しかも本件撮影方法は他の類似事案と比べるとプライバシー侵害の程度が高いものであったと評価できる」とした上で、本件ビデオ撮影を「任意捜査として相当と認められる範囲を逸脱した違法なものであった」と判示しました。この判示を見ますと、本判決も、前記（1）で述べた比較衡量の判断枠組みに沿っていることが分かります。そこで、この判断枠組みに基づいて本判決を検討する際に、注目すべき点をいくつか挙げてみます。

#### ア　必要性側の事情

本判決は、本件ビデオ撮影の目的を、（疑問の余地を残しつつも）「Xの逮捕」であるとした上で、本件ビデオ撮影の必要性について、「平成28年の初め頃までしかXの立ち寄りが確認できておらず、Xを被告人方において逮捕できる可能性が低下し、本件撮影を継続する必要性は相当程度減少していた」と判示しました。この判示にも表れているとおり、当該捜査手段を用いる必要性の当てはめに際しては、**目的・手段関係**であることと、**程度問題**であることを常に意識しなければなりません。

#### イ　法益侵害の内容・程度側の事情

まず、本判決が、本件ビデオ撮影の撮影範囲について言及した部分については、前記1・（2）・アで述べた内容が、任意捜査の限界を超えるか否かの場面であっても同様に当てはまります。

次に、本判決は、個人宅の約7か月半に及ぶ本件ビデオ撮影について、「長期間にわたり、ほとんど常時撮影されていたものであって、撮影によって取得された情報が集積されるにつれて、生活状況等を把握される度合いも当然に高くなっていった」と評価し、「本件撮影によるプライバシー侵害の度合いは他の事案と比べて高かった」と判示しました。また、撮影後の映像の保存状況について「事件との関係性についてきちんと検討することなく、漫然と映像を保存し続けていた」と評価し、「本件ではプライバシー侵害の度合いを下げるための十分な配慮がなされていたとはいえない」と判示しました。これらの判示には、２つの特徴があります。第１に、法益の内容として、情報の「集積」や撮影後の映像の保存状況を意識している点です。これは、前記（１）の注13）で挙げた個人の容貌等の写真・ビデオ撮影に関する各判例では見られなかった視点です。第２に、肉眼による“観察”と機器を用いた“撮影”との違いを意識している点です。観察であれば、一度に得られる情報も限られますし、人間の記憶には限界があるため、他の情報と合わせて対象者の生活状況等まで詳しく把握することに繋がりやすいとはいえません。これに対して、撮影であれば、１カットでも映せば、何度も確認することにより様々な情報を得られますし、得た情報を半永久的に保存することが可能ですから、他の情報と合わせて対象者の生活状況等まで詳しく把握することに繋がりやすいといえます。それゆえ、法益の内容に情報の「集積」や撮影後の映像の保存状況の観点を含めるのであれば、観察と比べて撮影の方が、法益侵害の程度が上がるといえるでしょう。

最後に、本判決は、本件ビデオ撮影が「被告人自身に対する嫌疑からなされたわけではなかった」ことを捉えて、プライバシー侵害の度合いを上げる方向で考慮しています。もっとも、ビデオ撮影によるプライバシー侵害の程度が、対象者本人の嫌疑に基づくものか、あるいは第三者の嫌疑に基づくものかによって変わる理由については、判決書上、明らかではありません。

## 3　本判決の意義

写真撮影やビデオカメラを用いた撮影には、その目的や態様によって様々な違いが存在します。そのため、そのような違いを無視して、およそ写真撮影一般・ビデオ撮影一般が「強制の処分」に当たるか否か（あるいは、任意捜査の限界を超えるか否か）といった形で論じるのは、避けなければなりません[17)]。本判決は、犯罪発生後に犯人逮捕目的で行われたビデオカメラによる撮影のうち、当初のビデオカメラの設置目的に対応する犯罪事実とは異なる犯罪事実について、当該ビデオカメラにより撮影された画像を証拠として用いることが出来るか否かが問題となった事案です。本判決の意義は、このような事案について、当該ビデオカメラによる撮影が「強制の処分」に当たらないことを述べると共に、任意捜査の限界を超える場合があることを示した点にあります。本判決と類似の事案について判示した近時の裁判例として、大阪地判平成30年４月27日判時2400号103頁②事件があります。本判決の事案と比較しながら、考えてみてください。

## 注

1）被告人Aは、覚せい剤取締法違反（使用及び所持）及び窃盗の事実についても起訴され、これらの事実については有罪判決を受けました。
2）井上正仁「強制捜査と任意捜査の区別」同『強制捜査と任意捜査【新版】』（有斐閣、2014年）2頁以下、8頁等。
3）井上・前掲注2）9-12頁。
4）井上・前掲注2）18-19頁、伊藤雅人＝石田寿一「判解」曹時71巻6号（2019年）100頁以下、131頁。
5）井上・前掲注2）8頁。
6）井上・前掲注2）12頁注19）。
7）酒巻匡『刑事訴訟法【第2版】』（有斐閣、2020年）33頁。
8）説明の便宜上、プライバシーという言葉を用いましたが、この言葉は、本来、様々な権利・利益の総称に過ぎません。そのため、実際に検討する際には、当該事案で問題となっている権利・利益の内容を詰めて考えなければなりません。
9）井上・前掲注2）14頁。
10）仮に、本件ビデオ撮影が「強制の処分」に当たると考える場合、次に、刑事訴訟法に既に定められている強制処分（強制捜査）の類型のいずれかに該当するか否かを考えなければなりません（「特別の定」、刑訴法197条1項但書）。
11）酒巻・前掲注7）34頁。もっとも、この「一般的・類型的判断」の際に、当該事案において実際に行われた捜査手法に関わる具体的事情をどこまで取り込んでよいのか（あるいは、取り込んではならないのか）については、必ずしも明らかではありません。
12）井上・前掲注2）7頁、酒巻・前掲注7）36頁。
13）最大判昭和44年12月24日刑集23巻12号1625頁、最判昭和61年2月14日刑集40巻1号48頁、最決平成20年4月15日刑集62巻5号1398頁等。
14）池田公博「写真・ビデオ撮影」法教364号（2011年）10頁以下、11頁。
15）井上・前掲注2）15頁、酒巻・前掲注7）32頁等。
16）川出敏裕『判例講座刑事訴訟法〔捜査・証拠篇〕』（立花書房、2016年）18-19頁。
17）酒巻匡「捜査に対する法的規律の構造⑵」法教284号（2004年）62頁以下、68頁、池田・前掲注14）11頁。

## 参考文献

指宿信「判批」新・判例解説 Watch vol. 23（2018年）205頁以下。
宇藤崇「判批」法教457号（2018年）135頁。
中島宏「判批」法セ765号（2018年）126頁。
堀田さつき「判批」警察公論73巻11号（2018年）85頁以下。
前田雅英「判批」捜研817号（2018年）2頁以下。

（堀田 尚徳）

## *Comment*

1　もともと、強制処分とは直接的な有形力行使を伴う場合（直接強制）および相手方に対してそれに従うことを義務づける場合を指すと考えられてきました。しかし、① 軽度の有形力行使を用いたに過ぎない場合でも強制処分に当たることになり、強制処分の範囲が広すぎるのではないかとの指摘がある一方、② 直接的な有形力行使を伴わずに重要な権利・利益を侵害・制約する処分が強制処分に当たらないことになり、その意味で強制処分の範囲が狭すぎるのではないか、という問題があります。

前掲の最高裁昭和51年決定の判断は①の類型の事案に対するものです。そのため、同決定の射程は①の類型のみに限定され、この場合の任意処分と強制処分を分けるメルクマールは「意思の制圧」である（処分の方法・態様といった手段が意思を制圧するような強度のものであるという点に重点が置かれ、侵害・制約される権利・利益の重要性はここでのポイントではない）という**意思制圧説**も示されていました。この見解によれば②の類型の処分（通信傍受や写真撮影等）は意思の制圧を伴わないので、任意処分と強制処分の区別については別個の判断基準を用意する必要があるようにも思われます。最高裁も、②の類型について判断した前掲の平成11年決定および平成21年決定は、昭和51年決定を引用していませんでした。しかし、同じく②の類型についての平成29年大法廷判決は、昭和51年決定を明示的に参照しつつ、「個人のプライバシーの侵害を可能とする機器をその所持品に秘かに装着することによって、合理的に推認される個人の意思に反してその私的領域に侵入する捜査手法であるGPS捜査は、個人の意思を制圧して憲法の保障する重要な法的利益を侵害するものとして、刑訴法上、特別の根拠規定がなければ許容されない強制の処分に当たる」としたもので、最高裁の立場が明らかになるとともに、これによって学説における重要権利利益実質的侵害説と意思制圧説をめぐる議論に決着が付いたものと理解されています。

2　重要権利利益実質的侵害説を前提とするならば、侵害・制約されるのが「重要な」権利・利益であるかどうか（権利・利益の**質**の問題）、およびその権利・利益が「実質的に」侵害・制約されたといえるか（侵害の**程度**の問題）の２つをそれぞれ独立の判断要素にして強制処分性を判断することになります。

この判断は「**一般的・類型的な判断**」であるとされています。そのことから、当該事案において実際に行われた捜査手法自体の必要性を強制処分性の判断の際に考慮してはならないことは明らかですが、実際に生じた法益侵害の内容・程度を考慮する――換言すれば、法益侵害結果について**事後判断**を行う――ことが許されず一般的・類型的な判断を行うべきことや、どの程度類型化したうえで判断すべきか、という点については十分に議論されているとはいえないように思われます。

一般的・類型的な判断を行うべきことは**強制処分法定主義の趣旨**から説明できるでしょう。法定手続の保障を定めた憲法31条を受けて、捜査目的達成のために重要な権利・利益を侵害・制約する処分を捜査機関が行うことについて、どのような内容や形態のものを、どのような要件と手続によって許すのか否かを、国民の代表からなる国会が制定する法律によって事前に告知することにより、行動の自由を民主的に担保しようという考えに基づきます。このように、強制処分については**立法府による事前の一般的な統制**を及ぼすことが要請されるので、強制処分性の判断が一般的・類型的な判断となるべきことは当然ともいえるでしょう。ただ、**どの程度まで一般化・類型化して判断することになるのか、その具体的な基準**までは導き出せないのではないか、とも思われます。

例えば、写真・ビデオ撮影について、(a)公道上またはそれに近い場所にいる個人の容貌等を撮影した場合と、(b)家屋内にいる個人の容貌等を高性能望遠レンズを使用して撮影した場合とでは、(a)と(b)とでは「**みだりにその容貌等を撮影されない自由**」に対する侵害・制約がある点では変わりはないものの、(b)の場合ではそれに加えて「**私的領域におけるプライヴァシーの合理的な期待**」というより重要な利益が侵害されることを理由に強制処分である（他方、(a)の場合には任意処分にとどまる）と考えられています。この結論やその理由付けはそれほど違和感はないでしょう。従って、このような判断枠組やその当てはめについて基本的には問題はなさそうです。

しかし、本判決の事例では、(1)基本的には被告人方前の公道および被告人方玄関を撮影範囲としつつも、玄関ドアが開いていた際には比較的短時間――といっても約25分間ですが――ドアの内部が映り込んでいたという**撮影範囲の問題**、(2)撮影された玄関ドア内部の映像が実際には不鮮明であって人の様子等が明確には認識できなかったという**結果としての利益侵害の程度の問題**があります。(1)の問題に関しては、(b)の場合と同等と評価できるのであれば、本件撮影は強制処分であるとみてよさそうですが、被告人方前の公道および被告人方玄関を撮影していて「たまたま」内部まで映り込んでしまった場合はどうでしょうか。一般的・類型的な判断というならばこの点は考慮できないはずです。それとも、当初より内部が映り込むことを捜査機関が意図して撮影したのであればそれを考慮して強制処分と評価する、ということでしょうか。(2)の問題に関してもこのようなことは言えそうです。結果としての法益侵害の程度は考慮しないのですから、本件撮影は強制処分であることになりますが、もし当初よりビデオカメラの性能が低く、およそ鮮明な映像を撮影することが不可能な場合はどうでしょうか。この事情を強制処分性の判断で考慮しないとするならばその理由は何でしょうか。また、(b)の場合でも家屋内の様子を詳細に撮影できる高性能レンズを使用しているわけで、撮影機材の性能等は一般的・類型的判断においても考慮されるべきことになりますが、たまたま機材が低性能なもので家屋内の様子までは撮影できない場合は、やはり強制処分性の判断に影響を及ぼすのでしょうか。それとも、(2)の問題に関しても捜査機関の意図を考慮するのでしょうか。

強制処分性の判断、特に一般的・類型的な判断の問題については議論がなお不十分なように思われます。

3　また、本判決は、当該ビデオ撮影が任意処分であるとしつつも、その限界を超えているので違法であり、さらにその違法が重大である（さらに排除相当性も認められる）として証拠排除を認めた点でも重要な意義があります。最判昭和53年９月７日刑集32巻６号1672頁は「令状主義の精神を没却するような重大な違法があり、これを証拠として許容することが、将来における違法な捜査の抑制の見地からして相当でないと認められる場合」に証拠排除が認められるとしていますが、「令状主義の精神を没却」との文言は「重大な違法」がある場合の一例に過ぎず、任意処分の限界を超えて違法である場合にも違法が重大な場合があり得るとされており（これまでも被疑者取調べに関する東京高判平成14年３月４日判時1808号144頁、おとり捜査に関する札幌地決平成28年３月３日判時2319号136頁、なりすまし捜査に関する鹿児島地加治木支判平成29年３月24日判時2343号107頁のそれぞれについて証拠排除を認めている）、本判決もその流れに沿ったものと考えられます。

そして、違法な任意処分についても証拠排除を認めるのであれば、任意処分の相当性判断の際に考慮される事情など様々な要素を違法の重大性（および排除相当性）の判断で考慮することが可能となります。そうであれば、実際に生じた法益侵害の内容・程度等といった事後判断にかかる事情――特に本件では撮影が相当長期にわたっているので、撮影の長期化につれて法益侵害の程度がより大きくなりますが、そのことを強制処分性の判断に考慮できるかどうかは、一般的・類型的な判断の観点からは疑問です――も違法の重大性の判断の際に考慮すれば足り、証拠排除の結論を導き出すために強制処分性の判断の場面で無理に考慮に入れる必要もなくなるように思われます。

（深尾　正樹）

# 第10章 被疑者・被告人の身柄拘束と身柄解放
## ——最決平成26年11月18日刑集68巻９号1020頁

公判審理の経過及び罪証隠滅のおそれの程度を勘案して被告人の保釈を許可した１審の判断を取り消して保釈の請求を却下した原決定の判断は、１審の判断が不合理であることを具体的に示しておらず、刑訴法90条、426条の解釈適用を誤った違法があるとして、原決定を取り消した事例

### 第１　事案の概要

１　被告人は、LED照明の製造会社やその販売会社の代表者ら４名と共謀の上、被害会社からLED照明の仕入代金の名目で金銭をだまし取ろうと考え、真実はLED照明を製造して納品する意思がないのに、販売会社の代表者が、被害会社の担当者に対し、「仕入代金として購入代金の一部を先払いすれば、製造会社がそれを資金としてLED照明を製造して納品する」旨のうそを言ってそのように誤信させ、被害会社に、販売会社へ合計２億3000万円余りを振込入金させたという詐欺の事案で起訴された（被告人は、被害会社に対して内容虚偽の発注をした会社の取締役である。）。

２　公判において、被告人は共謀も欺罔行為も争った。

３　受訴裁判所は、最重要証人である被害会社の担当者に対する主尋問が終了した段階（第10回公判期日が終了した段階）で、保釈保証金の金額を300万円とし、共犯者その他の関係者との接触禁止等の条件を付して保釈を許可した。

４　検察官がこれを不服として抗告したところ、抗告審は第１審の決定を取り消し、保釈請求を却下した。

５　この判断に対して特別抗告が申し立てられ、最高裁は、抗告審の決定を取り消した。

### 第２　決　定

「抗告審は、原決定の当否を事後的に審査するものであり、被告人を保釈するかどうかの判断が現に審理を担当している裁判所の裁量に委ねられていること（刑訴法90条）に鑑みれば、抗告審としては、受訴裁判所の判断が、委ねられた裁量の範囲を逸脱していないかどうか、すなわち、不合理でないかどうかを審査すべきであり、受訴裁判所の判断を覆す場合には、その判断が不合理であることを具体的に示す必要があるというべきである。」

「しかるに、原決定は、これまでの公判審理の経過及び罪証隠滅のおそれの程度を勘案してなされたとみられる原々審の判断が不合理であることを具体的に示していない。本件の審理経過等に鑑みると、保証金額を300万円とし、共犯者その他の関係者との接触禁止等の条件を付した上で被告人の保釈を許可した原々審の判断が不合理であるとはいえないのであっ

て、このように不合理とはいえない原々決定を、裁量の範囲を超えたものとして取り消し、保釈請求を却下した原決定には、刑訴法90条、426条の解釈適用を誤った違法があり、これが決定に影響を及ぼし、原決定を取り消さなければ著しく正義に反するものと認められる。」

## ▶ 読解の視点

### はじめに

保釈について理解するには、前提となる身柄拘束の理解が必要ですので、身柄拘束について概観した上、身柄解放についてみていくこととします。

### 1 身柄拘束

#### （1） 捜査段階

身柄拘束の大半は捜査段階から始まります。身柄拘束は重大な人権制約であることから、逮捕段階、勾留段階の二重の審査を経ることによって慎重を期す仕組みになっています。

##### ア 逮捕手続の概要

捜査段階での身柄拘束は逮捕から始まります。ここでは警察官が逮捕するという実務上最も多く見られるケースについてお話しします（例外の一つとして、検察官が逮捕状請求や逮捕をすることもできますが、実際に検察官がこれらをするのは、汚職、脱税、経済事件等の特別な事件に限られるのが通常です。）。

捜査機関が被疑者を逮捕しようとする場合、警察官（刑訴法199条２項の司法警察員）が、裁判官に**逮捕状の発付**を請求します。いつ犯罪が起こりいつ逮捕状が必要となるか分からないので、休日や夜間も裁判官は当番制で令状請求に備えています。逮捕状請求を受けた裁判官は、被疑者が罪を犯したことを疑うに足りる相当な理由があると認める場合には、明らかに逮捕の必要がないときを除き、逮捕状を発付します。逮捕状が発付されると、警察官（刑訴法上の司法警察職員）は、逮捕状により被疑者を逮捕することができます（通常逮捕。憲法33条、刑訴法199条１項）。

逮捕状によらずに逮捕することができる例外として、**現行犯逮捕**及び**緊急逮捕**があります。

被疑者を逮捕したら、警察官（刑訴法上の司法警察員）は、直ちに犯罪事実の要旨及び弁護人選任権を告知し、弁解の機会を与え、留置の必要がないと思料するときは直ちに釈放し、留置の必要があると思料するときは、被疑者の身体拘束時から48時間以内に書類及び証拠物とともに検察官に送致しなければなりません（刑訴法203条１項）。

#### イ　勾留手続の概要

送致を受けた検察官は、被疑者に弁解の機会を与え、留置の必要がないと思料するときは直ちに釈放し、留置の必要があると思料するときは被疑者を受け取った時から24時間以内（拘束時から72時間以内）に裁判官に被疑者の勾留を請求しなければなりません（刑訴法205条）。

勾留請求を受けた裁判官は、書類や証拠の検討とともに、被疑者に対して、被疑事実や弁護人選任権等を告知した上で言い分を聞く勾留質問を行います。そして、勾留の要件があると判断した場合には勾留状を発します（刑訴法207条、62条）。

勾留期間は原則として10日間です。この期間内に起訴しないときは、検察官は、直ちに被疑者を釈放しなければなりません（刑訴法208条１項）。ただし、検察官の請求により、裁判官がやむを得ない事由があると認めるときは、勾留期間を最長10日延長することができます（同条２項）。

#### ウ　勾留の実体的要件

勾留の実体的要件は、① 被疑者が罪を犯したことを疑うに足りる相当な理由、② 刑訴法60条１項各号のいずれかの事由（１号：住居不定、２号：罪証隠滅のおそれ、３号：逃亡のおそれ）及び③ 勾留の必要性です。

罪証隠滅の対象は、罪体（犯罪事実そのもの）のほかに重要な情状事実（量刑に影響を与える事実）が含まれます。また、罪証隠滅の場面は、存在している証拠を消滅させる場合と、弁解に沿う証拠を新たに作出する場合（口裏合わせを含む）があります。罪証隠滅の「おそれ」とは抽象的なものではなく、具体的であることが必要ですが、実務上、①及び②の要件（合わせて勾留の理由。刑訴法87条１項参照）がないと判断できることはほとんどなく、③ 勾留の必要性の枠組みの中で、罪証隠滅のおそれや逃亡のおそれの現実的な程度などを検討して結論を判断していることが多いです。例えば、被害額300万円の業務上横領事件において、勾留の理由（①②）があることを前提に、犯行から約２年７か月後に告発がされ、長期間にわたり身柄拘束のないまま捜査が続けられていること、本件前の相当額の余罪部分について公訴時効の完成が迫っていたにもかかわらず、被疑者が警察からの任意の出頭要請には応じるなどしていたこと、被疑者の身上関係等からすると、罪証隠滅・逃亡の現実的可能性の程度が高いとはいえないとして、勾留の必要性（③）がないとした原々決定を維持する判断を示した最決平成27年10月22日集刑318号11頁が参考になります。

> 逮捕状請求は、被疑者が罪を犯したことを疑うに足りる相当な理由があると認められれば、「明らかに逮捕の必要がないときを除く」という緩やかな要件（消極的要件）で認められますので、逮捕状請求を却下すべき場合はかなり少ないですが、勾留請求は、認めるべきか否か悩ましい事案も少なくありません。勾留請求却下率は、平成９年（0.1％）以降、毎年上昇しており、令和元年は5.2％でした。他方、勾留請求そのものが謙抑的になっているとの見方もあります[1)]。

### （2） 公判段階

被疑者は起訴されると、被告人となります。勾留中の被告人については公訴提起の日から２か月間勾留が継続され、特に継続の必要がある場合においては、１か月ごとに勾留期間が更新されます（刑訴法60条２項）。

## 2 身柄解放

被疑者・被告人が身柄の解放を求めて採り得る手段には、勾留の裁判に対する準抗告、勾留の取消請求、勾留の執行停止、保釈請求などがあります。実務上よくみられるのは、捜査段階においては勾留の裁判に対する準抗告、公判段階においては保釈です。以下ではこの２つについてみていきます。

### （1） 勾留の裁判に対する準抗告

被疑者・弁護人は、勾留の裁判に不服がある場合、準抗告を申し立てることができます（受訴裁判所の決定に対して行う抗告に対し、裁判官がした裁判に対して行うので、抗告に準ずるものとして準抗告とされています。刑訴法429条）。他方、検察官も、勾留請求却下の判断に対して準抗告をすることができます。

捜査段階の勾留の判断は裁判官１人で行いますが、準抗告は３人の裁判官で構成する合議体が審査します（刑訴法429条３項）。準抗告審において、勾留の裁判に誤りがあると判断されれば、これが取り消され、勾留請求が却下されます。逆に、勾留請求却下の判断に誤りがあると判断されれば、勾留状が発せられます。

準抗告は、当初の裁判が不合理か否かを審査する手続（事後審）ですので、勾留の裁判後の事情変更を理由に身柄解放を求める場合、勾留の取消請求（刑訴法87条１項）によることとなります。もっとも、実務上は事後審性を徹底しているわけではなく、事情変更も考慮して判断されることが少なくありません（本書第11章参照）。また、重病の治療のような緊急性が高い場合は、勾留の執行停止（刑訴法207条１項、95条）で対処することが多いです。

### （2）保　釈

#### ア　概　要

保釈は、起訴後勾留中の被告人について、被告人・弁護人等の請求により、**保釈保証金**を納付させ、被告人が逃亡した場合には保釈が取り消されて保釈保証金が没取されるという威嚇の下に、被告人を社会で生活させつつ出頭を確保する制度です。保釈保証金の金額は、犯罪の性質及び情状、証拠の証明力並びに被告人の性格及び資産を考慮して、被告人の出頭を保証するに足りる金額を定めます（刑訴法93条２項）。

保釈の許否を判断するのは受訴裁判所ですが、第１回公判期日までは、予断排除のため、事件の審判を担当する裁判官は関与しないのが原則です（刑訴規則187条１項ただし書）。

保釈を許可する際には、住居の制限や関係者との接触禁止などの**条件**を付すことができ、この条件違反も保釈の取消し・保釈保証金の没取の対象となります（刑訴法96条）。

なお、保釈中の被告人が実刑判決を受けたときは、保釈の効力が失われ、収監されます（刑訴法343条参照）。収監されれば、保釈保証金は返還されます。

> 保釈保証金の金額は、100万円～200万円前後が比較的多いですが、事案によってかなり様々です。記憶に新しい日産元社長のカルロス・ゴーン被告人（特別背任等）については、合計15億円と過去２番目に高額な保釈保証金が納められていましたが、結局、令和元年の年末に海外へ逃亡されてしまいました。

#### イ　保釈が認められるための要件

保釈の類型として、権利保釈と裁量保釈が定められています。

**【権利保釈（刑訴法89条）】**

一定の除外事由に当たる場合を除いては、保釈を許可しなければなりません。除外事由は、次のとおり定められています。

① 被告人が死刑又は無期若しくは短期１年以上の懲役若しくは禁錮に当たる罪を犯したものであるとき
② 被告人が前に死刑又は無期若しくは長期10年を超える懲役若しくは禁錮に当たる罪につき有罪の宣告を受けたことがあるとき
③ 被告人が常習として長期３年以上の懲役又は禁錮に当たる罪を犯したものであるとき
④ 被告人が罪証を隠滅すると疑うに足りる相当な理由があるとき
⑤ 被告人が、被害者等の身体若しくは財産に害を加え又はこれらの者を畏

怖させる行為をすると疑うに足りる相当な理由があるとき
⑥ 被告人の氏名又は住居が分からないとき

例えば、強盗罪（5年以上の有期懲役）で起訴された被告人は1号に該当するので、権利保釈は認められません。では、強盗罪で起訴されてしまった以上、保釈は絶対に認められないのかというと、そうではなく、裁量保釈の途があります。

**【裁量保釈（刑訴法90条）】**

刑訴法90条は、「裁判所は、保釈された場合に被告人が逃亡し又は罪証を隠滅するおそれの程度のほか、身体の拘束の継続により被告人が受ける健康上、経済上、社会生活上又は防御の準備上の不利益の程度その他の事情を考慮し、適当と認めるときは、職権で保釈を許すことができる。」と裁量保釈を規定しています。

この条文は、平成28年法律第54号による改正によって下線部分が挿入され、2016年6月23日から施行されました。冒頭の最高裁判例は、改正前の判断ですが、この改正は、「裁量保釈の判断に当たっての考慮事情について、実務上の解釈として確立しているところを確認的に明記する」趣旨によるものであり、「裁量保釈の判断の在り方を実質的に変更したり、現在の運用を変更する必要があるとする趣旨のものでない」とされています（法務省刑事局「刑事訴訟法等の一部を改正する法律の解説」）。ですから、同判例の意義は、この改正の前後で変わるものではないと考えてよいでしょう。

裁量保釈の考慮事情が明記されるに至りましたが、なお幅広い解釈の余地を残しています。一口に「罪証隠滅のおそれの程度」といっても、どの点を罪証隠滅のおそれとみるのかや、そのおそれの程度の評価などは、事案により様々な見方があり得ます（※）。

そうした中で判断の指針の一つとなるのが従前の裁判例です。特に最高裁の判断は実務に大きなインパクトを与えます。ここでは、最高裁の過去の判断をいくつかみていくことにします。

※例えば、冒頭の最高裁判例の抗告審決定である東京高決平成26年10月29日は、被告人が公訴事実を争っていることを重視して罪証隠滅のおそれが相当に強度であると判断したようにも読めますが、この点に関し、前記の法改正についての国会審議における衆議院法務委員会及び参議院法務委員会では、「保釈に係る判断に当たっては、被告人が公訴事実を認める旨の供述等をしないこと又は黙秘していることのほか、検察官請求証拠について刑事訴訟法第326条の同意をしないことについて、これらを過度に評価して、不当に不利益な扱いをすることとならないよう留意するなど、法の趣旨に沿った運用がなされるよう周知に努めること。」という附帯決議がなされています。

保釈率（勾留された被告人のうち保釈された人の割合）については、地方裁判所では、平成15年（12.7%）を境に毎年上昇し続けており、令和元年は32.0%でした。簡易裁判所においても、平成16年（5.3%）を境に上昇傾向にあり、令和元年は16.7%でした。他方、保釈中の被告人による犯罪や不出頭も問題視されています。

## 3　裁　判　例

### （1）　最決平成26年11月18日（本章冒頭）

共犯者らと共謀の上、共犯者の１人が、仕入代金を先払いすれば、LED照明が製造・納入されるなどと被害会社担当者にうそを言って、仕入代金名目で合計２億円余りを被害会社に支払わせたという詐欺被告事件（詳細は冒頭）

#### ア　第１審の判断

最重要証人である被害会社の担当者に対する主尋問が終了した段階で、保釈保証金を300万円とし、共犯者その他の関係者との接触禁止等の条件を付して保釈を許可した。

※保釈許可決定には「保釈の請求があったので、相当と認め」という程度の理由の記載が一般的です。本件では、関係者との接触禁止条件が付されているので、罪証隠滅のおそれの存在を前提に裁量保釈として保釈を許可したことが明らかです。さらに、第１審が抗告審に提出した意見書から、第１審の考慮した事情が読み取れます。

その意見書には、被告人が最重要証人（被害会社の担当者）、共犯者ら関係者に働きかけるなどして罪証を隠滅するおそれは認められる一方、共犯者との主張の相違や対立状況、被告人の被害会社関係者や発注会社関係者に対する影響力等に照らせば、被告人が実効性のある罪証隠滅行為に及ぶ現実的可能性は高いとはいえないこと、本件における被告人の立場は、複数回の架空発注の１件に発注会社の担当者として関与したにとどまり、同様の立場にあった共犯者２名については執行猶予付判決が確定しており、被告人が仮に有罪であるとしてもその刑の重さには限度があるところ、勾留が既に相当期間に及んでおり、現実的でない罪証隠滅のおそれを理由に身柄拘束を継続することは不相当であることを挙げています。

なお、第１審判決は無罪でした。

#### イ　抗告審の判断

本件は、商取引を仮装した組織的で大規模な詐欺事件であり、被告人と共犯者らとの共謀と欺罔行為の存在（被害会社担当者の誤信）が争点であるところ、これらの立証は、いずれも共犯者や関係者の供述に大きく依存するものと考えられる。相互に密接な関係にある共犯者らは、公判においていずれも共謀と欺罔行為の存在を否認している。被告人の共謀を立証するには、事前共謀の場にいたとされる関係者３名の供述が重要な意味をもつところ、これらの者の応訴態度からすれば、その公判における供述によって立証することは極めて困難であるとみられる。これらの事情からすれば、罪証隠滅の余地は比較的大きく、被告人と相互に親密な間柄にあるこの３名のほか、循環する取引に深く関与した関係者らが通謀して罪証隠滅を図った場合の効果をそれほど小さいものと見ることはできない。被害会社担当者の主尋問における証言が概括的で抽象的な内容にとどまっているところからすれば、これについても罪証隠滅の余地がないとはいえない。被告人は、共謀も欺罔行為も争っているから、共犯者らと共謀し、関係者らに働き掛けるなどして罪証隠滅に出るおそれは相当に強度である。裁量保釈の適否について検討すると、罪証隠滅のおそれが相当に強度であることに鑑みれば、被告人と弁護人との意思疎通の必要性が高い一方、身柄拘束期間が相当長期に及んでいること、一連の事件関係者の中には執行猶予付判決を受けた者がいること等を考慮しても、未だ被害者１名の尋問さえも終了していない現段階において被告人を保釈することは、原審の裁量の幅を相当大きく認めるとしても、その範囲を超えたものというほかないとして、第１審の決定を取り消した。

**ウ　最高裁の判断**

抗告審の決定は第１審の判断が不合理であることを具体的に示していないとして、第１審の判断を支持した。

### （２）　最決平成27年４月15日（集刑316号143頁）

柔道整復師の資格を有し、予備校理事長の職にあった被告人が、予備校内の接骨院において、予備校生徒である当時18歳の女性に対し、同女が被告人の学習指導を受ける立場で抗拒不能状態にあることに乗じ、施術を装い、その胸をもみ、陰部を触るなどのわいせつな行為をしたという準強制わいせつ被告事件

**ア　第１審の判断（最高裁決定に現れている意見書を参照）**

被害者の証人尋問が終了していること、弁護人が被害者証言を弾劾する趣旨で証人尋問を請求する予定の予備校の元生徒らとの通謀の点も含め、被告人による罪証隠滅のおそれは現時点ではそれほど高度のものとはいえないこと、被告人に前科がないこと、逃亡のおそれが高いとはいえないことなどを考慮し、保釈保証金を300万円、被害者、前記元生徒らとの接触禁止などの条件を付して保釈を許

可した。

#### イ　抗告審の判断

被告人が前記元生徒に働き掛けるなどして罪証を隠滅することは容易で、その実効性も高いとして、第１審の決定を取り消した。

#### ウ　最高裁の判断

第１審の判断は不合理なものとはいえず、抗告審の決定は第１審の判断が不合理であることを具体的に示していないとして、第１審の判断を支持した。

### （3）　最決平成26年３月25日（集刑313号319頁）

平成25年７月及び同年８月の２回にわたり、リゾートマンションの被告人の部屋において、当時21歳及び当時25歳の女性に対し、睡眠導入作用を有する薬物を混入した料理を食べさせ、抗拒不能の状態に陥らせて姦淫した準強姦被告事件（なお、同じ態様の準強姦又はその未遂５件が併合審理されている。）

#### ア　第１審の判断

保釈保証金を合計1500万円とし、本件及び併合事件の被害者らとの接触禁止などの条件を付して保釈を許可した。

※最高裁決定は、前記保釈許可決定までに、被告人は本件及び併合事件全てを認め、検察官請求証拠について全て同意して取調べが終わっていること、更なる追起訴が予定されていないこと、被告人の妻が被告人の身柄を引き受け、出頭確保と生活監督を制約していること、前科前歴がないこと等の事情があると説示しています。

#### イ　抗告審の判断（判タ1401号165頁の解説による）

刑訴法89条１号、３号に該当する事由が認められ、被告人が重要な情状事実について罪証を隠滅するおそれが否定できないから同条４号の事由も認められる。本件の悪質性、重大性、常習性に鑑みれば、裁量保釈は相当でないとして、第１審の決定を取り消した。

#### ウ　最高裁の判断

本件事案の性質や証拠関係、併合事件を含む審理経過、被告人の身上等に照らすと、第１審の決定は裁量を逸脱したものとはいえず、不当ともいえないとして、第１審の判断を支持した。

### （4） 最決平成17年３月９日（集刑287号203頁）

共犯者と共謀の上、路上で大麻樹脂を所持した大麻取締法違反被告事件（共犯者は現行犯逮捕されている。）

ア　第１審及び準抗告審の判断

保釈請求を却下した。

※第１審及び準抗告審が保釈請求を却下した理由は明らかではありませんが、公訴事実が大麻の非営利目的所持であり、被告人に前科前歴がなく、家族と同居していることからすれば、刑訴法89条４号を理由とするものと推測されます。

イ　最高裁の判断

大麻を所持していて現行犯逮捕された共犯者が被告人との共謀による所持である旨供述し、被告人自身も勾留質問及び検察官による弁解録取の際に犯行の概略を認めて調書に署名指印したこと、前科前歴がなく、家族と同居し、芸術大学を目指して受験勉強中であり、大学入試の試験日が目前に迫っていること等の事情を考慮して、保釈保証金を150万円とし、共犯者との接触禁止などの条件を付して保釈を許可した。

### （5） 最決平成24年10月26日（集刑308号481頁）

路上で、当時12歳の女児に対し、背後から抱きつき、着衣の上から左乳房を右手で触って押さえつけるなどした強制わいせつ被告事件（被告人は、本件と同種の強制わいせつ事件５件でも起訴されており（以下、この５件を「先行事件」という。）、本件は、先行事件の間に行われた事案である。）

ア　第１審の判断

保釈保証金額を75万円とし、本件被害者及びその関係者との接触禁止などの条件を付して保釈を許可した。

※最高裁決定は、被告人が本件公訴事実について捜査段階から認める供述をしており、弁護人も争わない予定であるとしていること、先行事件の全てを認め、検察官請求証拠に全て同意して取調べが終了していること、先行事件の受訴裁判所も保証金額を各75万円（合計375万円）と定めて保釈を許可し、検察官の抗告が棄却されて保釈許可決定が確定していること、追起訴が今後予定されていないこと、被告人の両親が身柄を引き受け、出頭確保と

生活監督を制約していること、前科前歴がないこと等の事情があると説示しています。

イ　準抗告審の判断（法教402号判例セレクト38頁による）

刑訴法89条３号及び４号の事由に該当するとした上で、効果的なカウンセリング等の事情を考慮しても裁量保釈は相当でないとして、保釈許可決定を取り消した。

ウ　最高裁の判断

刑訴法89条３号及び４号に該当する事由があり、常習性も強い事案であるとしつつ、第１審について前記事情を認定し、本件事案の性質や証拠関係、先行事件の審理経過、被告人の身上等に照らすと、第１審の裁判はその裁量の範囲を逸脱したものとはいえず、不当ともいえないとして、第１審の判断を支持した。

（６）　最決平成26年11月17日（集刑315号183頁）

朝の通勤通学の地下鉄車内で女子中学生の右太腿付近等をスカートの上から触った迷惑行為防止条例違反被疑事件

※勾留についての判断ですが、保釈の判断と通じるところがあるので紹介します。

ア　第１審の判断

勾留の必要性がないとして勾留請求を却下した。

イ　準抗告審の判断

被疑者と被害少女の供述が対立しており、被害状況についての被害少女の供述が極めて重要であること、被害少女に対する現実的な働きかけの可能性もあることからすると、被疑者が被害少女に働きかけるなどして、罪体について罪証を隠滅すると疑うに足りる相当な理由が認められるとし、勾留の必要性を認めた。

ウ　最高裁の判断

被疑者は前科前歴のない会社員であり、準抗告審の決定でも逃亡のおそれが否定されていることなどに照らせば、本件において勾留の必要性の判断を左右する要素は罪証隠滅の現実的可能性の程度と考えられるとした上で、本件事案の性質に加え、本件が京都市内の中心部を走る朝の通勤通学時間帯の地下鉄車両内で発生したもので、被疑者が被害少女に接触する可能性が高いことを示すような具体的な事情がうかがわれないことからすると、罪証隠滅の現実的可能性が低いと判断したと考えられる第１審の判断が不合理とはいえないとして、第１審の判断を支持した。

### （7） まとめ――手続の段階による裁量の違い

最高裁が身柄を解放する方向の判断を示した裁判例を列挙しましたが、（1）から（3）は、受訴裁判所がした保釈許可決定を支持したもの、（4）及び（5）は、第1回公判前の裁判官による保釈許否の判断に関するもの（ただし、（5）は、同時に申し立てられた先行事件の保釈が許可されているという事情があります。）、（6）は、捜査段階の勾留に関するものという違いがあります。

受訴裁判所がする保釈、特に裁量保釈の判断は、最終的な有罪無罪の判断や量刑の見通しを踏まえたものになると考えられ、これは（1）の事案によく表れています。このことは、刑訴法89条1号から3号が量刑が重くなる可能性のある事案について権利保釈の除外事由を定めていることとも整合します。

これに対し、具体的な審理が始まる前に裁判官がする判断は、裁量の範囲に当然違いがあるといえます。例えば、権利保釈の除外事由に該当しても、執行猶予見込みなら、被告人が敢えて逃亡したり、関係者に働きかけたりしないだろうという考えが働きますが、審理が始まる前は量刑の見通しを具体化できないため、実刑の可能性も考えて逃亡や罪証隠滅に及ぶおそれを考える必要があります。加えて、受訴裁判所は、抗告審裁判所に事件記録を送付する際に意見書を添付して考え方を知らせることができ、抗告審裁判所は、それを前提に判断が裁量の範囲内か否かを判断することができますが、準抗告の場合は意見書の添付がないので、準抗告審は事件記録自体から判断するしかありません。

さらに、捜査が進行して様々な物的人的証拠が収集され分析検討されることで事案が解明され、最終的に検察官が起訴すべきかどうかを決めるわけですが、逮捕から間もない勾留請求の時点において、被疑者の弁解の具体的内容や事案の全貌が解明されていないことは多々あり、裁判官は、そのような場面で起訴の可能性に関する積極消極両方の様々な事情を考慮して勾留状を発付したり勾留請求を却下したりしています。

## おわりに

近年、勾留請求却下率や保釈率は上昇傾向にあり、それを踏まえて検察官も請求や不服申立ての判断に慎重になりつつあると考えられ、総合的に見て、日本の刑事司法における身柄解放の方向性は強まっていると思われます。

それでもいまだ「人質司法」という言葉が存在するように、身柄拘束の実情についての不満も存在します。一方で、身柄拘束の制度を適切に運用して、刑罰法令の適切な実現を図ることもとても重要なことです。

いったい現在の身柄拘束についての運用状況は適切なのかについては、前記の法改正に際しての審議においても、認識が大きく相違し、共通の認識を得るには至らなかったとされています。国際比較の試みもありますが、各国によって刑事司法制度の仕組みが相当異なり、それぞれの社会の実情も異なるので、例えば単純に数値の比較をしても余り有意義とはいえません。

結局は、検察官、弁護人、裁判所（裁判官）がそれぞれの立場から個々の事案について真剣に検討して適切な活動をし、時には後から判断を振り返るなどといったことの積み重ねが重要だといえそうです。

【付記】

本章作成に当たっては、中四国判例研究会における議論を反映した。なお、本章中意見にわたる部分は私見である。

注

1）　三井誠＝渡邊一弘＝岡慎一＝植村立郎『刑事手続の新展開・下』（成文堂、2017年）213頁（栗原正史）。

（森田 初恵・杉本 正則）

## *Comment*

解説の中でも取り上げられている最決平成26年11月18日刑集68巻９号1020頁は、詐欺事件の被告人に対して保証金額を金300万円として保釈を許可した決定について、検察官から「抗告」の申立てがなされたことから、抗告審が保釈の適否を検討したところ、刑訴法89条４号の「被告人が罪証を隠滅すると疑うに足りる相当な理由」において罪証隠滅のおそれが相当に強度であることから、被告人を保釈することは原審の裁量の幅を相当大きくみとめるとしても、その範囲を超えたものというほかないとして、被告人の保釈を許可した決定を取り消し、保釈請求を却下したことに対し、被告人が原裁判を取り消して、保釈を許可する裁判を求めた特別抗告審の事案です。

起訴される前の被疑者の身柄拘束として、逮捕と勾留（被疑者勾留）があります。また、起訴された後の被告人の身柄拘束として勾留（被告人勾留）があります。被疑者の身柄拘束の逮捕に対する不服申立て手続は日本には存在しません。起訴前の被疑者の保釈も存在しません。起訴後、勾留されている被告人が保釈を請求することは許されています（刑訴法88条）。保釈には、刑訴法89条の必要的保釈（権利保釈）と刑訴法90条の職権保釈（裁量保釈）の二つがあります。

裁判官が勾留（起訴後のみならず起訴前も含まれます）や起訴後の被告人に対する保釈に関する裁判をした場合に、その裁判について不服があれば、「簡易裁判所の裁判官がした裁判に対しては管轄地方裁判所に」、「その他の裁判官がした裁判に対してはその裁判官所属の裁判所に」その裁判の取消又は変更を請求することができます（刑訴法429条）。解説においては「７．まとめ」でふれられています、いわゆる、裁判官の裁判に対する準抗告といわれるものです。

当該事案において、東京地方裁判所は、保釈金額を金300万円として、被告人の保釈を許可しました（東京地決平成26年10月27日刑集68巻９号1046頁）。それに対して、検察官が刑訴法419条により抗告の申立てを行ったところ、抗告審の東京高等裁判所は、被告人が共犯者らと通謀し、あるいは関係者らに働き掛けるなどして、罪証隠滅に出る可能性は決して低くないとして、「罪証隠滅のおそれは相当に強度というほかなく、被告人には、刑訴法89条４号に該当する事由があると認められる」としました（東京高決平成26年10月29日刑集68巻９号1049頁）。その上で、保釈の適否について、「罪証隠滅のおそれが相当に強度であることに鑑みれば、被告人と弁護人の意思疎通の必要性が高い一方、被告人の身柄拘束期間が相当長期に及んでいること、一連の事件の関係者の中には執行猶予判決を受けた者がいることなどの弁護人が主張する諸点を考慮しても、（中略）多数の証人予定者が残存する中にあって、未だ被害者１名の尋問さえも終了していない現段階において、被告人を保釈することは、原審の裁量の幅を相当大きく認めるとしても、その範囲を超えたものというほかない。」として、保釈は許されるとした東京地方裁判所の決定は判断を誤ったとして、決定を取消し、保釈請求を却下しました。

被告人は、刑訴法433条によって不服申し立てが認められていない東京高等裁判所の上記の決定に対して刑訴法405条に規定する憲法違反または判例違反を理由として最高裁判所へ抗告しました。特別抗告と呼ばれるものです。当該事案における弁護人の申し立ての趣旨は、「保釈許可を取り消した原裁判は憲法34条に反する」としています。

最高裁判所は、「本件抗告の趣意は、憲法違反をいう点を含め、実質は単なる法令違反、事実誤認の主張であって、刑訴法433条の抗告理由に当たらない」とした上で、「しかし」と付け加えて、「所論に鑑み、職権により調査すると、被告人の保釈を許可した原々決定を取り消して保釈請求を却下した原決定には、刑訴法90条、426条の解釈適用を誤った違法があり、取消しを免れない。」とし、「原決定を取り消す。原々決定に対する抗告を棄却する。」決定を下しました。

東京地方裁判所の決定について、最高裁判所は、「原々審は、被告人と共犯者らとの主張の相違ないし対立状況、被告人の関係者に対する影響力、被害会社担当者の主尋問における供述状況等に照らせば、被告人がこれらの者に対し実効性のある罪証隠滅行為に及ぶ現実的可能性は高いとはいえないこと、本件における被告人の立場は、複数回の架空発注のうちの1件に発注会社の担当者として関与したにとどまること、被告人に対する勾留は既に相当期間に及んでおり、前述のような現実的でない罪証隠滅のおそれを理由にこれ以上身柄拘束を継続することは不相当であること等を考慮して保釈を許可したものと理解される」としています。これに対して、「抗告審は、原決定の当否を事後的に審査するものであり、被告人を保釈するかどうかの判断が現に審理を担当している裁判所の裁量に委ねられていること（刑訴法90条）に鑑みれば、抗告審としては、受訴裁判所の判断が、委ねられた裁量の範囲を逸脱していないかどうか、すなわち、不合理ではないかどうかを審査すべきであり、受訴裁判所の判断を覆す場合には、その判断が不合理であることを具体的に示す必要があるというべきである。」とします。当該事案においては、保釈を認めた原々決定に対して保釈が認められないほどの罪証隠滅のおそれの具体的な説明付けがなく、原々審の判断が不合理であることを抗告審が具体的に示してはいません。最高裁は、不合理であることを具体的に示されない中で、裁量の範囲を超えたものとして取消、保釈請求を却下したものであり、「刑訴法90条、426条の解釈適用を誤った違法があり、これが決定に影響を及ぼし、原決定を取り消さなければ著しく正義に反するものと認められる。」としています。

抗告審が保釈決定の当否について受訴裁判所の判断を覆す場合には、その判断が不合理であることを具体的に示すことの重要性を示した重要な裁判例であり、裁量保釈（刑訴法90条）の保釈を許可しない事由、「被告人が罪証を隠滅すると疑うに足りる相当な理由があるとき」の要件について、丁寧かつ慎重なあてはめ及び判断を求めるものと解されます。また、権利保釈のうちの刑訴法89条4号について、「被告人が罪証を隠滅すると疑うに足りる相当な理由があるとき」にあたり保釈が許されないという決定がなされる場合においても、相当な理由について同様な丁寧かつ慎重な事実のあてはめ及び判断が求められるべきでしょう。

（河村　有教）

# 第11章 接見等禁止の裁判に対する準抗告
## ――最決平成31年３月13日判タ1462号33頁、判時2423号111頁

傷害致死被告事件の起訴後の接見等禁止の裁判に対する準抗告を棄却した原決定に対し、原々裁判後の事情として公判前整理手続の経過を考慮して、証人予定者らにつき罪証隠滅の現実的なおそれを検討すべきであるなどとして、刑訴法81条、426条の解釈適用を誤った違法があるとされた事例

### 第１　事実関係

本件公訴事実の要旨は、被告人が、自宅で父親である被害者の背部を包丁で２回突き刺すなどの暴行を加えて死亡させたというものである。

被告人は、本件で現行犯逮捕され、勾留、鑑定留置（捜査機関が、刑訴法223条１項に基づき被疑者の心神又は身体に関する鑑定を嘱託する場合に、被疑者を病院その他の相当な場所に留置することが必要となるときは、裁判官に対してその処分を請求し、裁判官が発した鑑定留置状により被疑者を病院その他の相当な場所に留置することができます（刑訴法224条１項、２項、167条)。本件ではその間、捜査機関が嘱託した医師による責任能力等に関する起訴前鑑定が行われています。）を経て、平成30年４月20日に起訴された。裁判所は、起訴当日、検察官の請求により、第１回公判期日が終了する日までの間、被告人と弁護人又は弁護人となろうとする者以外の者との接見等を禁止する旨の決定をした。

公判前整理手続において、主な争点は責任能力の有無、程度に絞られた。検察官は、完全責任能力を主張するのに対し、弁護人は、飲酒と服用した薬の影響により、被告人に急性の意識障害が生じて、心神喪失又は心神耗弱の状態にあったと主張した。弁護人は、責任能力の鑑定を依頼したＡ医師及び情状に関して被告人の妹の証人尋問を請求するとしている。

弁護人は、平成31年２月７日、弁護人は、平成31年２月７日、Ａ医師及び被告人の妹について、罪証隠滅を疑うに足りる相当な理由はなく、公判における防御の準備のため接見等を行う必要が高いとして、接見等禁止の一部解除を申請したが、職権発動がされなかったことから、同月18日、主位的に原々裁判を取り消して接見等禁止請求を却下し、予備的にＡ医師及び被告人の妹を接見等禁止の対象から除外することを求める本件準抗告を申し立てた。

原決定は、準抗告を棄却したため、弁護人は特別抗告を申し立てた。

### 第２　決　定

以下の通り判示して、原審に差し戻した。

「原々裁判が、公判前整理手続に付される本件について、接見等禁止の終期を第１回公判期日が終了する日までの間と定めたことは、公判前整理手続における争点及び証拠の整理等

により、罪証隠滅の対象や具体的なおそれの有無、程度が変動し得るにもかかわらず、接見等禁止を長期間にわたり継続させかねないものである。このような原々裁判について、平成31年２月に至り、接見等禁止の一部解除の申請について職権が発動されず、原決定が公判前整理手続の経過等を考慮した上で本件準抗告を棄却したという経緯を踏まえると、当審においても、前記公判前整理手続の経過等原々裁判後の事情をも考慮して原決定の当否を判断するのが相当である。」

「本件では、公判前整理手続において、弁護人の予定主張が明示され、主な争点が責任能力の有無、程度に絞られたこと、争点に関する証人として、起訴前鑑定をした医師とＡ医師のほか、犯行を目撃した被害者の妻らが予定されていること、Ａ医師については、接見等禁止の一部解除の申請に対する検察官の意見書において、接見等を行う必要性がないとしているだけで、接見等による罪証隠滅のおそれに関する事情は主張されていないことが指摘できる。以上によれば、少なくとも、Ａ医師については、特段の事情がない限り、被告人が接見等により実効的な罪証隠滅に及ぶ現実的なおそれがあるとはいえず、また、連日的な集中審理の公判に向けた準備を行う必要性が高いといえる。さらに、被告人の妹ら他の関係者についても、勾留に加えて接見等を禁止すべき程度の罪証隠滅のおそれの有無に関し、原決定が具体的に検討した形跡は見当たらない。」

## ▶ 読解の視点

### 1　接見等禁止の裁判の期限と公判前整理手続

#### （1）　接見等禁止の裁判と期限

接見等禁止の裁判とは、勾留中の者について、逃亡し又は罪証を隠滅すると疑うに足りる相当な理由があるときに、弁護人や弁護人になろうとする者以外との接見を禁止したり、書類その他の者の授受を禁止するなどの裁判のことです（刑訴法81条、被疑者については同法207条１項、81条）。逃亡や罪証隠滅は勾留によって防止されていますから、勾留によっては防止できない程度の相当な理由が必要であるとされています。接見等によって逃亡が容易になる場面は限られていますので、実務上、接見等禁止のほとんどは、罪証隠滅を理由とするものです。

接見等禁止の裁判については法律上の期間制限はありません。したがって勾留による身柄拘束が継続する限り、原則として接見等禁止の効果も存続すると考えられています。他方で、接見等禁止が被疑者・被告人に与える精神的苦痛等を考慮すれば、その適用は最小限度にとどめるべきともいえます。特に罪証隠滅のおそれは、捜査の進捗や訴訟の進展により変わりゆくものですから、必要性を再検討するためにも期限を設けられないのかが問題となります。

一般に訴訟行為には、明確性や迅速性の要請から期限や条件を付すことは原則としては許容されません。接見等禁止の裁判に終期を付すことについて、刑事訴訟法には期限を設けることを前提とした規定はありませんが、その終期が客観的に明白な事実にかかるときはこれらの要請にも反しないことから許されると解されています[1)]。起訴前の接見等禁止の裁判については、「公訴提起にいたるまで」、起訴後については「第○回公判期日の終了する日（の午後○時）まで[2)]」、「○年○月○日まで[3)]」といった期限を定めることが多く行われています。期限後にも接見等禁止の必要性があると検察官が考えれば、再び接見等禁止を請求し、裁判所（被告人の罪状認否の機会が与えられた実質的な第１回公判期日より前の段階では裁判官）が判断をすることとなります。

### （２）　公判前整理手続と罪証隠滅のおそれ

公判前整理手続に付されない事件の場合には、起訴されると、そこから第１回公判期日が終了するまでの間に、罪証隠滅のおそれが大きく変化することはあまりありません。捜査は起訴までに終わっていますし、公判も開かれていないので証拠関係が大きく変わることはないからです。また、多くの場合、第１回公判期日は起訴後２か月以内に開かれています（刑訴法271条２項参照）。

公判前整理手続に付された場合にはどうでしょうか。本件被告事件は、傷害致死事件であり、裁判員対象事件ですから（裁判員法２条１項２号）、公判前整理手続に付すことが必要的です（同法49条）。公判前整理手続では、事件の争点及び証拠を整理します（刑訴法316条の２）。検察官が証明予定事実記載書面を提出するとともにその事実を証明するために用いる証拠の取調べを請求し（刑訴法316条の13）、被告人又は弁護人は、各種証拠開示を経て、検察官請求証拠についての証拠意見を述べ（刑訴法316条の16）、証明予定事実その他公判期日においてすることを予定している事実上及び法律上の主張を明らかにすべきこととされています（刑訴法316条の17）。公判前整理手続を経た事件について、公判で新たな主張をすることは制限されませんが、公判前整理手続終了後の証拠調べはやむを得ない事由によって公判前整理手続で請求することができなかったものを除き請求できないこととされています（刑訴法316条の32）。これにより、争点整理の実効性は担保されているのです。このように争点整理が行われて争点や証拠が絞り込まれれば、争点とならなかった事項については、原則として罪証隠滅の対象にはなりません。その上で、同意されて採用された証拠については罪証隠滅の主観的可能性も実効性も低くなると考えられます。また、前述の証拠制限との関係では、新たな証拠を作り出しても、公判前整理手続終了後は新証拠の取調べを請求できませんから、そういった点でも罪証隠滅のおそれは低くなるといえます[4)]。

この通り、公判前整理手続に付された場合には、第１回公判期日までに罪証隠滅のおそれは変化するのですが、証拠や主張の整理には時間を要します。特に裁判員裁判対象事件の場合、裁判員選任手続のための時間も必要ですので、その点でも、第1回公判期日が開かれるまでに時間がかかります。

### (3) 本件について

本件の原々裁判は、起訴後の接見等禁止の裁判において「第1回公判期日が終了する日までの間」という期限を設けました。本件被告事件は、公判前整理手続に付され、その間に証拠や主張は整理されましたが、起訴後9か月を経ても第1回公判期日が開かれておらず、接見等禁止の裁判も存続していました。本件最高裁決定（以下、「本決定」といいます。）は、起訴後の接見等禁止の裁判において上記の期限を設けた点について、「公判前整理手続における争点及び証拠の整理等により、罪証隠滅の対象や具体的なおそれの有無、程度が変動し得るにもかかわらず、接見等禁止を長期間にわたり継続させかねないものである。」と述べて問題があることを指摘しています。

そして、この判示は、公判前整理手続の進捗状況によって罪証隠滅のおそれが変化するのに応じて接見等禁止の必要性相当性を再考できるように、適切な終期を定めるべきことを示唆するものです。ただし、本決定は、どのように終期を定めるべきかについては明らかにしていません。「公判前整理手続における争点及び証拠の整理等により、罪証隠滅の対象や具体的なおそれの有無、程度が変動し得る」ことを重視すれば、争点や証拠の整理等が進む公判前整理手続期日の日を終期とすることも考えられます。他方で、接見等禁止が長期間にわたることこそが問題であると考えるならば、起訴後の一定期間経過後の特定の日を終期とすることも考えられます。また、本決定は、本件被告事件が裁判員裁判対象事件であり公判前整理手続が必要的であることには言及せず、単に「公判前整理手続に付される本件について」としていることから、裁判員裁判非対象事件にもその射程は及び得ると考えられます。その場合、公判前整理手続に付すことは必要的ではなく、公判前整理手続に付すかどうかは受訴裁判所が決定する（刑訴法316条の2第1項）ところ、起訴後、第1回公判期日前の接見等禁止決定を行う裁判官（刑訴法280条1項）は、受訴裁判所とは異なりますから、一般に公判前整理手続期日を終期とすることはできないので、その場合の終期の定め方については、残された問題となります。

## 2 接見等禁止の裁判の準抗告審における事後事情の考慮

### (1) 準抗告審の構造と事後事情の考慮

刑訴法429条に定める準抗告審において事後事情を考慮できるか否かについては、準抗告審の構造をどのように捉えるのかと関連して議論されています。原裁判の当否を原審が取り調べた証拠により原裁判時を基準として判断するという事後審説をとる場合には、事後事情の考慮に消極的です。これに対し、新たに生じた事実も加えて自ら判断できるとする続審説の場合には事後事情の考慮に積極的であるという基本的な対立があります。

通説は、法が本案の裁判に対するものとは別個の不服申立制度を定めた理由は、簡易かつ迅速な解決を図るためであるということを重視して、事後審説をとります。その場合でも、新資料の取り調べや事後事情の考慮を一定程度許容するなど一定程度の修正が図ろうとする見解があります。というのも、準抗告審で取り扱う原裁判の多くが被疑者や被告人の身柄関係に関するものであり、それらに関する状況は捜査や審理の進捗状況によって流動的であることや、特に被疑者段階での勾留や接見等禁止の裁判では、検察官から提出された資料のみによって判断されることなどから、弁護人からの準抗告申立てに伴って、新資料が提出されたり、新事情が判明したりすることも多くあり、準抗告の判断時点での結論の具体的妥当性を図りたいという要請も高いからです。

準抗告といっても、様々な類型のものがあり、実務においては、各裁判の性質に応じて具体的に妥当な結論を得るための取り扱いをする方向で運用されていることが指摘されています[5)]。

### （2）　事後事情の考慮のあり方に関する本決定の立場

本決定は、既に述べた原々裁判の問題点を前提に、起訴から約９か月後に接見等禁止の一部解除の申請について職権発動されなかったことや、原決定が公判前整理手続の経過等を考慮した上で本件準抗告を棄却したことを挙げて、これらの経緯を踏まえ、原々裁判後の事情をも考慮して原決定の当否を判断するのが相当であるとしています。

本決定は、事後審であるという一般論を否定しているわけではありませんが、原々裁判にすでに指摘された問題があることを前提に、接見等禁止が長期にわたっている本件について、公判前整理手続等の進捗状況を踏まえて、事後事情を考慮することを認める判断であるといえます。

本件公訴提起事件について、約９か月間、公判前整理手続が行われて、争点が責任能力の有無、程度に絞られ、誰を証人として取り調べるかも決まってきました。もちろん、この過程で検察官請求証拠のうち争いのない事実に関する書証は同意されていることでしょう。そうすると、罪証隠滅の対象や具体的なおそれの有無、程度は争点もわからない起訴直後と比べれば、相当に限定されたといえます。原々裁判の問題点は本決定がすでに指摘しているところですが、審理の進捗状況を踏まえて罪証隠滅の程度が変化しているのかどうかは、原々裁判後の事情を考慮するのでなければ、判断し得ません。本決定はそのような場合に事後事情の考慮を許容するものであると言えます。

本決定が接見等禁止の一部解除の申請について職権発動されなかったことについて述べているのはなぜでしょうか。

接見等禁止の一部解除とは、既になされた接見等禁止の一部を解除し、特定の者との接見や、一定の物の授受などを認めるという裁判のことです。明文の規定はありませんが、一部の者との接見のみを禁止することもできることからも、接見等禁止の一部解除の裁判ができることは広く認められています。ただ、接見等禁止の一部解除については、弁護人、被告人、検察官のいずれにも一部解除の請求権はなく、その申請は裁判官の職権発動を促すに過ぎず、職権発動をしない措置に対しては、不服の対象となる裁判が存在しないため、不服を申し立てることができないとされています[6)]。

接見等禁止の一部解除の裁判をする場合には、その時点で、公判前整理手続等の進捗状況を踏まえて罪証隠滅の対象や具体的なおそれの有無、程度が変動しているのであれば、それらの事後事情を考慮することはできます。しかし、仮に接見等禁止の一部解除の申請に対する職権発動がされなかったとすれば、不服申し立てはできないので、これを是正する手段がありません。本決定は、このように他に是正の手段がないということも、準抗告審が事後事情を考慮することを許容する一事情としています。

### (3) 本件における罪証隠滅の程度の変化

本件では、公判前整理手続において、主な争点が責任能力の有無、程度に絞られたこと、争点に関する証人として、起訴前鑑定をした医師と弁護人が鑑定を依頼したA医師のほか、犯行を目撃した被害者の妻らが予定されています。

そうすると、責任能力以外の事項についての罪証隠滅は想定しづらいですし、人証については、自由な接見を許した場合に、口裏合わせをして新たな供述を作出するなどの方法で罪証隠滅をすることは考えられますが、既に同意された書証もあるなかで、争点との関係で実効性のある罪証隠滅ができるのかは慎重に考える必要があります。

弁護人が鑑定を依頼したA医師については、専門家としての知見を述べることが期待されている証人であり、罪証隠滅のおそれが一般的には高いとは言えません。他方で、被告人の責任能力についての鑑定を行うためには被告人と直接面談する必要性があります。本決定は、A医師について、連日的な集中審理の公判に向けた準備を行う必要性が高いと指摘しており、このような弁護人の防御の点も考慮したものといえます。

本決定は、被告人の妹など他の関係者についても、罪証隠滅のおそれの有無について具体的に検討することを求めていますが、特に証人となっている被告人の妹については、その証人で何を立証しようとしているのかを踏まえて、実効的な罪証隠滅の可能性があるのかについて検討することが必要となるでしょう。

### 注

1）　小田健司「接見等禁止の裁判に条件・期限を付し得るか」令状基本問題143頁、丸田顕「接見等禁止の裁判に期限、条件を付すことができるか」高麗邦彦＝芦澤政治編『令状に関する理論と実務Ⅰ　別冊判例タイムズ34号』（判例タイムズ社、2012年）223頁。

2）「第１回公判期日の終了にいたるまで」とした場合には、当該公判期日以降も接見等禁止を継続する必要がある場合に、当該公判期日終了と同時に接見等禁止の効力がなくなり、新たな接見等禁止決定が出るまでの間、接見等が可能となり、罪証隠滅が行われてしまう可能性がある。このような不都合を回避するために「第１回公判期日の終了の日まで」とする例や、「第１回公判期日の終了の日の午後○時まで」（終期の時間は、留置施設の一般接見終了時刻とすることが多い。）などとする例がある。

3）　勾留の期間に合わせる例や、次回期日が定まっているのであれば、その特定の日とする例がある。

4）　保釈の判断に関して、公判前整理手続の進捗により罪証隠滅のおそれが減少することを指摘したものとして、松本芳希「裁判員裁判と保釈の運用について」ジュリ1312号（2006年）128頁。

5）　合田悦三「準抗告審の性格・構造」高麗邦彦＝芦澤政治編『令状に関する理論と実務Ⅱ　別冊判例タイムズ35号』（判例タイムズ社、2012年）。

6）　最決平成７年３月６日裁判集刑事265号461頁。

### 参考文献

三好幹夫「傷害致死被告事件において接見等禁止の裁判に対する準抗告を棄却した原決定に刑訴法81条、426条の解釈適用を誤った違法があるとされた事例」刑ジャ62号（2019年）153頁。

榎本雅記「接見等禁止に対する準抗告を棄却した原決定につき刑訴法81条の解釈適用を誤ったとされた事例」法教468号（2019年）138頁。

（桂川　瞳）

## *Comment*

本章で扱われた最高裁決定（以下「本決定」といいます。）は、公判前整理手続に付された事件について、公訴提起後、第1回公判期日が終了する日までの間との期限付きで為された接見等禁止決定（刑訴法81条）の適法性について判断したものです。適法性判断に際して考えるべき事項の要点については、読点の視点でまとめられています。そこで、ここでは、本決定を読みながら接見等禁止の要件を学習する際に意識してほしい事項を、読点の視点で触れられていないものを中心に、いくつか挙げることにします。

第1に、本決定が、弁護人が鑑定を依頼したA医師について「連日的な集中審理の公判に向けた準備を行う必要性が高い」と判示した部分の位置付けです。この判示の前後では、「罪証を隠滅すると疑うに足りる相当な理由」（同法81条本文）についての検討が行われています。この検討は、罪証隠滅の対象、罪証隠滅の態様、罪証隠滅の余地（客観的可能性及び実効性）、罪証隠滅の主観的可能性という4つの要素に沿って行うのが一般的とされています[1]。本決定の上記判示部分は、これらの要素と関わるのでしょうか。もし関わらないとすれば、本決定の上記判示部分は、「罪証を隠滅すると疑うに足りる相当な理由」についての検討とは位置付けが異なりますので、改めて、その位置付けを考え直さなければなりません。

第2に、「接見」の主体です。本件で問題となった「接見」は、勾留されている被告人と「第39条第1項に規定する者以外の者」との間の接見です（同法80条[2]）。ここで出てきた同法39条1項は、「身体の拘束を受けている被告人又は被疑者」と「弁護人又は……弁護人となろうとする者」との間の接見について定めています。このように、勾留中の被告人には2種類の「接見」が考えられます。この2種類の「接見」は、単なる主体の違いのみならず、現行刑訴法下での位置付けも異なりますので、学習に際しては、どちらの「接見」が問題となっているのかを意識しましょう。同法39条1項の「接見」については、最高裁が、被疑者及び被告人にとって「刑事手続上最も重要な基本的権利に属するものであるとともに、弁護人からいえばその固有権の最も重要なものの1つである」と共に憲法34条前段の「保障に由来する」ものであると述べて、その重要性を強調しています[3]。また、「立会人なく」（刑訴法39条1項）接見できることが条文上明示されると共に、捜査機関は「接見」について「日時、場所及び時間を指定」することができるにとどまります（同法39条3項本文）。これに対して、同法80条の「接見」については、憲法34条が家族等との自由な交通を保障しているとの立場を採らない限り、少なくとも憲法34条の保障に由来するとはいえません。また、「法令の範囲内で」（刑訴法80条）接見できるに過ぎず、例えば、刑事施設の職員の立会いが想定されています（刑事収容施設及び被収容者等の処遇に関する法律116条1項本文）。さらに、「接見」の禁止まで可能です（刑訴法81条本文）。このような同法39条1項の「接見」と同法80条の「接見」についての現行刑訴法下での位置付けの違いは、本件で問題となった「接見」の禁止について考える際にも、影響し得るものです。

第３に、他の制度で見られる類似の文言との異同です。解説でも述べられているとおり、接見等の禁止の要件でよく問題となるのは、「罪証を隠滅すると疑うに足りる相当な理由」（同法81条本文）の有無です。この文言と類似の表現は、様々な所で見られます。例えば、勾留の理由（同法60条１項２号）、権利保釈の除外事由（同法89条４号）、保釈・勾留執行停止の取消事由（同法96条１項３号）等です[4)]。これらの類似の文言への該当性を考える際に、どこが同じで、どこが異なるのかを意識してみましょう[5)]。

第４に、「逃亡し又は罪証を隠滅すると疑うに足りる相当な理由」（同法81条本文）という文言は、本件のような裁判員裁判対象事件の場合、内容が変わります（裁判員の参加する刑事裁判に関する法律64条１項）。裁判員裁判対象事件の場合は、公判前整理手続が必須となる（同法49条）こと等と併せて、注意しておきましょう。

注

1）　勾留の要件である「罪証を隠滅すると疑うに足りる相当な理由」（刑訴法60条１項２号）について本文中で述べた４つの要素を挙げるものとして、大コンメ刑訴第２巻27頁［川上拓一執筆］等。また、これらの４つの要素を接見等禁止決定の判断の際に用いることを明示するものとして、土屋哲夫「接見禁止決定の判断基準」髙麗邦彦＝芦澤政治編『令状に関する理論と実務Ｉ　別冊判例タイムズ34号』（判例タイムズ社、2012年）220頁以下、221頁、細谷泰暢「接見等禁止の裁判の判断基準」田中康郎監修『令状実務詳解』（立花書房、2020年）933頁以下、934頁等。

2）　同法80条は、同法207条１項により被疑者にも準用されます。

3）　最判昭和53年７月10日民集32巻５号820頁。同旨は、その後の最高裁判例において繰り返し述べられています。例えば、最大判平成11年３月24日民集53巻３号514頁等。

4）　勾留関係以外でも、例えば逮捕の必要性（同法199条２項但書）の内容として、「罪証を隠滅する虞」（刑訴規則143条の３）という文言が見られます。

5）　考える際の手がかりとして、例えば、木谷明「勾留理由としての罪証隠滅のおそれ、接見禁止理由としてのそれ、権利保釈除外事由としてのそれ、及び保釈取消理由としてのそれとの間で、差異があるか」令状基本問題上251頁以下。

（堀田　尚徳）

# 第12章 違法収集証拠
## ——東京高判平成28年８月23日判タ1441号77頁

警察官らが、身柄を拘束されておらず、相手が警察官であることを認識していないＸに対し、そのDNA型検査の資料を得るため、紙コップを手渡してお茶を飲むように勧め、そのまま廃棄されるものと考えたＸから同コップを回収し、唾液を採取した本件行為は、合理的に推認されるＸの黙示の意思に反して個人識別情報をむやみに捜査機関によって認識されないという重要な利益を侵害しており、強制処分に該当し、令状によることなくされた本件行為は違法である上、本件行為及びこれに引き続く一連の手続（判文参照）には、令状主義の精神を没却する重大な違法があり、逮捕後に任意提出された口腔内細胞のDNA型に関する本件鑑定書を証拠として許容することは将来における違法捜査の抑制の見地から相当でないとして、本件鑑定書は違法収集証拠として証拠能力を否定すべきであるとされた事例

### 第１　事案の概要と認定事実

（控訴審判決が是認した第１審判決の認定事実）

・平成27年１月28日、荒川河川敷沿いの甲の曝気（ばっき）施設付近にテントを張って生活していたＸのところに、埼玉県警察本部所属の警察官であるＡ（以下「Ａ」という。）及び同Ｂ（以下「Ｂ」という。）が赴き、Ｘから話を聞きたいと述べた上、荒川河川事務所から入手した資料を見せるなどしながら、周辺のホームレスについての話をし、その際、Ｘに持参した紙コップで温かいお茶を勧め、Ｘが飲んだ後、DNA採取目的を秘し、そのコップを廃棄するとしてＡが回収したこと、その様子をＢが撮影していたこと、Ｘが使用した上記紙コップからDNAを採取し、その資料を基にＸの逮捕状が請求されたこと、その逮捕後の平成27年２月12日にＸが口腔内細胞を任意提出し、それについてDNA鑑定をした鑑定書が本件鑑定書である。

（第１審判決が要約した警察官Ａの供述内容）

・平成27年１月28日の段階で、DNAが採取されており、DNAデータベースに一致するものがなかったことから、埼玉県警察本部第３課の手口係が、平成17年のDNAデータベース化後にDNAの鑑定対象になっていない者で、埼玉県の南部方面を中心に建設中の仮設事務所から現金やお菓子等を盗み、現場で食べ物を食べるといった犯行の手口等を基に犯人を絞り込んだ結果、その犯人がＸであろうという目星はついていた。

・ＸからDNAを採取する方法を検討するに当たり、被告人が河川敷の曝気施設にホームレスとして住んでおり、Ｘに気付かれずＸのテント付近に近づくことは困難であること、猫を多数飼っていたため、本人と猫が使用したものの区別がつかず、特定できないことから、ごみ等からDNAを採取することは断念した、長年偽名でホームレスとして生活しているこ

とから、任意でのサンプル提出の了承を得ることも困難であろうと判断し、令状による場合には、鑑定結果が出るまでの数日の間に本人がいなくなる可能性があるため不相当であると判断した、一方で、当時窃盗現場に遺留された飲食物からDNAが採取されている同じような犯行が次々と時効にかかっており、時効が切迫していたという時間的な事情もあった、そこで、上司とも相談の上、Xに直接接触し、DNAの採取目的を秘して、紙コップでお茶を飲むよう勧め、飲んだ紙コップを回収し、DNAを採取することにした。同行したBに対し、Xと接触している状況、お茶を飲むための紙コップをXが使っている状況、そしてその紙コップを回収する状況に加えて、付近の居住状況、テントの様子や曝気施設の周りのごみの様子などを写真に収めるようにと話した。

・警察官であることは、曝気施設付近にいるXに近づく段階で、警察手帳を見せながら説明した。Bが写真撮影するに当たり、Xには、住んでいる様子、周りの様子、今話している様子も写真に撮ると説明した。そして、Xと接触している間、Xの生活状況や気候の話、食事の話、生活費や猫の世話の話など生活実態の話や、周辺に居住するホームレスの話などを河川事務所から入手した資料を見せるなどしながらした。両警察官はいずれも黒っぽい帽子、ジャンパー、ズボンをそれぞれ着用していた。

(第1審判決が要約した被告人Xの供述内容)

・相手は警察官だと名乗らなかった、名乗っていたらお茶を飲んだりはしていなかった。自分が河川敷でホームレスとして生活していることから、従前2月と6月の年に2回、国交省から警告書を渡されており、本件のやりとりは、その事前調査のようなものだと思っていた、実際にその後の2月5日には警告書が置かれていた、ホームレスの話しかしなかったので、相手は国交省の人間だと思った、写真を撮られていたことは知らなかった。

### 第2　原判決の説示

ア　DNA採取目的を秘して被告人に使用したコップの管理を放棄させ、そこからDNAサンプル採取をすること自体は、なんら被告人の身体に傷害を負わせるようなものではなく、強制力を用いたりしたわけではないのであるから高度の必要性と緊急性、相当性が認められる限りは、令状によらなくても違法であるとはいえない。

イ　そして、以上の事実経過に照らせば、上述のとおり、本件においては、DNAサンプルの採取についての高度の必要性、緊急性が認められ、Aらが警察官であることを明らかにせず、採取目的を秘したとしても、積極的に虚偽の事実を述べたわけでもなく、相当性を欠いて違法であるとまではいえない。したがって、平成27年1月28日のDNAサンプルの採取手続に違法はなく、これを疎明資料として請求された逮捕状に基づく逮捕も違法とはいえないから、本件鑑定書が違法収集証拠として排除されることはない。

### 第3　控訴審裁判所の事実取調べの結果明らかとなった事実

(1)　平成27年1月28日被告人から回収した紙コップについては、同日、領置の手続が行われ、同日付A作成名義の領置調書が作成されている。ただし、押収品目録は誰に対しても交付されていない。そして、翌同月29日埼玉県浦和警察署司法警察員作成名義の、埼玉県警察本部刑事部科学捜査研究所長に対する、鑑定事項を、鑑定資料（紙コップ）に唾液付着の有無、付着していればそのDNA型とする鑑定嘱託が行われ、その後、同年４月21日付で同科学捜査研究所技術職員名義の、鑑定資料に唾液の付着が認められること及びそのDNA型を示す鑑定書が作成されている。
（２）　DNA型記録確認通知書によると、遺留鑑定資料（割り箸に付着した唾液等）から判明したDNA型が、本件鑑定書に記載された被告人のDNA型と一致する窃盗被疑事件は合計11件あり、最も古いものは、平成19年12月６日から翌日の間に発生した事件であり、次に古いものは、平成20年11月23日から翌日の間に発生した事件であると認められる。また、11件の中には、原判示第１及び第２の各事実に対応する窃盗被疑事件が含まれている。

## 第４　控訴審判決の要旨

### １　本件捜査方法の適法性について

（１）　原判決が説示するとおり、本件において警察官らが用いた捜査方法は、DNA採取目的を秘した上、コップにそそいだお茶を飲むよう被告人に勧め、被告人に使用したコップの管理を放棄させて回収し、そこからDNAサンプルを採取するというものである。そこで、まず、本件捜査方法が、任意捜査の範疇にとどまり、任意捜査の要件を充足すれば許されるのか、それとも、このような捜査方法は、強制処分に該当し、これを令状によらずに行った本件捜査は違法であるのかが問題となる。
（２）　この点について、原判決は、本件捜査方法は任意捜査の範疇にとどまると判断していることが明らかである。そして、原判決は、その理由を、本件捜査方法は「なんら被告人の身体に傷害を負わせるようなものではなく、強制力を用いたりしたわけではない」という点に求めているものと解される。
（３）　そこで検討すると、捜査において強制手段を用いることは、法律の根拠規定がある場合に限り許容されるものであるが、ここにいう強制手段とは、有形力の行使を伴う手段を意味するものではなく、個人の意思を制圧し、身体、住居、財産等に制約を加えて強制的に捜査目的を実現する行為など、特別の根拠規定がなければ許容することが相当でない手段を意味するものであると解される（最高裁判所昭和51年３月16日第３小法廷決定）。

これを本件についてみると、まず、被告人は、原審公判において、相手は警察官だと名乗らなかった、名乗っていたらお茶を飲んだりはしていなかった、と供述しているところ、原判決が認定判断しているとおり、「相手が警察官だと名乗らなかった」ことは、関係証拠により優に認定できるところである。そして、更に原判決が認定判断しているとおり、本件当日のＡらの服装が警察官と一見明白なものでなかったこと、被告人とのやりとりが、国土交通省が例年警告書を発する時期に、河川事務所から入手した資料を示しながらなされ、話題も他のホームレスについての話などであったことからすれば、被告人は、相手がホームレスの話しかしなかったので、国交省の人間だと思い込み、勧められるままに紙コップを手にしてお茶を飲み、被告人が飲んだ後、DNA採取目的を秘し、そのコップを廃棄するとしてＡが回収したものと認められる。そうすると、本件においては、Ａらは、Ａらが警察官であると認識していたとすれば、そもそもお茶を飲んだりしなかった被告人にお茶を飲ませ、使用した紙コップはＡらによってそのまま廃棄されるものと思い込んでいたと認められる被告人の錯誤に基づいて、紙コップを回収したことが明らかである。

ここで、強制処分であるか否かの基準となる個人の意思の制圧が、文字どおり、現実に相手方の反対意思を制圧することまで要求するものなのかどうかが問題となるが、当事者が認識しない間に行う捜査について、本人が知れば当然拒否すると考えられる場合に、そのように合理的に推認される当事者の意思に反してその人の重要な権利・利益を奪うのも、現実に表明された当事者の反対意思を制圧して同様のことを行うのと、価値的には何ら変わらないというべきであるから、合理的に推認される当事者の意思に反する場合も個人の意思を制圧する場合に該当するというべきである（最高裁判所平成21年９月28日第３小法廷決定参照）。したがって、本件警察官らの行為は、被告人の意思を制圧して行われたものと認めるのが相当である。

次に、本件では、警察官らが被告人の黙示の意思に反して占有を取得したのは、紙コップに付着した唾液である。原判決は、本件警察官らの行為が任意処分の範疇にとどまることを前提とした上で、任意処分の要件を充足しているか否かを決する場合のメルクマールである、相手方の身体、住居、財産等に加える制約の程度に関して、「DNA 採取目的を秘して被告人に使用したコップの管理を放棄させ、そこから DNA サンプル採取をすること自体は、なんら被告人の身体に傷害を負わせるようなものではなく、強制力を用いたりしたわけではない」と評価している。確かに、相手方の意思に反するというだけでは、直ちに強制処分であるとまではいえず、法定の強制処分を要求する必要があると評価すべき重要な権利・利益に対する侵害ないし制約を伴う場合にはじめて、強制処分に該当するというべきであると解される。本件においては、警察官らが被告人から唾液を採取しようとしたのは、唾液に含まれる DNA を入手し鑑定することによって被告人の DNA 型を明らかにし、これを、DNA 型記録確認通知書に記載された、合計11件の窃盗被疑事件の遺留鑑定資料から検出された DNA 型と比較することにより、被告人がこれら窃盗被疑事件の犯人であるかどうかを見極める決定的な証拠を入手するためである。警察官らの捜査目的がこのような個人識別のための DNA の採取にある場合には、本件警察官らが行った行為は、なんら被告人の身体に傷害を負わせるようなものではなく、強制力を用いたりしたわけではなかったといっても、DNA を含む唾液を警察官らによってむやみに採取されない利益（個人識別情報である DNA 型をむやみに捜査機関によって認識されない利益）は、強制処分を要求して保護すべき重要な利益であると解するのが相当である。

以上の検討によれば、前記のとおりの強制処分のメルクマールに照らすと、本件警察官らの行為が任意処分の範疇にとどまるとした原判決の判断は是認することができず、本件捜査方法は、強制処分に当たるというべきであり、令状によることなく身柄を拘束されていない被告人からその黙示の意思に反して唾液を取得した本件警察官らの行為は、違法といわざるを得ない。

なお、検察官は、弁論要旨において、種々の観点から本件警察官らの行為が適法である旨主張しているが、本件警察官らの行為が任意処分の範疇にとどまることを前提として、任意処分の要件である必要性、緊急性、相当性等を備えているとする部分については、その前提を欠くものといわざるを得ないし、本件警察官らの行為には令状を要しないとする部分については、唾液を紙コップに付着させた場合、その唾液は、人の身体の廃棄物として、一般的には財産権の対象ともならない無価値かつ無用の物であるなどとしているのであるが、本件警察官らの捜査目的は唾液に含まれるDNAの採取にあるのであるから、検察官の見解は相当とはいえない。

また、本件においては、平成27年1月28日被告人から回収した紙コップについて、同日、領置の手続が行われ、同日付A作成名義の領置調書が作成されている。ところで、捜査機関が行う領置について、刑訴法221条は、「検察官、検察事務官又は司法警察職員は、被疑者その他の者が遺留した物又は所有者、所持者若しくは保管者が任意に提出した物は、これを領置することができる。」と規定している。本件唾液は、使用した紙コップはAらによってそのまま廃棄されるものと思い込んでいたと認められる被告人が占有を警察官らに委ねた物であり、後者の「所有者、所持者若しくは保管者が（捜査機関に対して）任意に提出した物」に当たらないことは明らかである。さらに、前者の遺留とは、「占有者の意思に基づかないでその所持を離れた物のほか、占有者が自ら置き去りにした物」であると解され、例えば、占有者の意思に基づいて、不要物として公道上のごみ集積所に排出されたごみについて、捜査の必要がある場合には、遺留物として領置することができると解される（最高裁判所平成20年4月15日第2小法廷決定）。しかしながら、本件唾液は、上記のとおり、使用した紙コップはAらによってそのまま廃棄されるものと思い込んでいたと認められる被告人が、錯誤に基づいて占有を警察官らに委ねた物であり、前者の遺留にも当たらないと解される。そうすると、本件においては、警察官らは、外形上被告人の意思に基づいて占有を取得したことから、領置の手続を取ったものであると解されるところ、この手続は、法が許容する領置の類型とはいえず、本件領置手続自体も違法と解するのが相当である。

2　本件鑑定書の証拠能力について

（1）　前記のとおり、警察官らの違法な行為によって採取された被告人の唾液が鑑定嘱託されてDNA鑑定が行われた結果判明した被告人のDNA型と、原判示第1の事実において犯人が遺留した割り箸に付着した唾液から検出されたDNA型との一致が明らかとなり、これらの事実を基に原判示第1の事実を被疑事実とする被告人に対する逮捕状が請求されて発付され、逮捕後の平成27年2月12日に被告人が口腔内細胞を任意提出し、それについてDNA鑑定をした結果を記載したものが本件鑑定書である。

そこで、次に、〔1〕本件鑑定書は、上記逮捕状によって逮捕された被告人が任意提出した口腔内細胞を鑑定した結果を記載した書面であるところ、本件警察官らの行為の違法性は、被告人の口腔内細胞の採取手続の適法違法の判断には影響を及ぼさないこととなるのかどうか、〔2〕被告人の口腔内細胞の採取手続が違法を帯びると認められる場合、本件警察官らの行為及びこれに引き続く一連の手続に、令状主義の精神を没却する重大な違法があり、本件鑑定書を証拠として許容することが将来における違法捜査抑制の見地から相当でないとして、違法収集証拠としてその証拠能力を否定すべきかどうか、が問題となる。

（2）　まず、（1）〔1〕の問題を検討する。前記のとおり、本件鑑定書は、逮捕後被告人が任意提出した口腔内細胞についてDNA鑑定を行い、その結果明らかとなった被告人のDNA型を記載したものである。任意処分による鑑定資料の採取という経過をたどっているとはいっても、本件口腔内細胞の採取手続は、本件警察官らによる違法な唾液の採取に基づく違法な逮捕状の発付、その執行による違法な身柄の拘束下において行われたものであって、被告人のDNA型を明らかにするという同一の捜査目的のために、違法な身柄の拘束を直接利用して行われたものであるから、本件口腔内細胞の採取手続も違法を帯びるものと解するのが相当である（そもそも、原判示第1の事実について公訴を提起し、これを維持するための証拠を収集するという観点からいえば、逮捕後にあらためて被告人から任意に口腔内細胞を採取し、DNA鑑定を行って新たな鑑定書を整える必要はなく、平成27年1月28日被告人から採取した唾液を鑑定した結果についての鑑定書を作成し、これを用いれば足りるのであって、本件鑑定書の作成については、捜査の違法を遮断する意図のもとで作成された疑いを払拭することができないというべきである。なお、平成27年1月28日被告人から採取した唾液を鑑定した結果についての鑑定書は、原判示第1の事実について公訴が提起された同年3月4日を経過した後である、同年4月21日付で作成されている。）。

（3） 次に、（1）〔2〕の問題を検討する。

ア　本件捜査方法は、警察官であることを告げず、被告人に紙コップの使用を勧めた上、捜査目的を知らない被告人に、錯誤に基づいて使用した紙コップの管理を放棄させ、採取した唾液から被告人の個人識別情報であるDNA型を明らかにする、というものである。

イ　本件捜査方法を選択した理由についてのAの説明は、原判決がAの原審公判供述を要約摘示したとおりである。

ウ　これによれば、本件捜査方法は、上司とも相談の上、令状を取得した上で被告人から唾液を採取するという令状主義に則った方法を回避する目的で採用されたもの、すなわち令状主義を潜脱する目的で採用されたものであることが明らかである。

エ　Aらが、令状取得を回避した理由は、「令状による場合には、鑑定結果が出るまでの数日の間に本人がいなくなる可能性があるため不相当であると判断した」というものである。しかしながら、Aが鑑定結果が出るまでの期間として供述する「数日」が具体的に何日をいうのか判然としないものの（DNA型鑑定そのものに数日を要するとは思われない。）、捜査機関において、その間の被告人の所在の把握が可能でないとはいえず、鑑定結果が判明すれば、その情報を得て、被告人を緊急逮捕することも可能であったといえるから、Aが供述する理由は、令状取得を回避したことを許容する事情とはいえない。

オ　次に、Aは、本件捜査方法を採用した事情として、「一方で、当時窃盗現場に遺留された飲食物からDNAが採取されている同じような犯行が次々と時効にかかっており、時効が切迫していたという時間的な事情もあった」と供述する。しかしながら、当審で取り調べたDNA型記録確認通知書によると、遺留鑑定資料（割り箸に付着した唾液等）から判明したDNA型が、本件鑑定書に記載された被告人のDNA型と一致する窃盗被疑事件は合計11件あり、最も古いものは、平成19年12月6日から翌日の間に発生した事件であり、次に古いものは、平成20年11月23日から翌日の間に発生した事件であると認められるから、最も古い事件について平成26年12月に時効が完成したことは上記DNA型記録確認通知書の記載内容に合致しているものの、次に時効が完成するのは平成27年11月であり、「当時同じような犯行が次々と時効にかかっており、時効が切迫していたという時間的な事情もあった」というAの前記原審公判供述は、上記DNA型記録確認通知書の記載内容に反しているというほかない。

カ　さらに、Aは、「警察官であることは、曝気施設付近にいる被告人に近づく段階で、警察手帳を見せながら説明した。Bが写真撮影するに当たり、被告人には、住んでいる様子、周りの様子、今話している様子も写真に撮ると説明した」と供述するのであるが、この供述が信用できないことについては、原判決が正当に指摘している。付言すると、Aは、被告人に対し、警察手帳を見せながら警察官であることを説明した、話している様子などもBが写真撮影することを説明した、と供述する。しかし、真実そうであるならば、あらかじめ写真撮影をする者としてBを同行したのであるから、将来の紛議に備えて、Aが被告人に対して警察手帳を示す場面を撮影し、また、写真撮影されていることを被告人が認識していることが写真自体から明らかになるような写真を撮影することが、警察官として当然の行動であると考えられるにもかかわらず、関係証拠によれば、そのような写真は撮影されていない。Aの上記供述は、到底信用することができない。

キ　以上検討したところによれば、本件捜査方法は、DNA型という個人識別情報を明らかにするため、身柄を拘束されておらずAらが警察官であることも認識していない被告人に対し、紙コップを手渡してお茶を飲むように勧め、そのまま廃棄されるものと考えた被告人から同コップを回収し、唾液を採取するというものであるところ、本件捜査方法は、上司とも相談の上、最初から令状主義を潜脱する目的で採用されたものであることが明らかである上、上記オ及びカのとおり、Aにおいて、本件捜査方法を採用したことを合理化するため、原審公判において真実に反する供述、信用することのできない供述を重ねているという事情も認められる。したがって、本件警察官らの行為は、原判決が指摘するように、なんら被告人の身体に傷害を負わせるようなものではなく、強制力を用いたりしたわけではないといっても、本件警察官らの行為及びこれに引き続く一連の手続には、令状主義の精神を没却する重大な違法があり、本件鑑定書を証拠として許容することは将来における違法捜査抑制の見地から相当でないというべきであるから、本件鑑定書については、違法収集証拠としてその証拠能力を否定すべきである。

## ▶ 読解の視点

### 1　証拠から違法収集証拠を排除すること

#### （1）証拠の証拠能力について

公訴は検察官によって行われます（国家訴追主義、刑訴法247条）。公訴の提起は、起訴状を提出します（刑訴法256条Ⅰ項）。起訴状には、①被告人の氏名その他被告人を特定するに足りる事項、②公訴事実、③罪名が記載されています（刑訴法256条2項）。公訴事実は、訴因を明示して記載され、訴因を明示するには、できる限り、日時、場所及び方法をもって「罪となるべき事実」を特定しなければなりません（刑訴法256条3項）。罪名は、適用すべき罰条を示して記載されます（刑訴法256条4項）。

裁判において、事実の認定は、証拠によるとされます（証拠裁判主義、刑訴法317

条)。ここでいう事実とは、訴因が明示された公訴事実のことです。証拠は、司法警察職員によって捜査によって収集されます(刑訴法189条2項)。捜査によって収集される証拠ですが、適法な捜査によって収集された証拠であれば問題はありません。しかし、違法な捜査によって収集された証拠を裁判における事実認定に用いることは問題ないのでしょうか。

早くから、裁判実務においては、違法な捜査によって収集された証拠を裁判に用いること(事実の認定に使うこと)について、違法に押収された物件も証拠として利用できると解するならば「憲法の保障は有名無実になってしまう」と問題視していました(大阪高判昭和31年6月19日刑集15巻6号953頁)。やがて違法な捜査によって収集された証拠物の証拠能力についての最高裁の判例が出ることになります。

証拠能力とは「証拠としての資格」のことをいいます。ピアノを教えることにおいて、講師に教える資格があるかないかと、講師に教える価値があるかないか(教え方がよいかどうか)は別の問題です。証拠の証拠能力の有無は、証拠としての資格があるかないかのことを指し、刑訴法318条の証拠の証明力の有無は、証拠としての価値があるかないかのことを指します。例えば全国展開しているK音楽教室でピアノを教えるには資格が必要ですが、講師選考試験というものがあります。講師選考試験に合格すれば教える資格が与えられます。他方で教える価値というのはその講師の教え方が上手であることや、何かしらのコンクールで入賞をしていることなどが判断の基準になります。刑事裁判において事実を認定するための「証拠」も、証拠としての資格(証拠能力)があって、証拠としての価値(証明力)が高いものが求められます。

証拠については、証拠の証拠能力、すなわち証拠としての資格が認められなければ、事実を認定するための証拠として使うことはできません。違法に収集された証拠物の証拠能力の問題とは、捜査段階で違法に収集された証拠物について事実を認定するための証拠として用いることができるかどうか、証拠としての資格を認めてよいかという問題です。

### (2) 違法に収集された証拠物の証拠能力について

最高裁判所は、「違法に収集された証拠物の証拠能力については、憲法及び刑訴法になんらの規定もおかれていないので、この問題は、刑訴法の解釈に委ねられているものと解するのが相当である」として、「刑訴法は、『刑事事件につき、公共の福祉の維持と個人の基本的人権の保障とを全うしつつ、事案の真相を明らかにし、刑罰法令を適正且つ迅速に適用実現することを目的とする』(同法1条)ものであるから、違法に収集された証拠物の証拠能力に関しても、かかる見地からの検討を要するものと考えられる。」としました(最判昭和53年9月7日刑集32巻6号1672頁)。刑訴法1条は、刑訴法の立法目的について規定しています。すなわち、「この法律は、刑事事件につき、公共の福祉の維持と個人の基本的人権の保障とを全うしつつ、事案の真相を明らかにし、刑罰法令を適正且つ迅速に適用実現することを目的とする。」としています。公共の福祉の維持と憲法上の被疑者・被告人の基本的人権の保障とを全うしつつ、刑事事件について事案の真相を明らかにし、刑罰法令を適正に適用実現することが刑事訴訟法の目的です。

最高裁も「刑罰法令を適正に適用実現し、公の秩序を維持することは刑事訴訟の重要な任務であり、そのためには事案の真相をできる限り明らかにすることが必要であることはいうまでもないところ」としながら、他方で、「他面において、事案の真相の究明も、個人の基本的人権の保障を全うしつつ、適正な手続のもとでされなければならない」とします（最判昭和53年９月７日刑集32巻６号1672頁）。

違法に収集された証拠物の証拠能力についても、「証拠物は押収手続が違法であつても、物それ自体の性質・形状に変異をきたすことはなく、その存在・形状等に関する価値に変りのないことなど証拠物の証拠としての性格にかんがみると、その押収手続に違法があるとして直ちにその証拠能力を否定することは、事案の真相の究明に資するゆえんではなく、相当でない。」とします。しかし、他面において、「事案の真相の究明も、個人の基本的人権の保障を全うしつつ、適正な手続のもとでされなければならない」ものです。

証拠の収集と直接関係する憲法上の基本的人権の保障規定として、憲法35条と憲法31条があげられます。憲法35条は、憲法33条の場合及び令状による場合を除き、住居の不可侵、捜索及び押収を受けることのない権利を保障しています。また、憲法31条は、法の適正手続を保障しています。

このことから、最高裁判所も、「証拠物の押収手続に、憲法35条及びこれを受けた刑訴法218条Ｉ項等の所期する令状主義の精神を没却するような重大な違法があり、これを証拠として許容することが、将来における違法な捜査の抑制の見地からして相当でないと認められる場合においては、その証拠能力は否定されるものと解すべきである」としました。

### （３）違法収集証拠排除法則が適用される要件

一般に、裁判実務においては、上述の最高裁判例に従って、証拠物の押収手続に、①憲法35条の所期する令状主義の精神を没却するような**重大な違法**があって、②**証拠として許容することが**将来における違法捜査の抑制の見地からして**相当でないと認められる**場合には、公判での証拠調べ手続で問題となっている証拠物の証拠能力を否定（証拠能力がないと）しています。「重大な違法」が認められれば、問題なく、証拠として許容することが相当でないと認められる傾向にあります。

被疑者の自由な意思が制圧されていない場合、被疑者の応諾にもとづき当該処分が行われている場合には、「重大な違法」は認定されません（最判昭和61年４月25

日刑集40巻３号215頁）。また、法の執行方法の選択の誤り、捜査の手順の誤りは、法規逸脱は大きくないとして、一般に「重大な違法」は認められていません（最決昭和63年９月16日刑集42巻７号1051頁）。ただし、当該証拠物を収集する過程において、法の執行方法の選択の誤り、捜査手順の誤りであっても、捜査官の主観的意図（違法行為を犯す意思）が強く認められる場合には、「重大な違法」が認められた裁判例もあります。逮捕状の呈示がなく（刑訴法201条Ⅰ項）、逮捕状の緊急執行もされていない（刑訴法201条２項）という手続的な違法があるにとどまらず、その後、内容虚偽の捜査報告書を作成し、さらには、公判廷において事実と反する証言をしていることから、「本件の経緯全体を通して現れたこのような警察官の態度を総合的に考慮すれば、本件逮捕手続の違法の程度は、令状主義の精神を潜脱し、没却するような重大なものであると評価されてもやむを得ないものといわざるを得ない」とされたものがあります（最判平成15年２月14日刑集57巻２号121頁）。

## 2　本件について

### （１）本件鑑定書の証拠能力について

本事案においては、警察官らの違法な行為によって採取された被告人の唾液が鑑定嘱託されてDNA鑑定が行われた結果判明した被告人のDNA型と、犯人が遺留した割り箸に付着した唾液から検出されたDNA型との一致が明らかとなり、これらの事実を基に、被告人に対する逮捕状が請求されて発付され、逮捕後被告人が口腔内細胞を任意提出し、それについてDNA鑑定をした結果を記載した鑑定書の証拠能力の有無が争われました。

東京高等裁判所（控訴審）は、第一に、逮捕状によって逮捕された被告人が任意提出した口腔内細胞を鑑定した結果を記載した書面である本件鑑定書は、「任意処分による鑑定資料の採取という経過をたどっているとはいっても、本件口腔内細胞の採取手続は、本件警察官らによる違法な唾液の採取に基づく違法な逮捕状の発付、その執行による違法な身柄の拘束下において行われたものであって、被告人のDNA型を明らかにするという同一の捜査目的のために、違法な身柄の拘束を直接利用して行われたものであるから、本件口腔内細胞の採取手続も違法を帯びるものと解するのが相当である」としました。「違法の承継論」により、証拠の発見につながった手続の中で、直接的に証拠の発見につながった手続でなくとも、手続に違法がある場合には「違法収集証拠排除法則」が適用されます（最判昭和61年４月25日刑集40巻３号215頁参照）。

そして、第二に、本件警察官らの行為及びこれに引き続く一連の手続に、令状主義の精神を没却する重大な違法があり、本件鑑定書を証拠として許容することが将来における違法捜査抑制の見地から相当でないとして、違法収集証拠としてその証拠能力を否定すべきであるとしました。

### （2）　本件における「重大な違法」について

第二の点について、もう少し詳しくみてみましょう。東京高等裁判所は、警察官であることを告げず、被告人に紙コップの使用を勧めた上、捜査目的を知らない被告人に、錯誤に基づいて使用した紙コップの管理を放棄させ、採取した唾液から被告人の個人識別情報であるDNA型を明らかにするという本件捜査方法について、「DNAを含む唾液を警察官らによってむやみに採取されない利益（個人識別情報であるDNA型をむやみに捜査機関によって認識されない利益）は、強制処分を要求して保護すべき重要な利益であると解するのが相当である」として、「強制処分に当たるというべきであり、令状によることなく身柄を拘束されていない被告人からその黙示の意思に反して唾液を取得した本件警察官らの行為は、違法といわざるを得ない。」としました。

そして、「本件捜査方法は、上司とも相談の上、令状を取得した上で被告人から唾液を採取するという令状主義に則った方法を回避する目的で採用されたもの、すなわち令状主義を潜脱する目的で採用されたものであることが明らかであ（り）」、また、警察官Aにおいて、「本件捜査方法を採用したことを合理化するため、原審公判において真実に反する供述、信用することのできない供述を重ねているという事情も認められる」とします。したがって、「本件警察官らの行為及びこれに引き続く一連の手続には、令状主義の精神を没却する重大な違法があり、本件鑑定書を証拠として許容することは将来における違法捜査抑制の見地から相当でないというべきであるから、本件鑑定書については、違法収集証拠としてその証拠能力を否定すべきである。」とします。

DNAを含む唾液を警察官らによってむやみに採取されない利益（個人識別情報であるDNA型をむやみに捜査機関によって認識されない利益）は、強制処分を要求して保護すべき重要な利益にもかかわらず令状を取得しなかったこと、にもかかわらず、令状を得ずして任意で行ったことの理由について、「犯行が次々と時効にかかっており、時効が切迫していたという時間的な事情もあった」と原審公判において警察官Aが供述していますが、犯行が次々と時効にかかっていたという事情は見当たらず、また警察手帳を見せながら説明したという供述についても信用しがたい（警察手帳を示す場面を撮影し、写真撮影されていることを被告人が認識していることが写真自体からも明らかになるような写真を撮影することが、警察官として当然の行動であると考えられるにもかかわらず、そのような写真は撮影されていない）ことから、「本件捜査方法は、上司とも相談の上、最初から令状主義を潜脱する目的で採用されたものであることが明らかである」上、警察官Aにおいては、「本件捜査方法を採用したことを合理化するため、原審公判において真実に反する供述、信用することのできない供述を重ねているという事情が認められる」とされました。

令状を取得せずにDNAを含む唾液をむやみに採取したことに加えて、本件においては、最判平成15年2月14日刑集57巻2号121頁の裁判例と同様に、本件の経緯全体を通して現れた警察官の態度を総合的に考慮して、「重大な違法」が認められると判断されたものと解されます。

### 3　DNA採取目的の唾液の採取と領置について

刑訴法221条は、「検察官、検察事務官又は司法警察職員は、被疑者その他の者が遺留した物又は所有者、所持者若しくは保管者が任意に提出した物は、これを領置することができる。」とします。

東京高等裁判所は、「本件においては、警察官らは、外形上被告人の意思に基づいて占有を取得したことから、領置の手続を取ったものであると解されるところ、この手続は、法が許容する領置の類型とはいえず、本件領置手続自体も違法と解するのが相当である。」としました。

同類型にあたる事案で、弁護人による上告がなされていますが、控訴審で、居住者等がマンションの各階のごみステーションに捨てたごみを当該マンションのごみ回収責任者である所持者から任意提出を受けて領置するなどした警察官の行為が適法とされた裁判例があります（東京高判平成30年9月5日判時2424号131頁）。また、最高裁判例の中には、捜査機関が公道上のごみ集積所に不要物として排出されたごみを回収し、領置することの可否について、「被告人及びその妻は、これらを入れたごみ袋を不要物として公道上のごみ集積所に排出し、その占有を放棄していたものであって、排出されたごみについては、通常そのまま収集されて他人にその内容が見られることはないという期待があるとしても、捜査の必要がある場合には、刑訴法221条により、これを遺留物として領置することができるというべきである。」としたものがあります（最決平成20年4月15日刑集62巻5号1398頁）。

東京高等裁判所は、前記最決平成20年4月15日は、「遺留物に関するものであり、所持者が任意に提出した物に関する本件とは事案を異にするものである」としていますが、遺留物であれ、所有者・所持者・保管者が任意に提出したものであれ、紙片（前記東京高判平成30年9月5日）やダウンベスト、腕時計（前記最決平成20年4月15日）であれば、財産権の侵害の問題にとどまりますが、コップの財産権侵害とは比較にはならない重大な権利侵害の問題、すなわち、本件においては、個人識別情報であるDNA型をむやみに捜査機関によって認識されない権利の侵害が問題とされたもので、法が許容する領置の類型とは言えないとされたのもそうした理由によるものと解されます。

（河村　有教）

*Comment*

犯人性や犯罪事実を立証するための証拠は証拠能力を有していなければならず、証拠能力の存否が争われる一場面が違法収集証拠です（ちなみに、民事訴訟では、訴訟上の信義則に反しない限り、違法収集証拠であることが証拠能力に影響しません。最近の裁判例として東京高判平成28年5月19日ジュリ1496号4頁参照）。

違法収集証拠の証拠能力については、本章解説の中でも取り上げられている最判昭和53年9月7日刑集32巻6号1672頁が証拠能力を欠く場合があることを一般論として示し、最判平成15年2月14日刑集57巻2号121頁が「逮捕当日に採取された被疑者の尿に関する鑑定書の証拠能力が逮捕手続に重大な違法がある」として証拠能力を否定しています。昭和53年判例が示した証拠能力判断は、① 違法の重大性、② 排除相当性の2個の要件からなっていると理解されていますが、両者は重なり合うものであって、①が肯定されれば②も満たされることが多いと考えられます（昭和53年判例、平成15年判例の各調査官解説参照）。

実際の事件を扱っている感覚としても、前記①と②を明確に分けて検討していないように思います。そして、この2要件に該当するか否かを検討するに当たり、重大な違法があることが明白な事案はほとんどなく（そもそもそのような事案は検察官が起訴しません。）、警察官の行為がやや行き過ぎではないかと感じられる事案がほとんどのように思われます。そのような事案で、違法の重大性を決定づけ、将来の違法捜査抑制から不相当であると判断する際には、その証拠収集の後の警察官の言動や証言を重視しているように感じます。昭和53年判例が明言しているように、少しでも捜査に違法があれば証拠能力が否定されるのではなく、その違法が令状主義の精神を没却するような重大な違法であるときに証拠能力が否定されるわけですが、証拠収集活動に違法があった場合に、違法を取り繕うために虚偽の捜査報告書を作成したり、公判廷で虚偽証言をしたりした場合には、「違法と分かっていて当該証拠収集に及んだ」ということが推測されます。前記平成15年判例はそのような事案の一つといえます。

本判決も、「本件捜査方法は、上司とも相談の上、最初から令状主義を潜脱する目的で採用されたものであることが明らかであるし、警察官Aにおいて、本件捜査方法を採用したことを合理化するため、原審公判において真実に反する供述、信用することのできない供述を重ねていると認められる。」としており、この点が決定的だったのではないかと想像します。

ところで、実際の事件を扱う中で違法収集証拠の主張がされる場面は、当該証拠の収集手続それ自体に違法がある場合より、それに先行する捜査の違法が問題となる場合の方が多いと思われます。本件では、被告人が逮捕後に任意提出した口腔内細胞の鑑定書の証拠能力が問題となっていますが、任意提出の手続自体の違法ではなく、逮捕状請求の資料とされたDNA鑑定（紙コップ付着の唾液と窃盗現場の割り箸付着の唾液との同一性を示すもの）に関し、その紙コップを令状に基づかずに採取した手続が問題とされました（本判決要旨「本件捜査方法の適法性について」の部分）。

令状によらなければできない強制処分の意義については、本判決が引用する最決昭和51年3月16日刑集30巻2号187頁が一般論を示していますが、科学技術の進歩や、犯罪に対する知見の深まりに伴って、新たな捜査手法が生み出されており、実際の事件では、新たな捜査手法が強制処分に当たるのか否かが争われることが少なくありません。その一例として、本判決が参照として掲げた最決平成21年9月28日刑集63巻7号868頁が挙げられます。これは、会社経営者である被告人が暴力団構成員から覚醒剤を譲り受けることを業としていたところ、会社事務所に配達される予定の宅配便荷物を、警察官が宅配便の営業所長の承諾を得て借り受けてエックス線検査をし、そのエックス線検査の結果を疎明資料として会社事務所等に対する捜索差押許可状の発付を得て配達直後に差し押さえたという事案について、「荷送人や荷受人の内容物に対するプライバシー等を大きく侵害するものであるから、検証としての性質を有する強制処分に当たる」と判断したものです。エックス線検査は対象物を物理的に破壊する方法ではありませんが、機器の性能によっては中を開けて見る以上に内部の状態等が分かるわけですから、プライバシー侵害を問題とした最高裁の判断は理解できるところです（なお、この事案では、エックス線検査の必要性があったことや宅配便業者の承諾を得ていること等を挙げて違法は重大でないとしています。この事案で覚醒剤譲渡の当事者というべき荷送人や荷受人がエックス線検査を承諾するわけがありませんし、そもそも検査対象であることを知られては罪証隠滅に及ぶことは極めて明白ですから、検証許可状は宅配便業者に提示することになるでしょう。)。

では、DNA鑑定はどうかというと、DNA鑑定自体は新しい検査ですが、鑑定するためには対象物が手元にあることが必要であり、対象物の所有者が所有権を放棄していれば科捜研に鑑定嘱託すればよいですし、所有権放棄が不明であれば鑑定処分許可状の発付を得て鑑定できます。そうすると、結局、対象物を捜索差押許可状によって差し押さえればよいではないかと思うかもしれませんが、当該被疑者のDNAが付着した物がいつ、どこに存在するかはあらかじめ知り得ないため、対象物を特定できず、令状の請求も発付もできません。そこで、確実に被疑者が排出したと分かるごみ等を領置して鑑定するということになるわけです。ごみ排出とプライバシー保護の関係に関する最高裁判例として最決平成20年4月15日刑集62巻5号1398頁があり、高裁判例として東京高判平成30年9月5日高刑集71巻2号1頁があります。本判決を理解するためには、これらの判決の事案との差異を意識する必要もあります。

本判決を含め、捜査の違法に関する裁判例を理解するためには、具体的な事実関係を把握した上で、犯罪の性質や捜査の特性なども考えながら裁判書を読むことが大切といえましょう。

（杉本 正則）

# 第13章 科学的証拠
## ——東京地判平成28年３月15日刑集74巻１号158頁

被写体となった人物の特定は出来ていないが、医師の判定によって被写体が18歳に満たない者であることを認定し、児童ポルノ製造罪及び同提供罪の成立を肯定した事例

### 第１　事案の概要

グラフィックデザイナーのＸ（被告人）は、

① 不特定又は多数の者に提供する目的で、平成21年12月13日頃、Ｘ方において、衣服の全部又は一部を付けない実在する児童の姿態が撮影された画像データを素材とし、画像編集ソフトフォトショップ等を使用して前記児童の姿態を描写した画像データ16点を含むコンピュータグラフィックス（以下、「CG」）集「A」を被告人のパーソナルコンピュータの外付けハードディスク内に記憶、蔵置させ、もって衣服の全部又は一部を着けない児童の姿態であって性欲を興奮させ又は刺激するものを視覚により認識することができる方法により描写した電磁的記録に係る記録媒体である児童ポルノを製造した。

② その上で、Ａ及び前同様の児童ポルノである画像データ18点を含むCG集「A′」（以下、Ａ及びＡ′を総称して「本件CG集」、本件CG集の中のCGを「本件CG」）をインターネット通信販売サイトを運営する株式会社Ｂに販売を委託して提供しようと企て、平成20年10月頃から平成21年12月14日頃にかけて２回にわたり、Ｘ方において、インターネットに接続された被告人のパーソナルコンピュータから、Ｂのデータ保管先であるＣ株式会社が管理する東京都内に設置されたサーバコンピュータに本件CG集を送信して記憶、蔵置させるとともに、Ｂにその販売を委託し、平成24年４月20日から平成25年３月27日までの間、３回にわたり、同サイトを閲覧した不特定の者であるＤほか２名に対し、本件CG集を代金合計8,820円で販売し、同人らに、インターネットに接続された同人らが使用するパーソナルコンピュータのハードディスク内に本件CG集をダウンロードさせ、もって不特定又は多数の者に児童ポルノを提供した。

として、「児童買春、児童ポルノに係る行為等の処罰及び児童の保護等に関する法律」（平成26年改正前のもの）（以下、「児童ポルノ法」）違反の疑いで起訴された。

本事案の争点は多岐にわたるが、本章のテーマである科学的証拠に関する点に限れば、本件CGの女性が18歳未満であるか否か、すなわち児童性が争われた[1)]。

この点に関し、検察官は、小児科学や小児内分泌学を専門にするＹ医師の証言をもって、本件CGの素材となった画像データの被写体となっている女性が18歳未満であることを主張、立証しようとした。つまり、本件CGを描写する基となった写真の被写体の女性の児童性を

主張、立証することで、本件CG女性の児童性を立証しようとしたのである。

## 第2　本判決の要旨[2)]

「Y医師は、性発達を評価する学問的な方法として世界的によく用いられている手法としてタナー法があり、同法においては、乳房及び乳輪は乳房のふくらみと乳輪の隆起により、陰毛は濃さや範囲により、それぞれ1度から5度のステージで発達段階が定義され、それにより性発達の段階を評価することができること、そして、タナー法の分類と日本人女子の性発達との関係を調査した研究が複数なされており、同研究の結果に照らせば、乳房又は陰部につきタナー何度であれば年齢が何歳から何歳の範囲に入るかを推測できることから、児童認定写真の被写体については、いずれも18歳未満と認められる旨述べる。

前記のY医師の供述については、同医師が、小児科学、小児内分泌学を専門にする医師として、専門的知見や過去の経験等に基づいて述べられたものであること、タナー法及び同法の度数と日本における女児の思春期の二次性徴の年齢に関するものとして、Y医師が資料として引用したものを含め複数の研究がなされていること等からすると、女児の性発達の段階を評価する手法としてのタナー法の存在や、同法における度数の判定に用いる具体的な基準の定立、さらに、日本人女子について同法の各度数と年齢との間に有意な相関関係を示す医学的知見が存在する点については、十分な信用性が認められる。

しかしながら、……タナー法による分類に基づく年齢の判定は、あくまで統計的数字による判定であって、全くの例外を許さないものとは解されない。その統計的数字も、例えば、現在のDNA型鑑定に比すればその正確さは及ばない。身長や肌の艶、顔つき、あるいは手の平のレントゲン写真などといった判断資料は一切捨象して、胸部及び陰毛のみに限定して判断するタナー法の分類に基づく年齢の判定は、あくまで、18歳未満の児童であるか否かを判断する際の間接事実ないし判断資料の一つとみるべきである。」

「画像又は写真に基づいてタナー法による度数の判定を行う場合、実際に対象者を診察して評価を行う場合と比べて、被写体の姿勢、光の当たり方、画質等様々な制約があるため、対象者に関して得られる情報が非常に限定されることから、その正確性についてはより慎重に検討する必要がある。Y医師も、写真に基づく評価をする場合について、限られた情報から分かるところで慎重に判断するという立場である旨述べ、『情報が少なければ認定の精度は劣ってくるということになりますよね』との弁護人からの質問に対しても、『はい、そのとおりです。』と答えている。」

「こうしたことからすると、タナー法に基づく年齢判定においては、その限界ないし危うさがあるというほかなく、Y医師が小児医療を専門とする医師であることから、その意見は尊重するとしても、児童性の認定においては成人女性の性発達等をも考慮する必要があるところ、その面からの統計資料等の証拠はなく、また、判定資料とした写真の不鮮明さや修整の可能性、殊に陰部付近の修整の可能性を考慮すると、少なくとも本件においては、Y医師の供述を全面的に信用して、年齢を判断することはできないというほかない。」

「以上のとおり、本件においてY医師が児童認定写真の被写体の年齢を検討する際に用いた資料が限定されたものであること、その上での判定内容の危うさ等からすれば、Y医師による年齢判定についてもその信用性について慎重な検討が必要となる。

そのようにしてみると、まず、前記のとおり資料が限定され、修整の可能性がある中で、……Y医師が陰毛に関する同度数によって判定した年齢については採用できない。

また、Y医師が18歳以上の可能性もあると述べる乳房のタナー4度とその可能性を否定するタナー3度とを判別する重要な基準となる乳輪の隆起の有無について、前記のとおり資料が限定されている中で正確な判断ができたかは疑問があり、タナー3度と評価された者の中には、実際は乳輪が隆起しておりタナー4度と評価されるべき者が含まれていた可能性が否定できないことなどからすれば、……Y医師が被写体の乳房がタナー3度と評価したものの各被写体が18歳未満である旨のY医師の判定についても、採用することができない……。

そうすると、Y医師がタナー法で乳房を3度と判定した……各写真については、各被写体が18歳未満である旨のY医師の認定は採用することができず、18歳以上である可能性に合理的な疑いが残る……。

これに対し、……Y医師がその被写体の乳房についてタナー1度又は2度と評価した各写真については、前記のとおり、Y医師が、乳房についてタナー2度が18歳未満か否かという判断のポイントとなる旨述べているとおり、乳房についてタナー2度以下と判定されて18歳以上である女性が一定数存在することは否定できないとしても、それ自体がまれであるといえる上、これらの写真の被写体は、いずれも一見して顔立ちが幼く、乳房や肩幅、腰付近の骨格等の身体全体の発達も未成熟であること等からすれば、これらの被写体は撮影当時18歳未満であったことが強く推認される。」

と判断した。

結果として、審理の対象となった本件CG計34点のうち、28点について児童性を否定した。さらに、「被写体が実在していたことを認めるに足りる証拠が認められない」ことや、「被写体とCG女性との間に同一性は認められない」こと等を理由として、児童ポルノ該当性を否定したものもあり、最終的には、34点中3点について児童ポルノに該当するとした。

## ▶ 読解の視点

### 1　刑事裁判における証拠

#### （1）　証拠裁判主義

刑事裁判において事実認定は、証拠に基づいて行われなければなりません。これを「証拠裁判主義」といい、刑訴法317条において、「事実の認定は、証拠による。」として定められています。これは、近代刑事裁判の大原則であり、この点を蔑ろにした刑事裁判は、もはや刑事裁判の名に値しません。現代において、例えば、権力者による恣意的な（あるいは好き勝手な）事実認定の下で刑事裁判を行ってよい、と考える人はいないでしょうから、刑訴法317条を、この当たり前の原則をただ確認した規定だとすれば、あまり実質的意義を持たないこととなるでしょう。そこで、刑訴法317条は、「犯罪事実（刑罰権の存否及び範囲を定める要件となる事実）の認定は、厳格な証明による証拠（すなわち、証拠能力を有し、かつ適法な証拠調手続を経た証拠）によらなければなら（ない）[3]」ことを明らかにしたという実定法的意義を持つ規定であるとの理解が、今日では一般的です。

### （2） 証拠能力と証明力

上で述べたように、刑訴法317条は、「犯罪事実の認定は、厳格な証明による証拠によらなければならない」ことを定めています。ここで本章のテーマである科学的証拠との関係で大事なのは、「証拠能力」の概念です。

証拠能力とは、証拠の許容性のことです。証拠能力のある証拠だけが、法廷で証拠として取調べられて、犯罪事実に関する事実認定の資料となることが出来ます。したがって、証拠能力は、「有無（あるいは肯定否定）」の二者択一的であり、「高低」といった程度問題は生じません。

これに対して、「証明力」というものも、刑事裁判では重要になってきます。これは、当該証拠が、どれだけ事実認定に資するかという証拠の価値に関するもので、当然、高い証明力を有する証拠もあれば、それほど証明力を有しない証拠もあります。ですので、証明力については先の証拠能力のように二者択一的ではなく、「高低」といった程度問題が当然のように生じます。

証拠能力と証明力は、その判断方法も異なります。証拠能力は「有無」の二者択一的だといいましたが、では、どのように証拠能力の有無を判断するのかといえば、それは様々なルール（法律を含む）が定められているので、裁判官はそのルールの枠内で判断しなければなりません。例えば、刑訴法319条は、「強制、拷問又は脅迫による自白、不当に長く抑留又は拘禁された後の自白その他任意にされたものでない疑のある自白は、これを証拠とすることができない。」と定める、いわゆる「自白法則」の規定ですが、これは、「強制、拷問又は脅迫による自白、不当に長く抑留又は拘禁された後の自白その他任意にされたものでない疑のある自白」には、証拠能力は無いことを明らかにした条文です。なので、仮にある裁判官が、強制によって得られた自白を証拠として採用し、犯罪事実の認定に使いたいと考えたとしても、それは許されません。ここに、裁判官の裁量が生じる余地はないのです[4]。

一方、証明力については、刑訴法318条が、「証拠の証明力は、裁判官の自由な判断に委ねる。」と定めており、ある証拠にどの程度の証明力を認めるかについては、裁判官[5]が自由に判断します。これを「自由心証主義」といいます。もっとも、今日では、「自由」といっても、裁判官の独善的な判断が許されてよいはずがなく、合理的に説明出来るような証明力の判断を経た事実認定が要求されているのは、当然のことです。憲法76条３項が「すべて裁判官は、その良心に従ひ独立してその職権を行ひ、この憲法及び法律にのみ拘束される。」と定めていますが、ここでいう「裁判官」は、上記のような合理的な判断が可能な裁判官が想定されていると考えるべきでしょう。

### （3）　証拠能力の有無の判断

証拠能力の有無の判断には、先に紹介した「自白法則」のように、明文の規定を持つものもありますが、それを含め、「自然的関連性」、「法律的関連性」、「証拠禁止」という3つの観点から考えるのが有益です。

自然的関連性とは、法廷で証明しようとしている事実（＝要証事実）の判断に利用可能な、必要最小限度の証明力のことです。この必要最小限度の証明力すら無い証拠は、取調べるだけ無駄ですから、自然的関連性を否定し、証拠能力を認めない、とした方がよいわけです。このように、自然的関連性が無い証拠として、占いや姓名判断などが挙げられます。

ですが、必要最小限度以上の証明力が認められる証拠であっても、裁判所が証明力の判断を誤る危険性がある証拠は、証拠能力を否定して、法廷に提出されない方がよいでしょう。そのような証拠のことを、法律的関連性のない証拠と呼びます。例としては、自白法則のように明文の規定のあるものや、犯罪事実の立証手段として用いる場合の被告人の前科・悪性格などが挙げられます。逆に、証拠能力を肯定するためには、法律的関連性が肯定される証拠であることが必要です。

最後に、証拠禁止とは、自然的関連性及び法律的関連性の双方が認められても、適正手続を保障するという観点から、ある証拠について証拠能力を否定し、法廷から排除することで、その例が、「違法収集証拠排除法則」です。

以上を踏まえると、証拠能力が肯定されるためには、自然的関連性及び法律的関連性の双方が肯定され、なおかつ証拠禁止に当たらない証拠である必要がある、ということになります。

## 2　科学的証拠

### （1）　科学的証拠

証拠には様々なものがあります。例えば、窃盗事件であれば、犯行の瞬間が記録されている防犯カメラの映像は証拠でしょうし、傷害事件であれば、被害者の「突然、被告人に殴られた」という法廷での証言もまた、証拠といえるでしょう。

そういった中、科学技術の進展が、捜査段階で様々に応用され、法廷でも証拠として使われるようになってきており、それらは「科学的証拠」と呼ばれています。例えば、指紋鑑定は、日本でも古くから利用されている科学的証拠の一種ですし、今日では、DNA鑑定が科学的証拠において重要な地位を占めるようになっています。

刑訴法の条文には科学的証拠という言葉は出てきませんが、本章では、これを「資料から情報を取得する際、あるいは取得された情報を解析・検討する際のいずれか又は双方で、論理則や社会生活上の経験則ではまかなえない科学的知見が必要となる証拠[6)]」と定義することにしましょう。一例を挙げると、殺人事件で、犯人と被害者がもみ合った際、被害者が犯人を引っ掻き、捜査において被害者の爪の間から犯人のものと思われる皮膚片が発見されたとします。これは犯人特定に結びつき、場合によって被告人の有罪を決定づける重要な証拠になり得ます。しかし、皮膚片がそのまま法廷に提出されても、あまり意味がありません。ですが、その皮膚片が、例えばDNA鑑定によって被告人由来のものであることが明らかになったならば、裁判官は、被告人が犯人であることについて、心証を形成することとなり、俄然、証拠として意味をなしてきます。ここで、皮膚片は、DNA鑑定という科学的知見を経て、科学的証拠という形で証拠となったといえるのです。

一方、科学的証拠も誤ることがあります。裁判官は、科学の専門家ではありませんから、科学的証拠として相応しくない証拠が法廷に出てきても、それを見抜くことが出来ないことがあるのです。例えば、今日のDNA鑑定は、数兆人に1人というレベルにまで個人識別精度が向上しているといわれています。ですが、DNA鑑定が犯罪捜査に導入された初期に発生した、いわゆる「足利事件」においては、不適切なDNA鑑定の結果、冤罪事件を引き起こしました[7)]。このようなことも起こりうるのだということを、知っておく必要があります。

### （2） 科学的証拠と自然的関連性

科学的証拠は、殺人事件の凶器である血の付いたナイフのように、物がそのまま法廷に提出されるわけではありません。専門家が、専門的知識を用いて鑑定し、その結果が法廷に提出されます。ですから、その「専門家による鑑定」が、自然的関連性を有しているかが重要です。この点に関し、

- 基礎にある科学的原理が確かなものであること。
- 用いられた技術がこの原理にかなったその応用であること。
- この技術に用いられた器械のいずれもが、検査の時点で正しく作動していたこと。
- その検査に関して、正しい手続がとられたこと。
- 検査を行った者またはその結果を分析した者が必要な資格を備えていたこと。

といったものが、科学的証拠が自然的関連性を有すると認められるための基本的要件であるという指摘[8)]がなされていますが、適切なものだと思われます。

## 3　本事案について[9]

### （1）　児童ポルノ

児童ポルノ法において、児童とは、「十八歳に満たない者」（2条1項）を指し、児童ポルノとは、「児童を相手方とする又は児童による性行又は性行類似行為に係る児童の姿態」、「他人が児童の性器等を触る行為又は児童が他人の性器等を触る行為に係る児童の姿態であって性欲を興奮させ又は刺激するもの」、「衣服の全部又は一部を着けない児童の姿態であって性欲を興奮させ又は刺激するもの」を、「視覚により認識することができる方法により描写した」「写真、電磁的記録……に係る記録媒体その他の物」（2条3項）をいいます。ここから分かる通り、児童ポルノ法における児童ポルノは、被写体が18歳未満の者であることが必要で、例えば、いくら幼く見えて、童顔の人の“衣服の全部を着けない姿態であって性欲を刺激する”写真であっても、その人が18歳以上であれば、児童ポルノにはなり得ません。児童ポルノ法において、被写体が18歳未満であるか以上であるかは、決定的に重要なのです。

### （2）　児童性認定

そこで、児童ポルノ事件を捜査する際に、捜査機関は、当該児童ポルノ（と思われるもの）の被写体が、本当に児童なのかを確認する必要が出てきます。これを「児童性認定」といいます。被写体が誰であるか特定されれば、戸籍等の公的資料を用いて年齢の確認が出来ますので通常問題は生じません。問題は、被写体が特定できない場合や、戸籍等の公的資料の整備が不十分な国の外国人が被写体であるような場合です。これらの場合、公的資料は使えませんから、別の方法で児童性認定を行わなければなりません。このような場合に行われる児童性認定方法の1つが、「医師（主に小児科医）によるタナー法を用いた年齢推定法」と呼ばれるものです。この方法が、科学的証拠として、刑事裁判における事実認定に用いることが出来るものなのかどうかを、以下で検討していきましょう。

### （3）　タナー法と児童性認定

タナー法は、イギリスの小児内分泌学者であったジェームス・タナー（James Mourilyan Tanner）によって、1962年に発表された第二次性徴における身体（生殖器や陰毛、乳房の発育状況）の変化の評価法[10]です。タナーは、1950年代の英国の小児を対象とする統計的調査を行い、身体の変化を、思春期前の1度から、完全に成熟した5度までの5段階に分類することでタナー法を完成させました。この、タナー法に基づく具体的評価のことをタナー度数と呼びます。タナー法は、例えば小児医学の臨床においては、思春期早発症や思春期遅発症といった、小児内分泌系の疾患の診断の際に用いられるなど、第二次性徴の評価法としては一般的なものです。

タナー法は、児童ポルノ事件における児童性認定の場面では、

① 被写体の身体の発育（変化）の状況からタナー度数を判定する。
② そのタナー度数に対応する標準的な年齢から対象者（＝被写体）の年齢を推定する。
③ ②の結果、18歳未満であると推定すれば児童性を認定する。

という方法で用いられます。

### （4） タナー法を用いた児童性認定の科学的妥当性

先に述べたように、タナー法は本来、小児医学の臨床で用いられるものです。例えば、ある年齢の女児が、その年齢の標準的なタナー度数が示す発育状況よりも、発育の程度が進んでいる（＝高いタナー度数に相当する発育の程度である）、あるいは遅れている（＝低いタナー度数に相当する発育の程度である）ならば、思春期早発症、あるいは思春期遅発症といった小児内分泌系の疾患が疑われる、といった使われ方です。

一方、タナー法を児童性認定に用いる場合には、年齢が分かっていない被写体を、発育の状態からタナー度数を判定し、そのタナー度数に対応する標準的な年齢から被写体の年齢を推定しているわけです。これは、臨床とは全く異なる使われ方です。

ここで注意する必要があるのは、

- タナー法は、年齢推定法として開発されたものではないこと。
- タナー法は、小児医学等の現場で「生身の人間」に対して用いられることを想定しており、映像や画像の被写体に対するタナー度数の判定は、本来の用いられ方とは異なるものであること。
- タナー度数と、それに基づく年齢の推定については、両者の対応関係の調査自体が統計的研究に依拠しており、適切なタナー度数の判定がなされた場合であっても、ある程度の幅をもった年齢の推定にならざるを得ず、さらに、個人差や疾患等の理由で、実際の年齢が、タナー度数に対応する標準的な年齢から外れる場合があり得ること。

といった点です。先ほど、「科学的証拠が自然的関連性を有すると認められるための基本的要件」として、「基礎にある科学的原理が確かなものであること」や、「用いられた技術がこの原理にかなったその応用であること」が必要であるとの

指摘は適切だといいましたが、ここまで見てきたように、タナー法を児童性認定に用いることは、果たして、これらの要件を満たしているといえるでしょうか。

実は、この点を考える上で重要な指摘を、タナー法の考案者であるタナー自身が行っています。タナーは1998年、同分野の研究者と連名で、「暦年齢の推定におけるタナー法の誤用[11]」という短いレポートを発表しています。そこでは、

- タナー法は、成熟度の段階ではなく、暦年齢の推定に用いられた。これは、タナー法の完全に非論理的な用いられ方である。
- タナー法から年齢を推定する方程式は存在しない。
- タナー法は暦年齢の推定のためには設計されていないので、その目的達成のためには適切に利用することはできない。
- 我々は、小児科医やその他の医師に対して、タナー法に基づいた暦年齢に関する「専門家」としての宣誓証言を差し控えるよう注意を求めたい。

と述べられています。タナー法の考案者自身が、「タナー法を用いた年齢推定はできない」と警告を発していることは、タナー法を用いた児童性認定の科学的妥当性に疑問を投げかけるものでしょうし、それは、自然的関連性を否定する方向に働きうるものだといえます。

### （5）　本事案における裁判所の判断について

裁判所は、タナー法の存在や、度数判定基準の定立、日本人女子についてタナー度数と年齢との間に有意な相関関係を示す医学的知見が存在する点については、十分な信用性が認められるとしながら、一方で、タナー法による分類に基づく年齢の判定は、統計的数字による判定であって、あくまで、児童性判断の間接事実ないし判断資料の一つとみるべきであるとすることで、タナー法を用いた児童性認定に一定の歯止めをかけています。ですが、タナー法を年齢推定に用いること自体は認めているわけですから、裁判所は、タナー法に基づく児童性認定には自然的関連性がある、と判断していることになります。

ここで、自然的関連性について、もう少し掘り下げて考えてみましょう。先に、自然的関連性とは、「要証事実の判断に利用可能な、必要最小限度の証明力」だといいました。この意味を、「要証事実の立証に多少とも役に立つ点があれば足りる[12]」と解すれば、タナー法を用いた児童性認定も、少なくとも自然的関連性の段階で排斥されるべきではないといえるかもしれません。しかし、これに対し、「基礎にある科学的原理の確かさ」と、「技法がその原理の正しい運用であること」といった要件も「自然的関連性そのものの問題」として併せて考慮する必要性を指摘する見解[13]もあります。この見解に立てば、タナー法を用いた児童性認定は、前者の「基礎にある科学的原理の確かさ」の要件については、タナー法が統

計的研究に依拠するものであることから、それほど高くは評価し得ないようにも思われます。後者の「技法がその原理の正しい運用であること」の要件についても、1998年のタナーらによる警告が述べるように、タナー法は年齢推定法ではない以上、満たさないでしょう。さらに、本来のタナー法が、直接人間に触れての観察・診断を予定しているのに対し、児童ポルノ事件においては、映像や画像を通しての観察になることも、得られる情報量の違いを生じさせ、「正しい運用」からは乖離することになります。だとすれば、自然的関連性は否定されるべきだという見解もまた、成り立つでしょう。

次に、仮に自然的関連性は肯定したとしても、法律的関連性の観点からはどうでしょうか。児童ポルノ事件における児童性認定は構成要件上も極めて重要ですから、考案者から警告が発せられるような、タナー法を用いた年齢推定を法廷で積極的に用いる理由は少なく、むしろ不当な偏見や争点の混乱を生じさせる危険性を考慮すれば、法律的関連性を否定するという見解もあり得るようにも思われます。

また、裁判所は、「Y医師がその被写体の乳房についてタナー１度又は２度と評価した各写真……の被写体は、いずれも一見して顔立ちが幼く、乳房や肩幅、腰付近の骨格等の身体全体の発達も未成熟であること等」も、児童性を強く推認する理由として挙げています。もし、タナー法を用いた児童性認定の弱点を、「一見して顔立ちが幼く……未成熟である」という裁判官による被写体の“見た目の判断”が補完するなら、それは、タナー法の用いられ方が、本章における科学的証拠の定義である、「資料から情報を取得する際、あるいは取得された情報を解析・検討する際のいずれか又は双方で、論理則や社会生活上の経験則ではまかなえない科学的知見が必要となる証拠」とは異質のものだと見方も成り立つでしょうし、両者が別個に児童性認定の根拠になるとするのであれば、タナー法を用いた児童性認定はわざわざ行う必要はないとも言え、この場合は、タナー法を用いた児童性認定方法は排除した方がよいとの結論も導き得るでしょう[14)]。

## おわりに

本章では、科学的証拠について、「児童ポルノ事件における児童性の認定」という、あまり馴染みのない素材を用いて述べてきました。本事案においては、裁判所は、個別具体的な検討の結果、専門家による、タナー法を用いた児童性認定を全面的に採用することはしませんでした。そこでは、裁判所が、後述するような峻別機能を、一定の範囲において働かせたように思われます。これに対して、本章では、タナー法を用いた児童性認定は（個別具体的な事件ごとの判断ではなく）類型的に、科学的証拠とすることに疑問を挟む余地があるのではないかとしました。皆さんはどのように考えるでしょうか。

今日、科学技術の捜査への応用は極めて多方面に及んでおり、その結果、法廷に科学的証拠が提出される機会もより一層増えるだろうと思われますし、科学的証拠の重要性も増していくことでしょう。ですが、それと同時に、科学技術の進展は、当該科学技術の専門家と非専門家の間の「知識格差・理解能力格差」を必然的に拡大させます。そうしたとき、（裁判官や裁判員を含む）非専門家は、専門家の言説を前にすると、意識的であるか否かを問わず、つい受容的になりがちです。この点は、皆さんにも経験があるかもしれません。もちろん、信頼に足る科学的証拠を受け入れ、事実認定を行うことは、適正な刑事裁判の実現に資するでしょうが、「この科学的証拠は信頼に足るものだ」ということさえ判断できれば、それ以降の事実認定は実はさほど困難なことでもないのかもしれません。より難しいのは、「信頼に足る科学的証拠と、科学的証拠を装う科学的ではない証拠」の峻別ではないでしょうか。今後は、この峻別をどのように行っていくのかが、科学的証拠を巡っては重要になるように思います。

注

1）　なお、児童性に関する争点の前提として、実在する児童の裸体写真データを素材として作成したCGが児童ポルノに該当するか否か（＝児童ポルノ該当性）や、本件CGと検察官がその基となったと主張する写真とが同一であるか（＝同一性）が問題となったが、裁判所は、「被写体の全体的な構図、CGの作成経緯や動機、作成方法等を踏まえつつ、特に、被写体の顔立ちや、性器等（性器、肛門又は乳首）、胸部又は臀部といった児童の権利擁護の観点からしても重要な部位において、当該CGに記録された姿態が、一般人からみて、架空の児童の姿態ではなく、実在の児童の姿態を忠実に描写したものであると認識できる場合には、実在の児童とCGで描かれた児童とが同一である（同一性を有する）と判断でき、そのような意味で同一と判断できるCGの画像データに係る記録媒体については、同法2条3項にいう『児童ポルノ』あるいは同法7条4項後段の『電磁的記録』として処罰の対象となると解すべきである。」と判示した。

2）　なお、本事案はその後上訴・確定したが、控訴審（東京高判平成29年1月24日刑集74巻1号234頁）では原審の「児童性を認めた原判決の判断に、事実の誤認はな（い）」とされ、上告審（最決令和2年1月27日刑集74巻1号119頁）は、児童性認定に関する言及がなかった。

3）　大コンメ刑訴第7巻325頁〔安廣文夫〕。

4）　ただし、ある自白が「強制によって得られた」といえるかどうかという点については、裁判官が判断するので、その限りにおいてある裁判官と他の裁判官との間で判断が異なることはあり得ます。

5）　裁判員裁判であれば、裁判員も同様です。

6）　黒﨑ほか科学的証拠3頁。

7）　宇都宮地判平成22年3月26日判時2084号157頁。

8） 光藤刑訴139頁。

9）「3　本事案について」以下に関し、さらに深く知りたい場合は、吉井匡「児童ポルノ事件における児童性の認定方法に関する考察――タナー法を用いた年齢推定法の利用について――」浅田古稀下巻347頁-369頁参照。本章の記述も、これに多く依っています。

10） J. M. Tanner, *Growth at Adolescence* (*2nd ed*), Blackwell, 1962. 32-37.

11） Arlan L. Rosenbloom & James M. Tanner, Misuse of Tanner Puberty Stages to Estimate Chronologic Age. 102(6) *Pediatrics*. 1494 (1998).

12） 木谷明『刑事裁判の心――事実認定適正化の方策――【新版】』(法律文化社、2004年) 254頁。

13） 浅田和茂「科学的証拠」村井敏邦ほか編『刑事司法改革と刑事訴訟法 下巻』(日本評論社、2007年) 785頁。なお、光藤刑訴139頁、黒﨑ほか科学的証拠14頁「第3　科学的証拠に関する評価・検討の視点」参照。

14） もちろん、「一見して顔立ちが幼く……未成熟である」ということだけから、児童性認定をしてよいかどうかは、別途慎重な検討が必要です。

（吉井　匡）

## *Comment*

1　証拠裁判主義の意義や、証明力や証拠価値の評価は裁判官の自由な判断に委ねられていること（自由心証主義）、この自由心証が合理的な判断でなければならないことは本章解説の説明のとおりです。この点、仮に、本件のような事案で、「18歳未満か否かを100％判別できる方法がない以上、裁判官は、18歳以上と認定しなければならない」とすれば、それは裁判官の事実認定を縛るものですから、自由心証主義に反します。これに対し、「判別方法がないため、裁判官は五感をもって経験則に照らして検討したが、18歳未満とは認定できない」というのは、裁判官の自由な心証により、18歳以上である合理的疑いが残った結果ですから、自由心証主義に反しません。

本章解説は、自由心証主義については前記と同様の理解に立った上で、タナー法については、その証明力が非常に低いものとして、（自然的関連性もしくは法律的関連性が欠けるのか、それとも必要性が欠けるのかいずれかはさておき）事実認定の資料に供するべきではないという立場と解されます。

では、実際の事件処理の場面を想定して、どのような立場で科学的証拠に向き合うのがよいのか考えてみます。

2　科学的証拠には様々なものがあります。裁判官として事件に日々接する中で多いのは、覚醒剤等の分析（薬物自体の分析のほか、使用事実の立証のため尿や血液の分析もあります。）、体内のアルコールを測る飲酒検知、死因を特定する司法解剖、DNA 鑑定、精神鑑定、出火原因の工学鑑定、防犯カメラやドライブレコーダーの画像解析、携帯電話機やパソコンのデータ復元あたりでしょうか。

これらを刑事裁判の証拠として用いてよいかを、類型化して検討する試みがされています。その試みの一つは、① 検査の科学性が未解明であることを認めた上で、経験上、検査結果の正確性・信頼性が肯定できるとするもの（例：警察犬の臭気選別）、② 検査の確実性が科学的に承認されていないが、陪審制の不採用や検定確率の上昇等を捉えて証拠能力は否定されないとするもの（例：ポリグラフ検査）、③ 原資料と対象資料の形態的な異動識別を行うもので原理は明らかだが、識別方法に疑問を呈する場合があるもの（例：指紋鑑定、筆跡鑑定）、④ 検査の原理が科学的に確実で、検査手法も科学的に妥当なもの（例：DNA 鑑定）の 4 類型に分類するものです。臭気選別、ポリグラフ検査、筆跡鑑定、DNA 鑑定について、結論的には証拠能力を肯定した最高裁の判断があるので確認しておくとよいでしょう。なお、裁判員制度が導入された現在、陪審制の不採用を理由の前面に出すのは説得力を欠くものと思われます。

これまで科学的証拠そのものの証拠能力が争われたのは犯人性立証の場面が多かったように思います。そして、犯人性立証の場合、一つの確実な科学的証拠のみを根拠とするのではなく、他の証拠も併せて検討して最終的な結論を導いていることが多いように感じます。刑事裁判において、最もあってはならないことは無実の人を罰することですし、私も裁判官の一人として、犯人性の誤りを最も恐れています。他方で、被害者や社会全体のことも考えると、安易に合理的疑いに逃げることも許されません。

このような裁判官の立場では、証拠として幅広く採用した上で、その内容を慎重に吟味したいという心理的機制が働きます。つまり、証拠能力は肯定した上で、証明力の問題として検討したいということです。

本件でタナー法が問題となった争点は、犯人性ではなく、児童ポルノに該当するか否かの「被写体の児童性」でしたが、有罪か否かを決する点では同じような重みを持っています。そこで、審理の中でタナー法をどう扱うかについて考えてみます。

3　タナー法は、統計的研究に依拠するものですが、統計や確率の問題だからといって直ちに証拠能力を欠くことにならないのは、指紋鑑定をみれば明らかです。すなわち、指紋鑑定では12個の特徴点が符合するには1000億人が必要だとされていて、その確率を前提に12個の特徴点が一致したか否かの結果が証拠として現れ、極めて強い証明力を有しています（何が特徴点に当たるかや異動識別には専門的知識と経験を要し、その点に疑問が呈されることがあるのは既述のとおりです。）。要は、その確率が刑事裁判として許容できない誤りを含むか否かが問題なのだと思います。誤りの割合が許容できないほど高ければ、「必要最小限度の証明力を欠く」といえますし、「判断を誤らせる可能性が高いため法律的関連性を欠く」ともいえるでしょう。本件の控訴審判決は、「前者と後者（筆者注：体質性思春期遅発症と性腺機能低下症）の可能性を併せても、18歳以上の者の中で乳房タナー２度以下が存在する可能性は、理論上、１万人に１人未満という極めて低い確率である」「1983年ないし1986年生まれの日本人女児226人について、乳房タナー度数別の累積頻度を実態調査したところ、12歳になるまでに、全ての者がタナー２度に達し、95％の者がタナー３度に達したことが認められ、更に18歳になるまでにはタナー３度に達する者の割合が高くなることが推認される」「18歳以上の者の中に乳房についてタナー２度以下の者が存在する可能性が極めて低いことについては、十分科学的な裏付けがあるといえる」と説示しました。

タナー法は、小児医学の臨床で、「女児は加齢とともに乳房・乳輪や陰毛が発達するが、発達が遅れる症例がある」という医学的知見を前提に、統計的研究によって発達の段階を評価する方法として確立したものです。これは、「指紋は終生不変である」という前提のもとに、確率を踏まえて異動識別を考える指紋鑑定と同じ性格であるように思われます。指紋が不鮮明な場合に識別不能であることと、乳房や乳輪が明瞭に観察できない場合にタナー度数の判定が不安定になることも類似しています。

以上からすると、タナー法については、一律に証拠能力を欠くとするのではなく、証拠として許容できる場面に絞って証拠能力を肯定するのが適切ではないかと考えますが、いかがでしょうか。

（杉本 正則）

コラム ⑤

# 不十分な日本の死因究明

## 1　死体解剖率の低さ

死因究明は、その死体が犯罪によるものなのか否かを判断するうえで大いに役立ちます（むしろ、欠くことのできないものだといったほうが正確でしょう）。したがってそれは、捜査においても、裁判においても重要な役割をはたしています。

ところが、です。日本では死因究明が十分には行われていません。このことは、日本の異状死体（簡単にいうと、病死等の自然死による死体を除いた死体です）の解剖率の低さに端的に現れています。（比較対象として参照されることの多い）諸外国の解剖率が、米国12.5%、英国45.8%、ドイツ19.3%、スウェーデン89.1%、フィンランド78.2%、オーストラリア（ビクトリア州）53.5%であるのに対して、日本の解剖率は11.2%に過ぎません[1)]。しかも、広島県1.2%、大分県2.1%、岐阜県2.2%、鳥取県3.2%、千葉県3.7%（解剖率の低い順に下から5県をピックアップしました）というように、実際にはそれよりも低い地域が大半を占めています[2)]。

要するに、異状死体の約9割は（地域によってはそれ以上の割合で）解剖されていないのです。これには、制度上、構造上の問題があります。

## 2　犯罪死の見逃し

解剖率が低いとどうなるか。それは、犯罪死の見逃しにつながります。

日本の場合、異状死体はまず警察に届けられます。そして、犯罪性の有無が判断されます。その結果、その死体が犯罪によるものだと判断されたら、あるいは、犯罪によるものかもしれない（その疑いがある）と判断されたら、司法解剖が行われます。

では、その判断はどのようにして行われるのでしょうか。それは外表検査によって行われます（そしてもちろん現場状況や周辺の捜査によって補われます）。

外表検査は、死体を外表から五官を用いて調べることです。例えば、刑事訴訟法229条における検視は、人の死亡が犯罪に起因するものであるかどうかを判断するために、検察官（または検察官からその代行を命ぜられた検察事務官もしくは司法警察員）が五官の作用により死体の状況を外表から検査する処分だとされています。そして、五官の作用による検査とはいえないX線検査や内視鏡による食道または直腸からの体腔内部の検査、皮膚の剥奪や組織・器官の切断など死体の損壊を伴う処分は許されない、ことになっています[3)]。

すなわち、死体の外側だけをみて、それが犯罪によるものであるかどうかを、医学の専門家ではない警察官が判断するわけです[4]。そんなやり方で正確な判断ができるのでしょうか。

これについては、警察庁も同じ疑問をもっています。それゆえ、警察庁は、2010年（平成22年）に「犯罪死の見逃し防止に資する死因究明制度の在り方に関する研究会」を立ち上げました。その報告書によれば、1998年（平成10年）以降に発覚した犯罪死の見逃し事案（1980年～2009年の間に発生した事件について）が43件、そのうち22件が「死因について誤った判断がなされたもの」で（それ以外は「死因は誤っていないが犯罪性を見落としたもの」です）、その大半については解剖を実施していれば犯罪死を見逃すことはなかったのではないか、とされています[5]。

下の表1「死因について誤った判断がなされたもの」を見て下さい。この表から分かることは、例えば心臓死についていえば、これらの外因死（扼殺・鼻口部閉塞、青酸中毒、空気塞栓）は、外表検査だけでは心臓死と鑑別できないということです[6]。

表1　死因について誤った判断がなされたもの

| 当初判断した死因 | 件数 | 臨場 | 解剖 | 発覚後判明した死因 | 件数 | 薬物 | 保険 |
|---|---|---|---|---|---|---|---|
| 心臓死 | 9 | 1 | | 窒息死（扼殺・鼻口部塞閉塞） | 3 | | 1 |
| | | | | 中毒（シアン） | 2 | 2 | |
| | | | | 外傷性ショック | 2 | | |
| | | | | 一般化炭素中毒 | 1 | | |
| | | | | 空気塞栓 | 1 | 1 | 1 |
| 脳出血 | 4 | | | 窒息死（扼殺・絞殺） | 2 | | |
| | | | | 脳挫傷 | 1 | | |
| | | | | 急性硬膜下血腫 | 1 | | |
| 縊死 | 3 | | | 窒息死（絞殺） | 3 | | 1 |
| 病気に起因する溺死 | 2 | | | 窒息死（扼殺・押さえつけ） | 2 | | 1 |
| 溺死 | 2 | 1 | 1 | 窒息死（鼻口部閉塞） | 1 | 1 | 1 |
| | | | | 中毒（トリカブト） | 1 | 1 | 1 |
| 焼死 | 1 | | | 窒息死（絞殺） | 1 | | |
| 不詳 | 1 | | 1 | 窒息死（頸部圧迫～腕絞） | 1 | | |
| 計 | 22 | 2 | 2 | | 22 | 5 | 6 |

出所：犯罪死の見逃し防止に資する死因究明制度の在り方に関する研究会　2011：資料4。

関連して、死因究明先進国のフィンランドの状況を紹介しておきましょう。「フィンランドでは、2008年から過去10年間において、解剖前の死因が突然生じた自然死（病死）と推定された３万7460件中17.5%が他の死因であり、解剖前の死因が事故死と推定された１万1129件中27.6%が病死を含む他の死因であった。さらに、解剖前に殺人事件であると推定された1739件中23.2%が解剖後は死因不詳を含む他の死因であり、事故か殺人か判定できない事例を含んでいた。また、フィンランドでは約５%の殺人事件が解剖によって初めて発見される為、解剖率が低いと、殺人事件が見過ごされる可能性が高くなるという[7)]」。

では、上のようなことを考慮して、少しでも犯罪性が疑われれば（すなわち、死因が特定できなければ）司法解剖に回せばいいじゃないかと思うかもしれません。しかしながら、予算（司法解剖経費は都道府県警の捜査予算から支出されます）の制約、より根本的には、解剖等の法医学的検査を行う人材や設備の不足のゆえに、そのようなことができないのが日本の死因究明制度の現状なのです（だからこそ、最初に警察が死因をスクリーニングするというおかしな慣行があるわけです）。

### 3　死因究明の地域間格差

犯罪性なしとされた異状死体はどうなるのでしょうか。ここでは話を簡単にするために、2010年（平成22年）時点の状況について説明したいと思います[8)]。

司法解剖の他には、公衆衛生の観点からなされる行政解剖があります。したがって、警察によって犯罪性なしと判断されれば（すなわち、犯罪性の疑いのない死体は）、そちらに回されます。

ただし、ここで問題が生じます。この行政解剖を中心的に担っている監察医制度は[9)]、東京特別区（東京23区）、横浜市[10)]、大阪市、神戸市、名古屋市にしか設置されていません[11)]。それゆえ、監察医制度のない地域のほうが圧倒的に多いにもかかわらず、これらの地域だけで行政解剖の94.5%を占めています[12)]。すなわち、監察医制度のない地域では行政解剖はほとんど行われていない（司法解剖以外に解剖が行われることはほとんどない）ということです。したがって、これらの地域では、検視において犯罪の疑いが認められないかぎり解剖が行われることは稀であり、捜査上の必要がなければ、死因究明がなおざりにされているということになります。

先ほど、日本の解剖率は11.2%だといいましたが、ここから監察医制度のある地域（名古屋市を除く）を除くと、解剖率は5.8%になります[13)]。監察医制度のある地域とない地域では、解剖の実施数に大きな差があるわけです。このことは、もちろん、死因究明の精度にも跳ね返ってきます[14)]。

いうまでもなく、死因究明の必要性において地域間に差はありません。法の下の平等や個人の尊厳といった憲法上の権利を持ち出すまでもなく、死亡の際にはどこに居住していても同様に扱われるべきだし、国の責務として、国民が等しく最後の医療を（質の高いものとして）享受できるようにすべきでしょう。

### 4　必要とされる死因究明の向上

解剖等によって客観的証拠が十分に揃っていれば、自白重視の捜査手法を変更することができます。また、不必要な捜査によってもたらされる、関係者のプライバシーの侵害を防ぐこともできます。そもそも、死因をスクリーニングし、それ以上の捜査や医学的検査をしないとされた時点から、犯罪や事故の見逃しが発生するリスクを冒すばかりでなく、冤罪発生のリスクを冒すことを忘れてはならないでしょう。

そしてもちろん、死因究明は、捜査や裁判に役立つだけではありません。死因を特定することで、予期されない疾病、伝染病、中毒、事故などの発生を把握し、その原因の解明・対策・予防に役立てることができます（諸外国ではむしろ、こうした側面（公衆衛生の向上）に重点がおかれています）。しかしながら、異状死体の約１割しか法医解剖がなされていない（しかも、捜査上の要請から司法解剖に偏った）現状では、得られたデータに信頼性が欠けることはいうまでもありません。

また、人の死に伴い発生する相続、保険金、賠償金等を適切に処理するためには、死因やその種類、死亡時刻を正確に特定しなければなりません[15)]。しかしながら、現行の制度がそうしたことに十分に対応できているかといえば、心許ないかぎりです。

近年、超高齢化社会に伴って死亡者数が増加しています。死因究明の観点からは、とりわけ、孤独死の増加が懸念されるところです。また、その発見が難しいとされるドメスティック・バイオレンスや児童虐待による死亡事案も増加しています（自宅内（密室）での犯行のため、利害関係のない第三者の証言が得にくく、その発見・立証はもっぱら医学的情報によることになります）。他方で、大規模災害時には死体の確認作業が困難を極めることから、身元確認体制の整備・充実を図る必要があります。それゆえ、死因究明制度の充実が大いに望まれるところです[16)]。

裁判にとって事実は欠くことのできない前提です。法学を勉強する皆さんには、事実を尊重する（疎かにしない）姿勢を身につけてもらうとともに、事実を明らかにすること（そしてそのための制度）の大切さを理解していただければと思っています。

注

1）　いずれの数値も、犯罪死の見逃し防止に資する死因究明制度の在り方に関する研究会（2011）「犯罪死の見逃し防止に資する死因究明制度の在り方について」（https://www.npa.go.jp/bureau/criminal/souichi/gijiyoushi.pdf　2020年12月25日閲覧）からの引用です。なお、日本の解剖率は2010年のもので、米国は2008年、オーストラリアは2009年７月から翌６月まで、その他の国々は2009年のものです。

2）　これらの数値は、2016年のものです。警察庁刑事局が公表した資料に基づいて筆者が作成しました。なお、2016年の日本全体の解剖率（12.7%）より低い地域は37道府県あり、中央値は7.0%です。

3）　大コンメ刑訴 第４巻647-654頁。

4）　刑事訴訟法では、主として検察官が検視を行うように規定されていますが、実際はもっぱら警察官によって行われています。なお、その際には、死体の検案を行う医師の協力を得ることにはなっていますが、後述する監察医制度のない地域では、その医師のほとんどは一般の臨床医です（すなわち法医学専門医ではありません）。

5）　犯罪死の見逃し防止に資する死因究明制度の在り方に関する研究会・前掲注１）７頁資料４。

6）　法医学専門医についても同じことがいえます。例えば、次のような指摘があります。「いかに熟練した法医学者や監察医といえども、死体の外表検査のみによって死因を正確に決定することが困難な症例が多いということは言うまでもない。死因や死亡の種類の診断が検案時と剖検後とでどの位不一致であるかについてはこれまでにいくつかの調査がなされている。死因に関しては検案時診断と剖検診断がぴったり一致した症例はむしろ少ない。問題としたいのは「死亡の種類」の診断である。慈恵医大剖検例に関して、検案時に病死、災害死あるいは自殺と診断されていた剖検例232例について、剖検診断と不一致であったものは33例（14.2%）であった」（高津光洋「東京都における異状死体の取扱いの現状」日本法医学雑誌45巻補冊号（1991年）35頁）。

7）　清水恵子他「北海道の死因究明制度の将来——フィンランドの死因究明制度に学ぶ——」法医学の実際と研究55号（2012年）290頁。念のために補足すれば、フィンランドは解剖率が高いため、上のようなことが分かる（確認できる）ということです。

8）　その後、2012年に「警察等が取り扱う死体の死因又は身元の調査等に関する法律」が成立し、2013年４月から本法に基づく調査法解剖が導入されました。本法は、犯罪性がない場合でも、警察の判断で強制的に解剖ができるようにし、そうすることで犯罪や事故の見逃しを防止し、さらには、公衆衛生に寄与することを目的としています。しかしながら、調査法解剖は必ずしも積極的には活用されておらず（2016年の法医解剖総数（20418件）の内訳は、司法解剖40.8%（8326件）、調査法解剖12.8%（2605件）、その他の解剖46.5%（9487件）となっています）、また、必ずしも法の趣旨に沿った運用がなされていないとの批判があります。詳しくは、松原英世「死因究明関連二法のインパクト——愛媛県における死因究明制度の運用実態を手がかりとして——」大阪市大法学雑誌64巻4号（2019年）65-102頁をご覧下さい。

9）監察医制度のない地域では、遺族の承諾を得て行う承諾解剖がそれを代替しています。

10）横浜市は2015年に監察医制度を廃止しています。

11）名古屋市の監察医制度は、年間解剖予算が25体分しか計上されておらず、実質的には機能していないといわれています。

12）犯罪死の見逃し防止に資する死因究明制度の在り方に関する研究会・前掲注1）7頁。

13）犯罪死の見逃し防止に資する死因究明制度の在り方に関する研究会・前掲注1）7頁。

14）東京、大阪、兵庫、滋賀、香川の5都府県で届け出られた異状死事例に関する調査で、死体検案書に心不全と記載された例が監察医制度のある地域では2.6～9.4％であったのに対して、監察医制度のない地域では37.1％から70.6％であったということが明らかにされています（岩瀬博太郎「法医学からみた日本の死因究明制度の問題点と死因究明等推進会議への期待」法律のひろば65巻12号（2012年）36頁）。

15）一例を挙げれば、入浴中の突然死で、浴槽内で足を滑らせて溺死した場合と、脳や心臓の障害が原因で気を失って溺水した場合では、保険上の扱いが大きく異なることがあるそうです（武市尚子「死因決定制度——異状死届け出から解剖まで——」古村節男・野田寛編『医事法の方法と課題——植木哲先生還暦記念——』（信山社、2004年）614頁）。

16）そのための処方箋については、松原英世「日本の死因究明の向上に向けて」法と政治71巻2号（2020年）351-373頁をご覧下さい。

（松原 英世）

# 第14章 少年審判手続の違法
## ——東京高決平成25年１月25日判タ1394号381頁

恐喝未遂、恐喝保護事件により少年を中等少年院に送致した決定に対する抗告事件において原審の審判手続は、適正手続の要請に反し、少年審判規則の趣旨にも反して違法であり、この違法が決定に影響を及ぼしているとして、原決定を取り消し、差し戻した事例

### 第１　事案の概要

本件恐喝保護事件の送致事実は、少年が、「B、C、Dと共謀の上、下校中のE（当時16歳）に因縁をつけて同人から金品を喝取しようと企て、平成24年９月６日午後３時41分頃、神奈川県X市（以下省略）所在のY駅東口ロータリー２階通路において、『Yで調子に乗るな。』、『ちょっと来い。』などと申し向け、同人を同所所在のZ５階エスカレーター付近に連れて行った上、『ネックレス渡すか、ボコボコにされるか、ここから落とされるか選べ。』、『ネックレスを外せ。』、『早く出せよ。』などと語気鋭く申し向けて金品の交付を要求し、もしその要求に応じなければ、同人の身体等にいかなる危害をも加えかねない気勢を示して同人を畏怖させ、よって、その頃、同所において、同人からネックレス１本（時価約12万6000円相当）の交付を受けてこれを喝取した」というものであった。

同年12月６日の審判期日において、本件恐喝の送致事実についての審理が行われた。同事実について、少年は、「初めからそれを取ろうとか考えていたわけではなく、自分は脅し取ることに関係していない」旨述べ、付添人も、「恐喝の実行行為は行っておらず、共謀もしていないので、恐喝罪にならない。見張り行為も行っていないので、幇助でもない。少年には非行事実が認められない」旨主張した（なお、付添人は、その主張の詳細を同年11月30日付けの意見書（３）で明らかにしていた。）。同期日において、付添人は、共犯者とされるD、B及びCの各証人尋問を申し出たが、原裁判所は、いずれも必要がないとの判断を示し、上記送致事実において実行犯とされていた少年については、実行犯B及びCが、被害者Eからネックレス１本（時価約12万6000円相当）の交付を受けてこれを喝取した際に、前記Bが前記Eから金品を喝取しようとしていることを知りながら、前記B、前記C及びDと共に前記Eを取り囲むなどし、もって前記B及び前記Cの恐喝の犯行を容易にしてこれを幇助したものと認定し、本件恐喝の送致事実については恐喝幇助の限度で非行事実を認定できるとの判断を示し、引き続き少年の要保護性についても審理した上で、少年を中等少年院に送致する決定を言い渡した。

原決定に対し、少年側は法令違反を理由として抗告を申し立てた。

## 第２　原決定の補足説明

原決定は、恐喝幇助の限度で非行事実を認定した理由について、次のとおり説示する。

ア　少年は、①Ｄと共に被害者に声を掛け、②Ｂらと共に被害者を取り囲み、③ＢとＣが被害者を連行した後、Ｄと共に、被害者の友人が警察に通報したりしないように見張りを行っていたことが認められる。これらは、いずれも恐喝の実行行為には当たらない上に、①の被害者に声を掛けた行為は、本件恐喝の遂行に何ら寄与しておらず、また、③の見張りをした行為も、本件恐喝の遂行にほとんど寄与していない。他方、②の被害者を取り囲んだ行為は、本件恐喝の遂行に当たり重要なものであったとまで評価することはできないが、被害者を畏怖させる一因となったという点で、本件恐喝の遂行に一定程度寄与したものといえる。

イ　少年は、Ｂから被害者に声を掛けるように命じられ、逆らうと殴られると思い、言うとおりに声を掛けることにしたというのであり、受動的・消極的に関与したにすぎない。しかし、信用できる少年の捜査段階の供述によれば、少年は、Ｂから被害者に声を掛けるよう命じられた際、被害者に因縁をつけ、最終的には恐喝をするんだろうなどと思った上、結局は、言われたとおりに声を掛けることとし、被害者の後を追いかけたというのであるから、この時点で、ＢやＣが被害者に対して恐喝に及ぶ可能性を認識していながら、それでもやむを得ないと考えていたものと認められる。

## 第３　本決定の要旨

東京高等裁判所は、以下のように判示し、抗告理由を認め、少年法33条２項により原決定を取り消し、本件を横浜家庭裁判所に差し戻した。

「原裁判所は、本件恐喝の送致事実につき、恐喝幇助の限度で非行事実を認定するに際し、恐喝の実行犯であるＢらが恐喝の実行に着手するに先立ち、少年がＢらと共に４人で被害者を取り囲んだとの事実を幇助行為として認定している。しかしながら、この事実は、本件恐喝の送致事実中には記載されておらず、関係証拠をみても、被害者の平成24年９月10日付け警察官調書（謄本）中にその趣旨の供述（「あっという間に４人に取り囲まれた」、「さすがに４人とケンカをしたらボコボコにされると思った」との供述）が記載されているにすぎず、少年自身は、審判期日においてはもとより、捜査段階においても、４人で被害者を取り囲んだとの供述はしていないのである（なお、Ｂ、Ｃ及びＤの各警察官調書謄本や同人らの各検察官調書謄本をみても、さらに、当時被害者と行動を共にしていた被害者の友人３名の各警察官調書謄本をみても、被害者の上記供述と合致するような供述は見当たらない。）。

こうした手続経過及び証拠関係の下で、原裁判所のように、少年がＢらと共に４人で被害者を取り囲んだとの事実を少年の幇助行為として認定するのであれば、適正手続の要請に照らし、また、少年審判規則29条の２の趣旨に鑑み、少年及び付添人に対して、この事実を告知し、この事実につき陳述する機会を与えた上で、さらに、必要に応じて反論・反証の機会を与えて、審理を尽くす必要があったというべきであるが、審判調書等をみても、原裁判所がそうした措置を講じた形跡は窺われない。そうすると、原裁判所が、そうした措置を講じることなく上記のとおり少年の幇助行為を認定したのは、まさに不意打ちに当たり、適正手続の要請に反し、少年審判規則29条の２の趣旨にも反して違法であるといわざるを得ず、この違法は決定に影響を及ぼすものと認められる。

論旨は理由がある。」

## 読解の視点

### 1　少年司法の基本的な考え方

#### （1）少年法という法律

成人が犯罪を行ったとされた場合は、刑法に定められた犯罪が本当に行われたのか、刑事訴訟法の手続きに従って確認し、その有無を認定していくことになります。では、行為者が20歳未満の者であればどうなるのでしょう。少年法2条1項には、「この法律で『少年』とは20歳に満たない者をいい、『成人』とは、満20歳以上の者をいう。」と規定され、また、1条（この法律の目的）には、「この法律は、少年の健全な育成を期し、非行のある少年に対して性格の矯正及び環境の調整に関する保護処分を行うとともに、少年の刑事事件について特別の措置を講ずることを目的とする。」と書かれています。このように、少年事件については、刑法や刑事訴訟法に優先して、少年法が、第一義的に適用されることになるのです。この「優先」には、いろいろとありますが、代表的なものを押さえておきましょう。まず、刑法との関係では、刑罰を科すまでもなく、更に教育的効果が高い柔軟な処分で十分な場合は、少年法24条1項に規定する、3種類の保護処分（保護観察、児童自立支援施設等、少年院）で対応し、刑罰を科すのは例外的であるとされます（これを「保護処分優先主義」といいます）。次に刑事訴訟法との関係では、公開で形式的な刑事裁判ではなく、非公開で非形式的な少年審判というやり方で手続きを進めます。例外的に、刑事裁判に移行することもありますが（検察官への「逆送」といいます）ほとんどの事件では、この少年審判までの手続きで終結することになります（刑事手続に移行するためには、必ずこの少年審判手続を含む保護手続が先に行われなければなりませんので、「保護手続前置主義」ということもできます）。

しかし、ここで注意して欲しいのは、だからといって、刑法や刑事訴訟法の規定とか、その背景にある考え方が、一切排除されるということではないのです。むしろ、それらは、少年法解釈の基礎にあって、少年司法全体を下支えしているともいえます。刑法の大原則である「罪刑法定主義」や、刑事訴訟法の鉄則である「疑わしい時は被告人の利益に」、あるいは「適正手続保障」（憲法31条）といった基本原理は、少年法を解釈し、適用する際にも、当然大切にされなければなりません。

少年司法の流れは、発見過程（犯罪少年の場合は捜査が開始されます）、調査過程（この調査段階があるのも、成人の刑事手続と比べて大きく異なるところです）、審判過程

(成人事件の公判に相当しますが、後に述べるようにかなり違いがあります)、処分過程(保護処分が典型的ですが、不処分といってそれを付さない決定もあります)に分けられますが、本章では、特に審判過程の適正性を問題にしていますので、次にこの過程の基本的な原則を確認しておきましょう。

### (2)少年審判の基本理念と原則

#### ア　少年審判の対象

刑事裁判では、国家刑罰権の存否及びその範囲が問題とされ、現在の通説によると、その審判対象は「訴因」であるとされます(訴因対象説)。この訴因という概念は、「罪名」と結びつけられて(刑訴法256条3、4項)、訴因が証明されることによって、罪名に対応した刑罰(代表的な犯罪は刑法典に規定されています)が科されることになります。それに対し、少年審判においては、国家刑罰権発動の担い手である検察官がまだ公訴の提起をしていないので、審判対象は訴因ではなく、少年審判には訴因制度が適用されません。少年審判の対象は、現在の通説によると、非行事実(刑事裁判の公訴事実に対応しますが、少年法の保護手続では、罪を犯した「犯罪少年」だけでなく、14歳に満たないで法に触れる行為をした「触法少年」や、まだ罪を犯したり法に触れたりはしていないが、将来こうした行為をおこなう虞のある「虞犯少年」をも対象とするので、もう少し広い概念になります)とその少年に対する保護の必要性、すなわち、要保護性であるとされています。つまり、少年審判では、有罪・無罪を争うのではなく、その少年に、いったいどんな処遇がいちばんふさわしいのか、その子にとっての最善の利益は何か、ということが問われなければならないのです。しかし、非行事実の存在も、審判対象の一つとして当然明らかにされなければなりません。「君は何もしてないかもしれないけど、保護の必要性があるねえ。ちょっと少年院に行ってもらおうか」、なんて言っていいでしょうか。もちろんダメですよね。少年法の場合、この非行事実認定の手続は、刑事訴訟法ほど厳格なルールにはなっていませんが。だからこそ逆に、その子の言い分を聞きながら、きちんと適正になされる必要があるのです。そして非行事実そのものが存在しなければ、どんなに保護の必要性があっても、保護処分にするわけにはいきません。保護処分は刑罰ではないといっても、意に反して自由を奪われたり、指導を受けたりすることになるのですから、一定の不利益性を持っていることは否定できません。

それでは、どのようにして、この非行事実認定が行われるべきなのか、重要な原則を確認しておきましょう。

#### イ　少年審判の諸原則と方式

少年法22条は、(審判の方式)という見出しで、審判の基本原則を定めています。

まず、1項で、「審判は、懇切を旨として、和やかに行うとともに、非行のある少年に対し自己の非行について内省を促すものとしなければならない。」とあるように、少年の年齢や性格等に応じて言葉づかいなどにも配慮しながら分かりやすく手続を進め、少年や保護者、その他の関係者の納得や信頼を得られるような雰囲気と人間関係の下に審判を行うという趣旨だとされています。刑事裁判のような、ものものしい儀式性や形式性は、「和やか」とは対照的なものですし、少年が心を開いて話ができる雰囲気にはなりません。そして、2項では、「審判は、これを公開しない。」とあり、少年の情操保護やプライバシー保護を重視しています。憲法82条には裁判公開原則が規定されていますが、少年保護の観点からする合理的な例外といってよいでしょう。また、3項では、「審判の指揮は、裁判長が行う。」として、少年審判は、裁判長が主宰する職権主義的な手続であることを表現しています。刑事裁判のように、当事者としての原告官（検察官）が訴え出て、それに対して同じく当事者である被告人側が防御するというような対審構造をとらず、むしろ裁判長との共感に基づく信頼関係（これをラポールといったりします）を基礎にしながら、少年にとっての最善の選択を関係者とともに探していく作業であり、ときにそれはケースワーク的な側面も持つといわれることがあります。そうした意味では、裁判長の裁量権は相当広いのですが、それは全くのフリーハンドではなく、少年の健全育成を真に達成するために、適正手続に従ったものでなければならないとされています。特に非行事実の認定に関する証拠調べの範囲、限度、方法の決定については、家庭裁判所の完全な自由裁量に属するものではなく、その合理的な裁量にゆだねる趣旨だと理解されています（最決昭和58年10月26日刑集37巻8号1260頁）。証拠法についても、伝聞法則以外は、刑事裁判同様に妥当すると考えられていますし、重要な供述証拠については実質的に反対尋問権を保障することが適正手続保障にとって大切です。

その他にも、個別審理の原則（少年法49条：但し刑事事件）、併合審理の原則（少年審判規則25条の2）、直接審理の原則（少年審判規則28条3項）、非公表原則（法61条）、などがありますが、以下、今回の裁判例で問題となる適正手続上の原則については、内容を検討する中でみていきましょう。

## 2　本件について

### （1）不告不理の原則と非行事実の告知・聴聞

少年法8条1項は、「家庭裁判所は、第6条第1項の通告又は前条第1項の報告により、審判に付すべき少年があると思料するときは、事件について調査しなければならない。検察官、司法警察員、警察官、都道府県知事又は児童相談所長から家庭裁判所の審判に付すべき少年事件の送致を受けたときも、同様とする。」

と規定し、不告不理の原則及び審判前調査前置主義を採用しています。要は、裁判所がみずから乗り出していくのではなく、ここに掲げられている、裁判所とは別の機関から持ち込まれた事案のみを審理するという原則です。なぜそんなことが求められるかといえば、それは裁判所の中立性と裁判の公平性を保つためです。人は誰でも、自分が見つけてきた案件については、最初から一定の見立てを持ちやすいですから、その見立てを、そのまま本当に起こったことと結論づけるのは危険です。誰か別の人に、客観的な見地から、その見立てをチェックしてもらうことが必要になります。いわば役割分担ですね。その意味で、裁判所の役割は、基本的には判断者に徹するべきだということになります。刑事裁判の場合は、当事者対抗主義の下で裁判所はアンパイアに徹しやすいのですが、少年審判では、とりわけ開始時には原告官不在ですから、職権主義の下で、家庭裁判所がある程度は踏み込んでいかなくてはならない場合もありそうです。そこで、本件において、原裁判所が、送致事実に記載されていない、「少年がBらと共に４人で被害者を取り囲んだ」との事実を職権で認定したことが、この不告不理原則に違反するかが問題となります。どうやら原裁判所は、被害者の警察官調書に「あっという間に４人に取り囲まれた」等の記述があったことから、この事実を認定したのではないかと思われますが、これはもともと送致書には記載されていなかったので、判断を求められていない対象を認定しているということになりそうです。この点、すでに少年は別の恐喝未遂事件でも審判にかけられているのだから、別にこちらの非行事実が告げられてなくても職権で判断しても良いではないかと思われるかもしれませんが（人格重視説）、やはり、一つ一つの事実と事件についてしっかり認定された上で少年の要保護性も判断されるべきでしょう（非行事実・人格重視説）。まったく別の事実などであれば、新たな受理手続が必要になるでしょう。ただし、今回の事例では、同一性のある社会的事実（恐喝保護事件）の中での、一部分の行為態様の認定ですから、そこまでは必要でなく、少年審判規則29条の２の趣旨にかんがみ、少年と付添人に対して、この取り囲み行為について告知し、陳述する機会を与えた上で、必要に応じて反論・反証の機会を与えるべきであったと判示されたものと思われます。少年審判規則29条の２は、「裁判長は、第一回の審判期日の冒頭において、少年に対し、供述を強いられることはないことを分かりやすく説明した上、審判に付すべき事由の要旨を告げ、これについて陳述する機会を与えなければならない。この場合において、少年に付添人があるときは、当該付添人に対し、審判に付すべき事由について陳述する機会を与えなければならない。」（下線は筆者）と定めています。

こうしたことは、適正手続の基本的要請であり、必要不可欠なこととされています。

### （2）非行事実の認定替え

原裁判所は、送致事実に記載のない「少年がＢらと共に４人で被害者を取り囲んだ」との事実について、これを単に認定しただけでなく、その事実を幇助犯認定のための主要な事実と考えたようです。この事実自体はもともと争点化されておらず、原裁判所が、いわば勝手に取り上げたもので、不告不理原則に違反することは上記で述べたところですが、同時にそれは、共同正犯として送致された事実を幇助として認定替えしたことの重要なポイントにもなっています。そこで、このことをどう考えるべきでしょうか。刑事裁判では、検察官が起訴時に設定した訴因と、裁判の経過とともに証拠調べの結果形成された裁判所の心証が異なることがある場合、検察官は公訴事実の同一性の範囲内で訴因変更を行うことで攻防対象が明らかになります。少年審判手続では訴因制度を採用していないものの、防御権保障の点から、縮小認定（例えば強盗 → 窃盗）以外の場合には、あらかじめ少年側にその認定替えする事実を告知して弁解を聴き、必要に応じて反論・反証の機会を与える必要があると考えられます。不意打ち的に不利益な事実に認定替えすることは適正手続の要請に反し許されないのです。原裁判所が、この共同正犯から幇助犯への評価の変更自体は縮小認定であって不利益ではないし（刑法63条により必要的に減軽されます）、付添人が（見張り行為を否定したことについてですが）幇助でもないと主張していたことから、一応これも争点化されており、認定しても不意打ちには当たらない、と考えていたであろうことはほぼ明らかですが、本決定においても、重心は、取り囲み行為という事実の職権探知的な認定にあり、その評価を幇助行為と認定替えしたこと自体は問題視されていないようにも思えます。送致事実と認定事実の同一性判断は、刑事裁判における訴因変更の限界と同様に考えるという見解が有力ですので、様々な説があるものの、一般に、基本的事実を共通にしており、両者が非両立の関係にあれば、原則として同一性があると考えて良いでしょう。送致事実と認定事実は、発生した時間や場所、それに人物も同じである上、共同正犯と幇助犯は非両立の関係にあることは明らかですから、この認定替え自体は送致事実と同一性のある範囲で行われており、問題はなく、また縮小認定ですから、防御権保障も、取り囲み行為という「事実」に対する告知と聴聞ないし反論・反証の機会を与えるという限度で保障されれば足りると考えたともいえるのではないでしょうか。刑事裁判において、窃盗の共同正犯の訴因に対して、窃盗幇助で有罪認定するのに訴因変更を不要とした判例（最判昭和29年１月21日刑集８巻１号71頁）や、恐喝の正犯から恐喝幇助の事実を認定するのに訴因変更は不要とした裁判例（大阪高判平成８年９月17日判タ940号272頁）なども参照してみてください。

なお、正犯と共犯の区別は、刑法では大問題とされており、特に幇助との区別は重要視されていますが、少年の保護事件では、どちらにしても法効果は保護処分ですから、この区別にこだわり過ぎるのはあまり意味がありません。非行事実認定は大切ですが、その行為の背後にある少年の要保護性を考えながら、少年の最善の利益を確保（児童の権利に関する条約３条）していくことこそが少年審判にとって大切なことではないでしょうか。

（吉中　信人）

*Comment*

### 1　少年審判の職権主義的構造

少年審判手続は、当事者主義ではなく、裁判所の職権主義により行われ、裁判官が非行事実の審理を行い、必要な証拠調べを行って、保護処分を決めるという構造になっています。原則として検察官は関与せず（検察官関与は少年法22条の2を参照）、付添人を選任せずに審判を行うこともあり（少年法10条、22条の3参照）、それらの関与がない場合には、裁判官が刑事訴訟の検察官、弁護人及び裁判官の三役を担うことになります。

検察官は、少年の被疑事件について犯罪の嫌疑があると思料するときは、事件を家庭裁判所に送致しなければならず（全件送致主義、少年法42条1項）、少年事件の場合に起訴猶予（起訴便宜主義、刑訴法248条）はありません。検察官が事件を送致するときには、審判に付すべき事由（以下では単に「送致事実」ともいいます。刑事訴訟の起訴状の公訴事実に当たるものです。）等を記載した送致書を作成した上で（少年審判規則8条1項）、一件記録（捜査記録の全部）とともに送致します（同条2項）。刑訴法の予断排除の原則や伝聞例外の法則はありません。裁判官は送致後速やかに一件記録を調査し（法的調査）、非行事実の蓋然性が認められれば家庭裁判所調査官による社会調査の調査命令を発します（少年法8条）。

このように、裁判官は、送致を受けた段階から一件記録を検討し、非行事実が証拠により認められるか、要保護性がどの程度であるかを検討していきます。

### 2　少年審判期日の流れ

審判では、冒頭で、① 少年に対して名前などの本人確認を行い（人定質問）、② 言いたくないことは言わなくてよいことを説明した後、③ 審判に付すべき事由（送致事実）の要旨を告げ、これについて少年に陳述する機会を与えます（少年審判規則29条の2）。その上で、非行事実の審理に入ります。

非行事実に争いがない事件では、すでに裁判所に一件記録が提出されて取り調べられていますので、非行事実を認定するに足りる証拠があり、少年が非行事実は間違いない旨述べれば、非行事実が間違いなく認定できるとして、続けて要保護性の審理に入ります。

他方、非行事実に争いがある場合には、一件記録の取調べのほかに、少年の供述を踏まえて、証人尋問等の証拠調べを行う必要があるかを検討します。非行事実の認定に関する証拠調べの範囲、限度、方法については、裁判所の裁量に委ねられていますが、完全な自由裁量ではなく、適正手続の趣旨に沿った合理的な裁量である必要があり、その裁量逸脱は法令違反となります（最決昭和58年10月26日刑集37巻8号1260頁）。例えば、少年が非行事実の認定にとって重要な供述証拠の信用性を争っている場合には、反対尋問権の保障の趣旨から、その供述者を証人尋問すべきでしょう。少年事件でも、争点を整理して、必要な証拠調べの予定を立てて、計画審理を行うことは、刑事事件と同様です。その際には、少年にとって不意打ちになることなく、適正手続を実質的に保障する必要があるのです。

### 3　非行事実の認定替えと適正手続の保障

本決定は、原裁判所が恐喝の共同正犯の送致事実から恐喝幇助の非行事実を認定したことについて、不意打ちに当たり、適正手続の要請に反し、少年審判規則29条の２の趣旨にも反して違法であると判断しています。非行事実の認定替えについては、刑事訴訟の訴因変更の議論と同様に考えることができ、本件の認定替えは一見すると縮小認定にすぎないものとも思われます。本決定はどのような点を重視したのでしょうか。

原裁判所は、「少年が共犯者らと共に４人で被害者を取り囲んだ事実」を恐喝の幇助行為と認定しています。しかし、この事実は、本件の恐喝の送致事実には記載されておらず、証拠の中でも、被害者の供述調書の一部にその記載があるだけで、少年はそれを認める供述をしていませんし、共犯者３名、被害者の友人ら３名の供述調書にもその記載はありません。また、原裁判所は、付添人から申し出のあった共犯者３名の証人尋問はその必要がないとして実施しませんでした。つまり、送致事実に記載がないという点で、告知聴聞の手続が採られておらず、反論反証の機会が奪われており、かつ、証拠上も裏付けが弱かった（関係者が多数いる場合には、被害者の供述と同様の供述が得られるのが通常です。）という問題があったわけです。

本決定は、これらの事情を踏まえ、こうした手続経過及び証拠関係の下で、上記幇助事実を認定するのであれば、適正手続の要請や少年審判規則29条の２の趣旨に鑑み、少年及び付添人にこの事実を告知し、陳述の機会を与え、必要に応じて反論反証の機会を与えて審理を尽くす必要があったと判示しています。あくまで本件の手続経過や証拠関係を前提とした事例判断であり、例えば、送致事実の一部に記載のある行為を認定して幇助とした場合や、審理の中で反論の機会が十分与えられている場合、証拠上明らかに認定できる場合には、本決定と結論が異なった可能性があります。

もっとも、本決定が判示するとおり、適正手続の要請や少年審判規則29条の２の趣旨からすれば、今後、実務に携わる裁判官としては、不意打ちにならないように、認定替えが生じる場合には、できるだけその事実を告知して、反論反証の機会を与えるべきといえます。具体的には、送致事実の一部を認定するような明白な縮小認定以外の場合には、より慎重に、変更後の事実を告知し、反論反証の機会を十分に与えてから、事実認定の判断をすべきでしょう。また、本件の手続経過をみると、そもそも非行事実の認定に関する争点整理が十分なされていなかったという問題もあったと思われます。本決定の考え方を踏まえれば、適正手続を実質的に保障するためにも、裁判官が、少年の陳述をよく確認した上で、主体的に早期の段階で争点整理を行って、送致事実の変更を含めた検討をすることが必要といえます。

（藤永　祐介）

# 第15章 少年事件における処分の相当性
## ——大阪高決平成28年11月10日判時2350号132頁

暴力行為等処罰に関する法律違反、道路交通法違反保護事件において少年を第１種少年院に送致した決定に対する処分不当を理由とする抗告に関し、少年に対しては、直ちに施設に収容しなければならないほどの高い要保護性があるとまでは認められず、試験観察によって少年の動向を観察して在宅処遇の可能性を検討することもなく第１種少年院に送致した原決定の処分は、短期間の処遇勧告を付した点を踏まえてもなお、著しく不当であると判断し、原決定を取り消して本件を原裁判所に差し戻した事例

### 第１　事案の概要

非行事実

⑴平成28年○月、原付の無免許運転

⑵同月、共犯少年２名と共に、歩道上の車止め３本を数人共同して損壊

⑶平成28年△月、普通乗用自動車の無免許運転

・⑴から⑵は３週間弱、⑵から⑶は１か月弱であり、⑴から⑶までの期間は約２か月である。

・⑴は警察官に現認され、注意を受けた。

・⑵⑶は飲酒の上での非行である。ただし、（３）は酒気帯び運転の基準値に達しなかった。

・⑵の翌日に警察で共同器物損壊の取調べを受けた。

・無免許運転は、いずれも相当長距離のものである。ただし、常習性をうかがわせる事情はない。

・少年の母が⑵の被害者からの弁償の請求に応じる予定である。

非行歴

・平成25年　児童相談所長送致（少年法18条）

・補導歴あり（喫煙３回、深夜徘徊１回）

生育歴、資質上の問題、保護環境

・児童相談所長送致後、中学校卒業までの間、少年の自宅の部屋が不良仲間のたまり場になっていた。

・中学卒業後、通信制高校に進学したが、家計上の問題で母から退学を相談され、１年の単位を取得して退学した。

・高校退学後しばらくアルバイトをしていたが、アルバイトをやめて深夜徘徊をするように

なり本件各非行に及んだ。その後にアルバイトを再開し、アルバイト代を家計に入れ、午後10時か11時には帰宅する生活をしている。

・能力上の制約まではないが、物事を掘り下げて考える力が弱く、行き当たりばったりの行動になりやすい。ストレスへの対処スキルが弱い。衝動性、攻撃性、反社会的な考え方は目立っていない。

・少年が母の自動車の鍵を持ち出したことを知った母が警察に通報したことで（3）が発覚した。

・母は、本件後、不良仲間との交友を絶つため引っ越し、知り合いの飲食店で働き口を見つけてくるなどしている。

・本件で観護措置を執られ、非行の悪質さを具体的に考えて反省悔悟していると評価されている。

## 第２　本決定の理由の要旨

・本件非行の内容は、少年を施設に収容しなければならないほど重大なものであるとはいえない。

・(少年の資質、非行性の程度、少年の反省状況及び更生意欲について）少年が本件非行に及んだことには、仕事の意欲をなくしアルバイトを辞めてしまうとともに不良仲間と頻繁に深夜徘徊をしたことで、急速に非行性を深めたことが強く影響しているが、本件非行後は観護措置がとられた日まで、少年なりに生活態度や不良交友関係を改めようとしていたのであり、さらに、観護措置後は、指摘や助言に素直に耳を傾け、本件非行を省みた上で自らの問題点を改善し、更生する意欲を強めているといえる。

・(保護環境について）基本的な親子関係は良好で、母に監護意欲はあり、自らの監護の至らない点を改める意欲も併せ持っていると認められ、少年も家庭から離反しておらず、本件非行後は、母の注意を聞くようにもなっていて、親子関係が改善している兆しが認められるから、原決定が指摘するように、家庭による効果的な監護には限界があるとまで断定することはできない。

・少年に対しては、直ちに施設に収容しなければならないほどの高い要保護性があるとまでは認められない。少年は、原決定が説示するとおりの課題を克服する必要がある（筆者注：本決定中の要約によれば「少年に対しては、物事がうまくいかないと感じ、自己不全感を強め、不良仲間との飲酒や非行で憂さ晴らしを図り、ますますうまくいかなくなるという悪循環に陥っていたことを自覚させるとともに、そこから抜け出すために自分が何をすべきかを考えさせ、また、健全な社会適応に資する基本姿勢や力を身につけさせるとともに、与えられた課題に計画的かつ忍耐強く取り組むことを実践的に学ばせ、安定した就労生活を送るための姿勢や、不良仲間との関係に折り合いを付けさせる方法を学ばせるために、系統的な矯正教育を受けさせる必要がある」）とは認められるものの、矯正教育を施さなければ克服できないとまでは直ちに断定できず、社会内における処遇により、少年が自らの力で克服することも相当程度期待できるといえる。したがって、原審としては、必要があれば試験観察によって少年の動向を観察して在宅処遇の可能性を検討した上で、少年に対する処分を決するべきであったのであり、そのような検討をすることもなく少年

**に対して第１種少年院に送致した原決定の処分は、短期間の処遇勧告を付した点を踏まえてもなお、著しく不当といわざるを得ない。**

## ▶ 読解の視点

### 1　少年事件における処遇選択

（1）　家庭裁判所は、送致を受けた少年事件について、調査の結果、審判を開始するか否かを決定します（少年法19条、21条）。審判を開かずに事件が終局する場合（審判不開始）は少なくありません。審判の結果、保護処分に付することができない、又は保護処分に付する必要がない時はその旨の決定（不処分決定。少年法23条２項。なお、同条１項）をします。少年につき保護処分をする場合は、付保護観察、児童自立支援施設送致・児童養護施設送致、少年院送致のいずれかの決定をしなければなりません（少年法24条１項）。

以上の決定によって少年事件は終局しますが（これらの決定を「終局処分」「終局決定」と呼ぶことがあります。）、これに対し、直ちに保護処分を決定するのではなく、保護処分決定のために一定期間少年を観察することがあります。これを試験観察といい、少年に自宅で生活させて保護者の指導と共に家庭裁判所調査官（以下では単に「調査官」といいます。）が定期的に面談を行うなどして観察する在宅試験観察と、自営業者などの下に預けて住み込みの生活をさせながらその預け先などによる指導と調査官の面談を組み合わせて指導観察する補導委託の２種類があります（少年法25条）。

このように、少年事件を担当する裁判官は、審判を開始するのか否か、保護処分に付するのか否か、終局処分をするのか試験観察に付するのか、終局処分（保護処分）の中でどれを選ぶのか、といった選択をしなければなりません。これを処遇選択といいます。

（2）　少年事件は、犯罪少年（少年法３条１項１号）、触法少年（同条同項２号）について、審判に付して保護処分をするので（審判不開始や不処分で終局する場合があることは前述のとおりです。）、成人の刑事事件と似たところがあります。特に、少年院送致は、成人の実刑収容と同じように見られがちです。

しかし、少年事件には、刑事事件の有罪判決の量刑とは異なった考え方が基礎にあります。刑罰の本質については様々な議論・学説がありますが、刑事事件では、犯罪が、刑罰法規に触れ、違法で有責な行為（この違法や有責の理解について様々な学説があることは、刑法総論で学んだとおりです。）であることから、犯した罪の重さに見合った刑の重さを考えるに当たっては、問題となっている犯罪行為の態様の危険性・悪質性、結果の重大性（これらは専ら違法性に関わるものといえます。）、犯行の経緯や動機などの犯罪行為を選択した意思決定に対する非難の程度（これは専ら有責性に関わるものといえます。）を基礎に、同じ罪名の中でも一定の犯罪類型ごと（例えば、殺人罪の中でも「保険金殺人」「介護疲れによる無理心中」など様々な類型が想定できます。）の量刑傾向を踏まえ、これに量刑の調整要素としての一般情状（前科の有無や更生環境など犯罪事実自体ではない事情）を考慮していくという考え方に立っています（この考え方を、行為責任の原則ということがあります。最判平成26年７月24日・刑集68巻６号925頁（本書第４章）参照）。したがって、犯行態様の危険性が高く悪質で、結果が重く、犯行を選択した意思決定に向けられる社会的非難が大きければ重い刑が選択されますし、逆に、違法・有責の程度がそれほど大きくなければ、それに見合う程度の刑が科されることになります。

これに対し、少年事件では、成人が犯罪を犯したのと同じように少年が非行に及んだとしても、前述のとおり、保護処分に付されなかったり、そもそも審判が開かれなかったりします（なお、成人が犯罪を犯した場合、必ずしも起訴されるわけではありませんが（起訴猶予。刑事訴訟法248条）、少年の場合、検察官は家庭裁判所へ送致しなければなりません（全件送致主義。少年法42条）。）。また、犯罪として成立しなくても[1]、一定の場合には家庭裁判所の審判に付されます（ぐ犯少年。少年法３条１項３号イからニ）。

一般論として、少年が、社会のルールを守ろうという意識（規範意識）を持ち、自分が直面している状況を適切に判断し、自分の感情や行動をコントロールする力を備えていれば、非行に及ぶことはないはずであって、重大な非行（犯罪）であればあるほど、その非行を思いとどまるはずだといえます。このことを非行事実の側からみれば、非行に及んでしまった少年は、資質あるいは環境に関して問題を抱えていることが多く、非行の内容が重大であれば、その問題も大きい可能性が高いといえます。ですから、非行事実をきちんと認定し、その罪質（行為の悪質性、非行に及んだ意思決定に対する非難の程度）を検討することは、少年の要保護性（保護処分の必要性）を判断する上で重要です。しかし、この検討の目的は、少年の資質や環境に関する問題点を探って、適切な処遇選択をし、最終的に少年の健全な育成（少年法１条）につなげる点にありますから、量刑における行為責任の考え方と比べて、非行に至る経緯や動機のほか、少年の性格等の背景事情等も踏まえ、なぜ少年が当該非行に及んでしまったのか、再び非行に及ばないために少年に対してどのような働きかけが適切かという観点からの検討が大切です。特に注意すべきは、ただ少年の意思決定を非難するのではなく、そのような意思決定をした原因・問題点の発見に重点が置かれるべきであるということです。

さらに、保護処分は、少年に対して性格の矯正や環境の調整を行うものですから（少年法１条）、成人の刑事事件でいえば一般情状に当たる少年の資質や環境の問題点の検討が重要です。したがって、非行事実の検討だけでは明らかとならなかった少年の資質あるいは環境に関する問題点の大きさが、調査官による調査で明らかになって、非行事実自体は重大でなくても要保護性が高いと判断されたり、逆に、非行事実自体は重大であっても要保護性はさほど高くないと判断されたりすることがあります。例えば、成人であれば罰金刑や起訴猶予で終わってしまう軽微な事件であっても、犯罪行為に親和的な価値観や資質・能力上の問題、そのような価値観や行動傾向を助長しかねない環境があれば、少年院送致が選択されることがあります。また、同じ非行に及んだ共犯関係にある少年について、一方は、規範意識が乏しく、自己の感情のままに行動する傾向があるのに、保護者がその傾向改善に向き合うことなく適切な監護を期待できない生活環境であり、他方は、偶発的に共犯者の誘いに乗っただけで、保護者が少年の問題点を理解して更生支援の具体的な見込みがある、というような場合に両名の処分に違いが出ること（一方が少年院送致で他方が保護観察処分になる、両名とも少年院送致処分でも一方には長期の処遇勧告が付される等）があり得ます。

（3）　少年事件の審判対象は非行事実と要保護性であり、要保護性の中身をどう理解するかについては諸説ありますが、筆者なりに、少年事件を担当する裁判官の要保護性の審理・判断における思考過程を分析すると、再非行のおそれ（累非行性）の程度と、資質上・環境上の要因から来る保護の必要性の程度の両面から、保護処分を選択するか不処分か（あるいは刑事処分か。少年法20条参照）を分ける要件として要保護性を考え、要保護性の検討結果に照らしてどのような保護処分が相当かを選択するというものではないかと思われます。

前述したとおり、非行事実に資質上の問題が結びついていることが多いですから、非行事実が重大であることは、より手厚い保護処分（保護観察であれば、短期ではなく一般の保護観察。少年院送致であれば、処遇期間について短期でなく長期、少年院の種別について第１種少年院より第２種少年院）を選択する方向（要保護性が高く、強い働きかけが必要と判断する方向）にあるといえます。他方で、非行事実自体は軽微でも、反復の度合いが高かったり、罪質が広がりを見せていたりするなど、累非行性やその背景にある資質上・環境上の問題が大きい場合、要保護性が高いと判断する方向に働きます。

## 2　本件について

（1）　本件の各非行事実は、それぞれをみると重大な事案とはいえないと思われます。

他方で、最初の原付の無免許運転を警察官に現認されて注意されたのにあまり間を空けずに共同器物損壊に及び、その翌日に警察で取調べを受けたのに再び無免許運転（しかも、原付ではなく自動車）に及んだという一連の非行事実全体をみれば、非行の内容自体も悪くなっているといえますし、警察官の注意や取調べを受けたことによって自分の行動を慎もうとするのが当然なのに、むしろ非行内容が悪質化していることから少年の問題性の高さを示していると捉えることもできます。そうすると、本決定が要約した原決定、すなわち、「少年は、わずか２か月という短期間で３件の非行に及んでおり、過去に自ら交通事故で負傷した経験から、交通事故の危険性を知っていたにもかかわらず、第１及び第３の無免許運転に及び、第２及び第３の非行においては、不良仲間と飲酒をした上で、その場の雰囲気に流され、危険性を深く考えることなく非行に及んでおり、以上の経緯や態様等からすれば、少年の非行は悪質である」、「少年は、場当たり的で見通しを書いた行動を取りやすい資質傾向にある上、家庭環境に由来する不遇感が強く、これを口実に自分を甘やかす傾向が見られるという問題点が認められ、その問題点や非行背景には、義務教育終了後、学校、仕事ともに長続きせず、達成感や充実感を得ることができずに、自己不全感を募らせていたということがあり、このような生活の中で、少年は、居心地がいいことから不良仲間と親和し、共に飲酒して騒ぐことで現実逃避を図ることが常態化するようになり、自制心を低下させ、アルコールへの依存傾向を強めていた中で本件一連の非行を惹起している」との説示は、直ちに誤りとはいえないように思われます。

しかしながら、更に視野を広げて本件を考察すると、冒頭の「事案の概要」や「本決定の理由の要旨」に挙げたとおり、非行性が深まっているとも広がりを見せているともいえず、少年の資質・能力の面や保護環境の面で大きな問題が見られないことからすれば、「直ちに施設に収容しなければならないほどの高い要保護性があるとまでは認められない」として原決定の処分が著しく不当であるとした本決定の判断も理解できるところです。

（2） ところで、本決定は「原審としては、必要があれば試験観察によって少年の動向を観察して在宅処遇の可能性を検討した上で、少年に対する処分を決するべきであったのであり、そのような検討をすることもなく少年に対して第１種少年院に送致した原決定の処分は、短期間の処遇勧告を付した点を踏まえてもなお、著しく不当と言わざるを得ない。」と説示しています。この点、本件が試験観察を経ないと保護処分を決められない事案だったのかというと、先に検討したところに照らせば、必ずしもそうではないように思われます[2]。

なお、本決定の解説[3]には「一般短期処遇勧告付きの事案には、収容処分が相当なのか在宅処遇がまだ行えるのかなど、収容処分相当性の判断が微妙となる事案が含まれていることが少なくない」とありますが、これは、少年院送致相当かどうか判断が微妙な事案で、いわば「間を取る」ように短期処遇勧告を付して少年院送致決定をすることを追認する趣旨ではなく、様々な判断要素を的確に捉えて適切な総合判断をすることの重要性をいうものと解されます。この点、成人の刑事事件で犯罪に対する刑罰を考えるときには刑罰の謙抑性がいわれますが、少年事件の保護処分では、その目的との関係で刑罰に比べてより複雑であることを念頭に置く必要があります[4]。

## 3　処分不当の抗告について

少年事件の抗告審は、法令上理論上の手続的制約として、抗告に理由があるときは、原決定を取り消して事件を原裁判所に差し戻さなければならず、抗告審が自ら保護処分を決定するなどして終局することはできません。抗告審である高等裁判所には少年事件を担当する調査官がおらず（裁判所法61条の２第２項参照）、調査能力が限られているため、抗告審が自判するのではなく、専門機関である家庭裁判所の判断を尊重する制度と解されています。

また、抗告審は決定をするに当たって事実の取調べをすることができると規定されていますが（少年法32条の３）、実際に行っている例は少ないと思われます（本件決定も「記録を調査して検討する。」と記載しています[5]。）。

抗告審の判断の内容面について、「処分の著しい不当」（少年法32条）とは、家庭裁判所は要保護性の程度に応じて合理的な裁量の範囲内で処分を選択しますが、この裁量を著しく逸脱したことをいいます。原審の決定書に不十分な点があっても差し戻して同じ結論になるのでは少年の更生にマイナスですから（抗告に執行停止効はなく、少年院での教育課程が進んでいきます。少年法34条）、抗告審の審査は謙抑性が求められることになります（注釈少年法408頁参照）。

## おわりに

家庭裁判所がした保護処分決定が抗告審で取り消される例は多くなく、しかも、処分の著しい不当を理由として取り消される例は更に少ないといえます。本件は、数少ない処分不当による取消決定例として、少年に対する審判、処遇選択の在り方を考えるきっかけになるものと思われます。

**注**

1）　具体的には、責任能力を欠く場合や訴訟条件（親告罪における告訴等）を欠く場合などがある。

2）　本決定の解説（判時2350号134頁、判タ1446号199頁）参照。

3）　前掲注２）。なお、注釈少年法409頁には、「なお、試験観察の不実施等が問題となる場合には、調査官の態勢等から実施の実行性等も問題となることに留意すべきである。」との記載がある。

4） 注釈少年法319頁以下参照。

5） 事実の取調べを行っていれば「記録を調査し、当審における事実取調べの結果も併せて検討する。」と記載されたであろう。

（杉本 正則）

## *Comment*

### 1 「要保護性」とは？

少年法は、少年の健全な育成を目的に、非行をした少年に対して非行を再び繰り返さないようにするための保護処分を行う手続を定めています（少年法1条）。保護処分を決める上で重要な概念が要保護性です。要保護性は、わかりやすく言えば、再び非行を繰り返してしまう可能性のことです。調査官は、社会調査（調査官による要保護性に関する少年、保護者又は参考人の取調べ等の必要な調査のことです。少年法8条2項）を通じて再び非行を繰り返してしまう可能性を分析していき、具体的には、少年が非行に至ってしまった要因は何なのか、どのようなところに問題点があって、どうすれば改善できるのかを検討します。その上で、少年が再び非行を繰り返してしまう可能性の高さを評価し、最終的に裁判官が、少年が非行を再び繰り返さないようにするために必要な保護処分を決めることになります。

調査官は、行動科学（心理学、教育学、社会学、精神医学等の人間の行動を分析する科学分野）の知見を元に分析を行い（少年法9条）、現在は、「生物―心理―社会モデル」に従って調査をするのが一般的です。このモデルは、人間を生物面、心理面、社会面の三つの視点から総合して捉えるという考え方のことです。例えば、生物面では、少年の発達や知能に問題はないか、心理面では、少年が非行時にどのような気持ちを抱いていたか、悩みや葛藤があったか、社会面では、少年の家族、友人、学校等の状況がどうかなどと多面的に調査し、それぞれの要因がどのように影響し合って非行に至ったかを総合的に考えます。その上で、その非行に至る悪循環を改善するために、どのような手立てがあるかを考えて、少年や保護者等に働きかけて、環境調整を行っていきます。

このような要保護性の検討にあたって重要なポイントは、非行につながるマイナス要因だけでなく、非行を抑止するプラス要因も適切に評価することです。人間誰しもが、悪いところもあれば、良いところもあります。例えば、少年は部活動でスポーツに打ち込んでいたときには良い生活を送ることができていたが、けがで部活動ができない期間にストレスを溜めて非行に至ったというケースであれば、部活動の再開が一つの非行抑止要因になるといえます。

私は、裁判官として、審判の中で、「なぜ非行をしてしまったのか、これからどうすれば非行を繰り返さないようにできるか、これから聞いていきますね。」と少年に語りかけて要保護性の審理を始め、少年の問題がどこにあって、どのように直していけるのかを一緒に考えるようにしています。少年自身にも自分の問題を認識してもらい、立ち直る決意を持ってもらうことが更生へのスタートです。このように、少年審判は、非行事実の認定だけでなく、非行に至った背景や少年を取り巻く環境などを幅広く分析して、少年の健全な育成を目指して教育的に働きかけていく手続です。

### 2　少年院送致か、社会内処遇か？

本件では、原審の少年院送致の処分が著しく不当といえるかが問題となった事案であり、少年院送致か、それとも社会内処遇（在宅試験観察、保護観察等）かの選択が問題となっています。少年院送致は、社会から隔絶された矯正施設内で一定期間矯正教育を受けることになるわけですから、少年に自由の制約という重大な不利益を与える処分であり、特に慎重かつ謙抑的に判断されなければなりません。そこでは、前記のように要保護性に関する総合的な分析を行った上で、その非行に至る悪循環を改善するためには少年院送致がやむを得ない（社会内ではその悪循環の改善が見込めない）といえることが必要です。例えば、少年がすでに前の事件で保護観察処分となり、その指導を受けている最中にまた非行を繰り返したというケースでは、社会内での指導では改善が見込めないという可能性が高くなります。また、少年が初めて家庭裁判所に係属する場合であっても、重大な非行が多数に及び、少年も保護者も改善の意欲に乏しく、少年の抱える問題が大きいケースでは、初めての処分が少年院送致になることもあります。それぞれの要保護性の評価をどのように行うかが問題となるわけです。

本決定の判示をみてみましょう。少年の非行時の悪循環をみると、少年は、物事を深く考える力が弱く、高校退学後、アルバイトを辞めた無職時に、ストレスを不良仲間との夜遊びで発散し、その中で一連の非行に至っていて、母も少年の夜遊びなどを黙認していました。しかし、本件非行後、少年は、アルバイトに就き、不良仲間とも距離を置き、母も少年を指導するようになっており、さらに少年審判手続を経て、少年は反省を深め、更生の意欲を持つようになりました。これらの非行後の事情もみると、非行時の悪循環について改善の余地が窺えます。本決定は、このように事案を分析した上で、非行に至る悪循環を社会内の指導で改善する余地があると判断したと考えられます。

少年事件の処遇を決する上での要保護性の考え方は、刑事事件とは異なる少年法独自のものです。少年事件の決定例を読む際には、どのような理由で処遇が決定されているかに着目してみてください。また、調査官の社会調査については、心理学等の行動科学について学ぶと、より理解が深まるでしょう。

（藤永 祐介）

# あとがき

中四国刑事法判例研究会は、2013年（平成25年）２月２日に第１回の研究会を開催しました。現在、新型コロナウイルスの影響により研究会の開催を中止していますが、第22回の研究会を2020年（令和２年）２月１日に開催しました。「実務と理論を架橋する」どころか合わせて炒めたチャンプルーのような研究会で、裁判実務家と刑事法研究者が肩書きを気にせず自由に楽しく議論できる場をという思いから、多くの裁判官、中四国の大学の刑事法研究者の先生方にご賛同いただき、１年に３回の定期的な会を開催してきました。

研究会での議論は、比較的新しい裁判例について、発表者（研究者側と裁判官側それぞれ１名ずつ）が検討結果を発表し、他の参加者が自分の研究分野や立場にとらわれず、むしろ立場や研究分野が違うからこそ湧き出る率直な意見や疑問をもとに言いっ放しで議論するというようなものでした。一般に、研究者側は、自分の専門でない研究分野（刑事実体法か刑事手続法か、さらには刑事政策などといった大きなレベルから、故意論、共犯論、捜査法、証拠法という中レベルまで）については発言を控える傾向がありますが、本研究会では、「専門外なのでよく分からないのですが」というような遠慮はなく、むしろ専門でないからこそ、あるいはその場に研究者でない実務法曹（裁判官）がいるからこそ、自由に発言をし、専門外のことも気軽に教えてもらうという雰囲気がありました。その雰囲気こそが本研究会の一番の良さ（特長）だという参加者の先生方もいらっしゃいます。その研究会の様子をなるべくそのまま書籍の形にするという構想が本書の一貫したベースとなっています。法学部生、院生やLS（法科大学院）生（特に、ゼミ形式で学習するような学部生・院生・LS生）が刑事法判例を読むにおいてその読み方や学ぶべきポイントをつかむきっかけとして役立つ書籍にというコンセプトも重視しました。

本書は、研究会で取り上げられた判例・裁判例の中から全部で15の判例・裁判例を選び、それについて、裁判官もしくは刑事法研究者が解説を加え、さらに、解説とは別に、裁判官もしくは刑事法研究者によるコメントを加えています。１つの判例・裁判例に対して、異なる視点（立場）から「刑事法判例を読解する」ことの面白さを理解してもらえるものになっています。

本書を執筆するにあたって、各執筆者においては、刑事法判例を一度も読んだことのない者や刑事法の学習を始めて間もない初学者にも理解しやすい平易な文章の記述を心がけました。刑事法判例を読むにおいて、裁判官はどのように判例を読むのか、また刑事法研究者はどのように判例を読むのか、両者の間でその読み方は異なるのか、異なる視点（立場）からの判例の理解の仕方にも注目していただきたい点です。

本書の刊行において、晃洋書房編集部の徳重伸さんには大変お世話になりました。この場を借りて、心より御礼申し上げます。また、「中四国」や「視点」をイメージして素敵な装丁に仕上げて下さった尾崎閑也さんにも感謝申し上げます。

2020年（令和２年）11月

執筆者を代表して

河村　有教
佐藤　　建
杉本　正則

# 事項索引

〈ア　行〉

一般情状　49, 202
違法収集証拠　163, 167
——排除法則　119, 163, 173
違法性　3, 49, 201
——の意識　22
違法の承継論　164
意味の認識　26

〈カ　行〉

概括的故意　20
科学的証拠　173
過失　32
——犯　31, 38
家庭裁判所調査官　197, 201, 207
逆送　191
急迫性　4, 9, 11
行政解剖　185
強制処分（強制の処分）　120, 126, 168
——法定主義　120, 126
強制捜査　120
緊急逮捕　130
組戻し　76
刑事確定訴訟記録　113
刑事施設　41
刑事政策（学）　40
継続犯　90, 96
刑罰　38, 49, 108, 191, 192
——法規　101, 108, 201
結果回避可能性　32
結果回避義務　32
結果予見義務　32
現行犯逮捕　130
権利保釈　133, 142
故意　19, 31, 93, 96
——の認定　20, 26
故意犯処罰の原則　31, 90
行為責任の原則　48, 55, 202
行為と責任の同時存在の原則　90, 97
口座凍結　77
構成要件　3, 102
公訴事実　161, 195
強盗罪の暴行・脅迫　61, 68
公判前整理手続　147, 152
勾留　131, 142
誤振込み　75

〈サ　行〉

罪刑法定主義　33, 102, 191
裁判員量刑検索システム　51, 53
裁判公開原則　193
裁量保釈　133, 142
作為犯　89, 96
死因究明　183
死刑　52
試験観察　201
自招侵害　5, 7
自然的関連性　173, 174, 177
児童ポルノ　175
自白法則　172
司法解剖　183
社会調査　207
自由心証主義　172, 181
集積犯　109
縮小認定　195, 198
出資法　78
準抗告　132, 142, 148
証拠　161, 171
——禁止　173
——裁判主義　161, 171, 181
（証拠の）証拠能力　162, 167, 172
（証拠の）証明力　162, 172, 181
状態犯　73
少年院送致　201, 208
少年審判　192
少年法　191
処遇選択　201
職権主義　193, 194, 197
侵害回避義務論　6, 12
正当防衛　3, 12
責任主義　33
積極的加害意思論　5, 9, 11
接見　146, 152
——等の禁止　146, 152
訴因　161, 192
訴因変更　195, 198
捜査比例の原則（比例原則）　122

〈タ　行〉

ダイバージョン　40
逮捕　130, 142

出し子　73
タナー法　175, 182
注意義務　32
通常逮捕　130
適正手続の保障　163, 191, 193, 198
当事者主義（当事者対抗主義）　194, 197
特別刑法　89, 109

〈ナ　行〉

任意処分　126
任意捜査　120
　――の限界　122

〈ハ　行〉

犯意（罪を犯す意思）　19
反抗の抑圧　61, 68
犯罪　38, 201
　――の社会的類型　50
犯情　49
判例　14, 40, 83, 111
非行事実　193, 197, 202
不告不理の原則　193
不作為犯　89, 96
婦人補導院　41
振り込め詐欺　73
　――救済法　77
被害回復分配金　77
法益保護　38
法定刑　50
法律的関連性　173, 178
保管検察官　114
保護観察　41, 191
保護処分　191, 201
　――優先主義　191
保護手続前置主義　191
保釈　133
　――の接触禁止条件　135

〈ヤ　行〉

有責性　49, 202
要証事実　10, 20
要保護性　192, 203, 207
預金債権　75
予見可能性　32, 34

〈ラ　行〉

立法趣旨　102
量刑　49, 201
　――傾向　50
領置　166
類推解釈　102
令状主義　128, 163
労役場留置　41, 53

《執筆者紹介》（執筆順、所属・肩書は本書第１刷刊行時、＊は編著者）

＊明照博章（みょうしょう　ひろあき）松山大学法学部教授　第１章コメント・第２章
大杉一之（おおすぎ　かずゆき）　北九州市立大学法学部准教授　第１章コメント・第７章コメント
＊杉本正則（すぎもと　まさのり）　広島地方裁判所判事　コラム①・第２章コメント・コラム③・第10章・第12章コメント・第13章コメント・第15章・あとがき
岡部雅人（おかべ　まさと）　国士館大学法学部教授　第３章
＊佐藤　建（さとう　たける）　弁護士・元大阪高等裁判所判事　第３章コメント・第６章コメント・第８章・あとがき
松原英世（まつばら　ひでよ）　愛媛大学法文学部教授　コラム②・第４章コメント・コラム⑤
安西二郎（あんざい　じろう）　広島地方裁判所福山支部判事　第４章
吉川友規（よしかわ　ともき）　徳島文理大学総合政策学部講師　第５章
深尾正樹（ふかお　まさき）　京都産業大学法学部准教授　第５章コメント・第９章コメント
田中優輝（たなか　ゆうき）　関西学院大学法学部准教授　第６章
今村暢好（いまむら　のぶよし）　松山大学法学部准教授　第７章・第８章コメント
山川秀道（やまかわ　しゅうどう）松山大学法学部准教授　コラム④
堀田尚徳（ほった　ひさのり）　広島大学法科大学院准教授　第９章・第11章コメント
森田初恵（もりた　はつえ）　東京家庭裁判所判事　第10章
＊河村有教（かわむら　ありのり）　長崎大学多文化社会学部准教授　第10章コメント・第12章・あとがき
桂川　瞳（かつらがわ　ひとみ）　山口地方裁判所判事　第11章
吉井　匡（よしい　たすく）　香川大学法学部准教授　第13章
＊吉中信人（よしなか　のぶひと）　広島大学法学部教授　第14章
藤永祐介（ふじなが　ゆうすけ）　山口地方・家庭裁判所萩支部判事　第14章コメント・第15章コメント

刑事法判例読解の視点

2021年3月30日　初版第1刷発行　　＊定価はカバーに
2021年5月15日　初版第2刷発行　　表示してあります

編著者　河村有教
　　　　佐藤　建
　　　　杉本正則©
　　　　明照博章
　　　　吉中信人

発行者　萩原淳平

印刷者　江戸孝典

発行所　株式会社　晃洋書房
〒615-0026　京都市右京区西院北矢掛町7番地
電話　075(312)0788番(代)
振替口座　01040-6-32280

装丁　尾崎閑也　　印刷・製本　共同印刷工業㈱

ISBN978-4-7710-3480-8